货币幻觉

THE MONEY ILLUSION

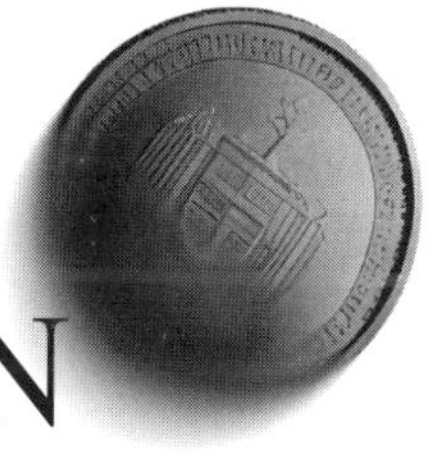

市场货币主义，大衰退和货币政策的未来

Market Monetarism, the Great Recession, and the Future of Monetary Policy

[美] 斯科特·萨姆纳 著
Scott Sumner
林玲 译

中国科学技术出版社
·北 京·

图书在版编目（CIP）数据

货币幻觉：市场货币主义、大衰退和货币政策的未来 /（美）斯科特·萨姆纳 (Scott Sumner) 著；林玲译. -- 北京：中国科学技术出版社，2024. 10. -- ISBN 978-7-5236-0938-5

Ⅰ. F821.0

中国国家版本馆 CIP 数据核字第 2024J4S246 号

策划编辑	杜凡如　于楚辰	**责任编辑**	童媛媛
封面设计	东合社·安宁	**版式设计**	蚂蚁设计
责任校对	张晓莉	**责任印制**	李晓霖

出　　版	中国科学技术出版社
发　　行	中国科学技术出版社有限公司
地　　址	北京市海淀区中关村南大街 16 号
邮　　编	100081
发行电话	010-62173865
传　　真	010-62173081
网　　址	http://www.cspbooks.com.cn

开　　本	710mm × 1000mm　1/16
字　　数	330 千字
印　　张	21.5
版　　次	2024 年 10 月第 1 版
印　　次	2024 年 10 月第 1 次印刷
印　　刷	大厂回族自治县彩虹印刷有限公司
书　　号	ISBN 978-7-5236-0938-5 / F · 1297
定　　价	79.00 元

前　言

20世纪30年代至50年代，大部分经济学家认为是美国的财政危机引发了大萧条（the Great Depression），尽管政府采取了扩张性货币政策，然而于事无补。20世纪60年代，米尔顿·弗里德曼（Milton Friedman）和安娜·施瓦茨（Anna Schwartz）的研究，让很多人都相信，20世纪30年代初期的货币政策实质上不是扩张，而是收缩，当年的货币政策才是引爆大萧条和银行危机的幕后真凶。有研究表明，当年货币政策的失效，其影响是全球性的，而非区域性的。货币政策之所以无效，这与国际金本位制度本身的漏洞有关。2007—2009年，大衰退（the Great Recession）重击全球经济，我当时就发现，许多经济专家和评论家们又一次错误解读了经济危机，古怪的是，他们解读大衰退的方式和大萧条如出一辙。不过这回，我教授并研究了几十年货币经济学，并且，我的多个研究主题，都和正在发生的经济危机关联格外紧密，比如我研究了大萧条、日本20世纪90年代末的流动性陷阱，还有各种与货币政策改革相关的建议，早已积累了不少经验。这些研究和经历赋予了我独特的视角，方便观察和发现某些其他可能被忽视的内容。

从某些方面来说，我循规蹈矩，不太标新立异，直到2008年，我的观点都不曾跳出过主流。确实，在差不多25年中，我对美联储的政策都没什么太多不满，直到雷曼兄弟公司宣布破产那一刻，我突然觉得美联储的货币政策是不是太紧了点，我开始去游说我的同事们，并且想建议美联储货币政策放松点。更重要的是，我从那时开始向大家说那些传统经验是错的。2007年的问题可不仅仅是货币政策偏离正轨，而是当时整个经济学圈子的人都在用错误的方式解读那场危机。

2009年年初，这些想法促使我创建了一个博客，名字就叫“货币幻觉”（The Money Illusion），这个举动最终改变了我的职业生涯的方向。2010年，我们好些持类似观点的博主们联合起来成立了一个学派，戏称自己为“市场货币主义”（market monetarism）。该学派认为，有必要为名义 GDP（国内生产总值）注入稳定增长的流动性。博主们有大卫·贝克沃思（David Beckworth）、尼克·罗（Nick Rowe）、大卫·格拉斯纳（David Glasner）、马库斯·努涅斯（Marcus Nunes）、拉斯·克里斯腾森（Lars Christensen），等等。主流媒体开始关注我们的想法，人们希望我推荐一些有关市场货币主义的书。不太凑巧的是，那会儿我并没有什么可以推荐的介绍市场货币主义的书，能够推荐的只有弗里德曼和施瓦茨针对早期货币主义理论写的大部头。

弗里德曼和施瓦茨写的书《美国货币史》（*A Monetary History of the United States*）是一本集货币派理论观点大全的大部头，里面有对大萧条的反思，还有货币政策建议背后的理论依据。这本《货币幻觉》（*The Money Illusion*），我打算也这么做，就市场货币主义理论整理一本大全手册，里面有对 2007 年大衰退的反思，并介绍了市场货币主义政策背后的理论依据。

对于当下发生的事情，许多人都有不同的看法。那么为什么还是推荐大家应该读一下这本书里有关 2007 年大衰退的不同解释呢？原因在于，当下发生的许多事情，都在某种方式上证明了市场货币主义理论的正确性，我仅列举部分为例。

- 2008 年年末我说过货币过紧，那时许多人不认同。今天很多人同意了我的观点，甚至前任美联储主席本·伯南克（Ben Bernanke）都在他回忆录里承认了，说美联储实在不应该在雷曼兄弟都倒闭的情况下还不肯调低利率。
- 2009 年年初，我建议美联储货币政策再宽松些，许多人还在质疑。当美联储最终采取非常规刺激方案，比如量化宽松政策（力度其实还不够）以后，美国经济的表现就比欧盟经济好很多，而欧盟一直拖了很久，就是不肯采取宽松货币政策。
- 2009 年 1 月，我建议银行采取负利率，那会儿大家都觉得这想法太不切实际了。今天，许多大型央行都采取了银行储备金（bank reserve）

负利率。

- 2012 年年末，我指出货币抵消会令美国实行的财政紧缩政策（fiscal austerity）无法发挥人们预测的紧缩效应，许多知名经济学家对我的看法嗤之以鼻。结果是，我的观点被证明是对的，2013 年美国经济开始有了起色，而所谓的共识是错的。
- 2009 年年初，我呼吁货币政策以名义 GDP 水平为目标。接下来数年里，美国的顶级宏观经济学家都为此建议背书①。克里斯蒂娜·罗梅罗（Christina Romero），曾经任职奥巴马总统经济顾问委员会主席，在《纽约时报》发表文章，也呼吁采用名义 GDP 为货币政策目标，就引用了我的研究为其观点佐证。
- 市场货币主义理论中有一个重要的概念，那就是美联储的政策应该是基于市场预期，而不是美联储自己那套复杂的数学经济模型。到了 2019 年，美联储越来越基于市场预期指导其政策制定，原因就是那套内部研究出来的数学模型确实不管用。

上述这些例子倒也不是说市场货币主义理论就绝对正确。但是，事实就是越来越多的知名宏观经济学家，也开始接受市场货币主义理论，这足以说明，他们确实在认真考虑市场货币主义理论的可行性。我希望，这本书能够帮助读者们更好地理解何谓市场货币主义，为何我们要用这套非常规理论，2007 年大衰退中我们采用了怎样错误的货币政策，还有哪些货币政策是错误的。

本书有两个目标。第一个目标是解释基础货币理论和市场货币主义理论。本书在前半部分介绍了这些理论，里面有一些技术资料，可能需要读者有一些经济学基础。第二个目标（即本书的后半部分）是用前半部分介绍的理论来解读 2007 年大衰退。作为非传统货币理论，我个人认为市场货币主义理论比传统的货币主义理论更先进。这种叙述能够让我们更好地理解市场货

① 引申为支持、担保的意思。——编者注

币主义理论的独特之处。

本书适合经济学专业本科生、经济学研究方向研究生、有一定经济学理论基础知识的爱好者阅读。但是，这本书可不仅仅是重新包装一遍大家都知道的那套经济学理论，还讲了不少连经济学家也会感兴趣的新观点、新理论。

目录

179 PART 4

第四部分
何为宏观经济学？

241 PART 5

第五部分
大衰退

301 PART 6

第六部分
此中有深意

绪论
问题就在“名义”

路德维希·维特根斯坦，20世纪最伟大的哲学家曾问他的朋友：“为什么人们总是说太阳围着地球转，而不是地球自己转？”他的朋友回答：“嗯，因为看起来显然是太阳围着地球转啊。”“好吧，如果看起来是地球自己转的话，那会是什么样子？”维特根斯坦说道。

——理查德·道金斯（Richard Dawkins），《上帝错觉》（*The God Delusion*）

很多人一定对2007年大衰退这段历史记忆犹新，雷曼兄弟投资银行破产引发了金融危机。无论自由派还是保守派，他们对于大衰退的解读大同小异，比如某些双方指摘的公共政策或有部分细节出入，但对危机发展轨迹的解读，两方基本没有异议：首先，大规模房地产泡沫引发第一轮银行危机，然后经济进入深度衰退。在经济下滑期和经济复苏期，货币政策都异常宽松。问题是，政策再宽松，经济也没能起死回生。

下面，我要说说我对这场危机的看法，可能和前面的看法出入很大。首先，我的观点看起来好像有点不合常理，甚至有点荒诞，但是我要强调一点，我的非主流观点还是基于标准的宏观经济学概念，和2007年大家理解的概念没有两样。正是因为主流经济学家要为新宏观经济学理论找依据，才抛弃了标准经济学理论。

不幸的是，2007年前后，很少有宏观经济学家意识到宏观经济学理论的窘况。因此，我们最开始也只能边暂存疑虑，边查看近十年有没有什么别的理论可以拿来解决手边难题，然后就发现“市场货币主义理论”比起主流的那些观点，似乎更说得通一些。市场货币主义理论源自2008年金融危机，但其所有内容，都来自为人熟知的传统经济学原理，不过是某些方面的用法略有革新。

从某种意义上说，这本书展示了我完整的思考过程，展现了我对于货币经济学的一些思考和看法（2007年后成型）。这些观点有充分的理论和数据支撑，理论与数据二者缺一不可。所以，我也不过是在市场货币理论的实证研究结论和解释那些结论的模型之间来回切换。我希望能够解释清楚为何我成为市场货币主义的忠实拥趸，而没有选择宏观经济学的其他流派，例如凯恩斯学派（Keynesian）、奥地利经济学派（Austrian）、古典学派（Classical），或者传统的货币主义学派。

在本书第二部分，我们武装了货币经济学理论以后，再次回归2008年经济大危机主题。到了那个时候，我会提出类似维特根斯坦的那个著名问题：如果市场货币主义理论对于现实的解释是合理的，那么那场大危机的真相又是什么？

与人类观察太阳系一样，经济大衰退最简单、最本质的模型其实很违反直觉，也根本不是许多人以为他们在2008年前后看到的样子。

传统观点

斯坦福大学经济学家罗伯特·霍尔（Robert Hall）在《经济展望杂志》（*Journal of Economic Perspectives*）2010年秋季刊上的调查中，“美国和许多其他国家有史以来最严重的金融危机爆发于1929年，大萧条位列其后，再往下排就是经济大衰退时期2008年秋季爆发的金融危机。”

霍尔是我最喜欢的宏观经济学家之一，但是这回他错了，不过对我挺有启发的。霍尔表示在1929年，美国并没有什么严重的金融危机爆发，严重的金融危机是大萧条，到1931年才爆发。现在，我要说明为何时间线很重要。因为按照霍尔的观点，人们会觉得好像是1929年的金融危机引起了1931年的大萧条，但实情是，大萧条引发了严重的金融危机。整个国家收入大幅下降时，为何民众和公司就很难还债呢？这是因为只有公司和个人有收入，他们才能还债啊。

在我看来，2008 年类似的事情又发生了。大家都承认，2008 年的情况比大萧条更复杂。1929 年金融系统情况尚好，但 2008 年的不同之处在于次级贷，而财政压力在 2008 年以前就已经形成。即便如此，霍尔说的“2008 年”爆发的那场金融危机，也是在雷曼兄弟破产之后才发生的，即 2008 年 9 月下旬开始，10 月情势才变得紧急起来。

为何时间线如此重要？因为经济大衰退其实在 2007 年 12 月就开始了，2008 年 6 月以后才变严重。与之类似，20 世纪 30 年代那场危机，经济暴跌引发了严重的金融危机。2008 年，经济暴跌让一个银行业危机升级成为大型金融危机。不幸的是，国民生产总值数据汇总有滞后期，2008 年 9 月雷曼兄弟宣布破产，那时没人发现国家已经陷入严重的经济衰退。所以事后看起来，好像是雷曼兄弟破产引发了严重的经济衰退，而这是因为惊掉人下巴的国民生产总值统计数据要到 2008 年年末或 2009 年年初才出得来。

实际国民生产总值和名义国民生产总值

宏观经济咨询公司（Macroeconomic Advisers）根据政府公布的各类数据估计 GDP 月度值，再据此估计 GDP 季度值。图 0–1 显示了大衰退期间的经济状况：该图清晰显示了美国 2008 年 6—12 月断崖下跌的 GDP 值，记住这六个月期间发生的事情，我们后面会不断提及。经济水平与变动率（变化幅度）之间的关系看起来很奇怪，即便是季度的数据也可能有极大的误导性。比如，2009 年前三个月实际 GDP 看起来很均衡，变化不大，但是从第四季度开始，实际 GDP 的季度值却大幅下降。尽管 2009 年第一季度实际 GDP 和 2008 年 12 月实际 GDP 相差不大，这是因为 2008 年 10 月和 11 月的实际 GDP 比 12 月要高得多。

2008 年下半年，美国经济再次探底，而人们直到很晚才意识到情况不妙。雷曼兄弟破产，大约就发生在实际 GDP 断崖下跌的某个中间时间点（2008 年 9 月），其倒闭引发了全球性的大型银行系统危机。到了 12 月，损失已无法挽回，经济衰退尤为严重，其影响绵延数年难消。

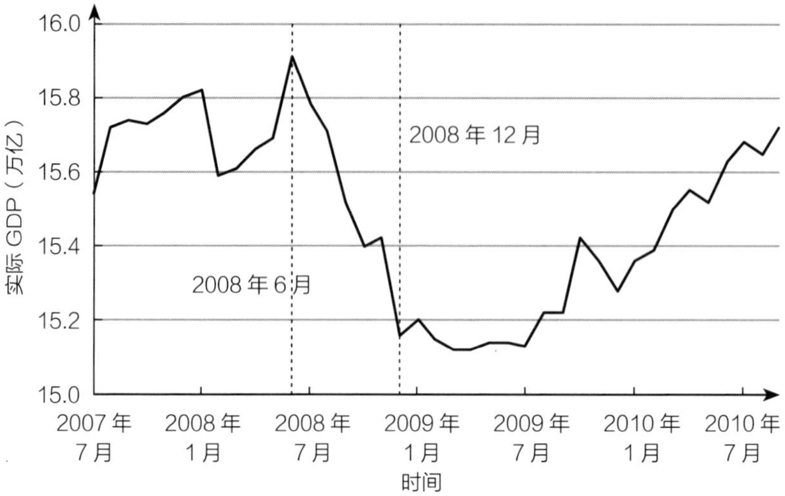

图 0–1　美国 2007 年第三季度到 2010 年第三季度实际 GDP

来源：宏观经济咨询月度实际 GDP 数据。

我的看法是，并非房屋泡沫和金融危机引发了大衰退，引发大衰退的幕后黑手其实是名义 GDP 下跌，而名义 GDP 下跌又是过度紧缩的货币政策所致。从某种程度上说，美联储应该担责，或者更准确地说，经济学界所有人都应该为此担责，因为正是这群所谓专业人士，用错误的货币政策模型操盘，才导致如此局面。至于美联储，他们做事一贯四平八稳，一旦宏观经济学精英们达成共识，美联储一般不会唱反调。

图 0–2 显示了同图 0–1 完全同一个时间段内的名义 GDP 数值变化：请注意，二者都是在 2008 年 6—12 月同等幅度断崖下跌。每次讲座中，当我亮出这两张图时，观众们通常都会问这些问题："这不是一套东西吗？""实际 GDP 和名义 GDP 看起来很像啊，要是一个下跌了，另外一个也会下跌，是不是？""如何解释名义 GDP 下跌引发实际 GDP 下跌？""关键的问题是什么引发了这两种 GDP 的下跌？"

其实上述问题误解了实际 GDP 与名义 GDP 的关系。尽管这二者听起来挺像一回事，但在本体论层面来说，它们其实是完全不同的概念。经济学家不得不用各类数字计算，但因为实际 GDP 和名义 GDP 包括的具体内容不一样，很多经济学家自己都没搞清楚这二者的区别。因此，人们常要求用某些

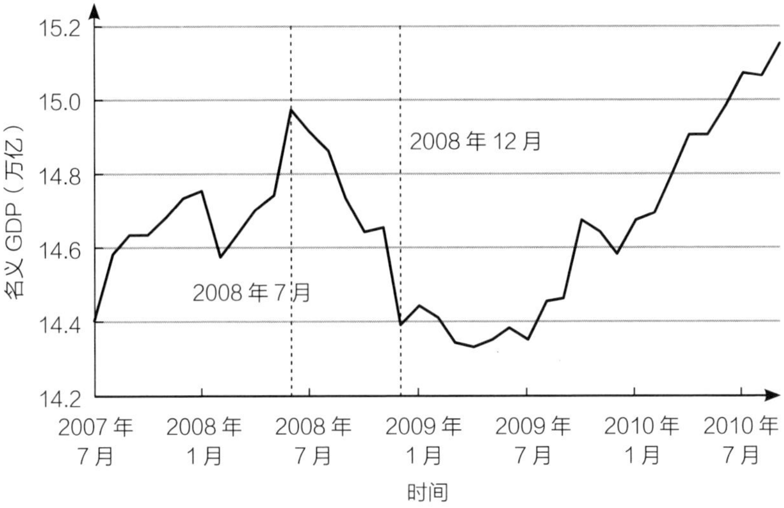

图 0-2　美国 2007 年第三季度到 2010 年第三季度名义 GDP

来源：宏观经济咨询月度 GDP 数据。

“指数数字”来解释概念。

无论如何，实际 GDP 与名义 GDP 都是完全不同、差异巨大的。名义 GDP 是指在一定时间内国内总产品和总服务按照美元计价的价值总和。实际 GDP 是指在相同的价格或货币值保持不变的条件下，排除通货膨胀的影响，一定时间内国内全部产出的实际值。

图 0-3 是津巴布韦发行的面值 100 万亿的纸币。由于发行了大量的类似

图 0-3　2008 年津巴布韦面值为 100 万亿的钞票

面额货币，2008 年津巴布韦的名义 GDP 以天文数字飙升。相比之下，津巴布韦的实际 GDP 只是一个物理概念，因为津巴布韦制定了“土地改革”的无能政策，2008 年津巴布韦的实际 GDP 就像荒废的农场与倒闭的工厂。在津巴布韦陷入衰退之际，其名义 GDP 以世界第一的速度狂飙猛进，可实际 GDP 却几于同时跌到谷底。

美国的实际 GDP 与名义 GDP 关联更紧密些。但是，即便在美国，20 世纪 70 年代的名义 GDP 的增长率也保持两位数，而那个时候的实际 GDP 增长率只有 3%，远低于 60 年代。这些数据表明名义 GDP 和实际 GDP 压根就不是一回事。

然而，短时间内，美国的名义 GDP 与实际 GDP 其实是高度关联的，但并不是大家以为的原因。这本书的一个重要目标，就是帮助大家理解为何有些情况下名义 GDP 与实际 GDP 高度关联，而有些时候毫无关联。我们最终会发现，2008 年阻止名义 GDP 下降的某个政策也同样很有可能也阻止了实际 GDP 的下降，至少可能在极大程度上缓和了下降的幅度。温和版的经济衰退或不可避免，但那种自杀式下跌实在没有必要。

货币政策立场的错误假设

可以这样说，名义 GDP 下跌，引发了实际 GDP 下跌（后文我会解释这种现象是怎么发生的，也会解释短期内不同变量是如何联动的）。但是为什么我认为美联储应该为大衰退负责，这个问题我依旧还没有回答。毕竟，众所皆知，2008 年美联储的货币政策已经相当宽松了。美联储大幅下调利率，到 2008 年年底利率已经一路降到几乎为零了。此外，美联储还给经济体撒了很多钱。可是，正如我将解释的，众所皆知的事实不一定是事实。

这不是经济学家第一次把低利率和宽松货币（easy money）的政策混为一谈。20 世纪 30 年代，他们就犯过类似错误。直到 20 世纪 60 年代，作者为米尔顿·弗里雷曼和安娜·施瓦茨的《美国货币史》出版了，经济学家才意识到 20 世纪 30 年代货币政策实质上是紧缩的。但是，30 年代的利率也就零水平上下。如今，本·伯南克本人都接受了弗里德曼和施瓦茨的观点，认为美联储应该为大萧条负责。

不幸的是，许多经济学家仍继续参照利率来判断货币政策的松紧情况。1997 年 12 月，弗里德曼说他实在很郁闷，因为许多人都忘了《美国货币史》里面提到的大萧条历史教训。日本实施的货币政策来带动日元贬值，利率都快跌到地板了，然而许多专家们罔顾不断下降的物价，依旧错误地认为日本实施的是货币宽松政策。弗里德曼在《华尔街日报》上撰文说：

> 人们普遍认为，低利率代表货币政策宽松，正如日本；而高利率代表货币政策过紧……
>
> 美国经历了大萧条，经历了 20 世纪 70 年代伴随着高通胀节节上涨的利率，也经历过 80 年代一路下行的利率伴随着没有尽头似的通缩。我想，“货币紧缩等于高利率，货币宽松等于低利率。”这类陈词滥调总该省省了吧。不过现在看来，这套说辞显然依旧大行其道。

弗里德曼在这里认为利率会跟着通胀这个指挥棒走。货币紧缩政策导致低通胀，低通胀带来低利率，而宽松货币政策导致高通胀，高通胀带来高利率。

弗里德曼可能是 20 世纪伟大的货币经济学家，他的一些观点有些非传统。也许他对日本货币政策的看法有待商榷，也许日本确实执行的是货币宽松政策。但是，低利率并不意味着货币宽松，弗里德曼绝对不是唯一注意到这一点的经济学家。我们可以读一读 2007 年最畅销的货币政策教材[①]，里面提到了三个关键教训。

- “短期的名义利率（nominal interest rates）的涨跌挂钩货币政策的松紧，这么做很危险。”

---

① 这里的教材是指《货币金融学》（*The Economics of Money, Banking and Financial Markets*）。——编者注

- “除了短期债务工具外，资产价格也包含了货币政策立场的重要信息，因为资产价格是各类货币政策传导机制体系中的重要组成部分。”
- “就算短期利率接近于零，货币政策依然能够极其有效地提振疲软经济。”

以上出自弗雷德里克·米什金（Frederic Mishkin），他是一位著名新凯恩斯学派经济学家，与本·伯南克同在美国联邦储备系统理事会共事。作为一名学者，伯南克也认为，即便是利率一直为零，货币政策也依旧有无穷的潜力复苏经济。

到 2008 年，我用米什金的教材都有 25 年了，米什金的这些观点非常重要，我也一直在课堂上给学生们强调这些观点的重要性。所以，在 2008 年年末，大家可以想象我有多吃惊，因为居然没几个经济学家相信上面说的那几句话。似乎大部分经济学家都相信低利率代表货币政策宽松，似乎也都相信利率几乎为零时，货币政策就黔驴技穷，无计可施了。

这一发现让我下定决心要扭转传统派的想法，让他们认可米什金的观点。在这本书里，我会解释为何 2008 年我坚持米什金即便利率下调至几乎为零货币政策依旧极其有效的货币经济学理论，而非大部分主流经济学家们利率已经下调到零货币政策基本无效的看法。

2008 年年末美国房地产风雨记

回想一下米什金的观点，货币政策不应该被利率控制，而应参照其他资产的价格变化。让我们一起回顾 2008 年最后那关键的 6 个月，到底发生了什么。

我和其他经济学家探讨过，对于货币政策来说，名义利率并不是一个好用的指标，那些经济学家们都一边认可我的观点，一边又建议与实际利率（real interest rate）一起混用。事实上，2008 年 7—11 月（图 0-4）这段时间内，美国五年期国债的实际利率在短短数月内以惊人的速度上涨。然而，和我探讨过的经济学家，居然没有几个人意识到金融危机已然迫在眉睫，实际利率已经从之前的不到 1% 涨到了 4%。美联储怎能放任这一切发生？

图 0-4　美国 2008 年 7—11 月实际利率

注：灰色条纹区域指交易时段。

来源：FRED Dow Jones & Company and Haver Analytic。

事实上，那些认为货币政策不能用实际利率衡量的经济学家，由于同样的原因，也不认可名义利率，他们认为名义利率可能会被通货膨胀扭曲，实际利率也可能由于实际产出变化而扭曲。讽刺的是，大部分经济学家认为应该放眼于实际利率。但他们似乎没有意识到，2008 年年末的实际利率也已经在提示货币政策过于紧缩了。

另外一项影响资产价格的因素是汇率（exchange rate），对美元而言，汇率显示了参照他国货币的美元价值。虽然汇率这个指标也不太靠得住，但是好歹还算有用。2008 年年底，汇率也在表明货币市场上美元供给不足，货币政策过于紧缩了。确实，如图 0-5 所示，2008 年年底美元的外汇价格（foreign exchange）飙升了 15%。

有意思的是，每逢严重的金融危机，货币都会严重贬值，其案例数不胜数，从泰国到墨西哥，从俄罗斯到冰岛。货币在金融危机中升值的例子反倒少见（例如：1931—1932 年的美国，20 世纪 90 年代的日本，1998 年到

图 0-5 2008 年 6—11 月美国贸易加权汇率指数

来源：FRED via Board of Governors of the Federal Reserve System（US）。

2001 年的阿根廷）。如今看来，这其实就是货币政策过紧所致。

其他类型的资本市场也出现了类似 2008 年的剧烈下跌：

- 2008 年年底股灾。
- 2008 年年底大宗商品（Commodity prices）价格腰斩。
- 次级贷泡沫破裂之后过了很长时间，商业地产股票指数（Commercial real-estate prices）、名义 GDP 几乎同时大幅下跌。
- 2006—2008 年次级贷泡沫承压欲裂的时候，美国部分核心区域（如得克萨斯州）地产市场价格一直保持稳定，直到 2008 年年底才开始和名义 GDP 一起下跌。
- 通货膨胀保值债券（Treasury Inflation-Protected Securities，简称 TIPS），其利差（spread）大幅下跌。

由此来看，假设经济学家们能够把多年来教授的知识当回事，2008 年就能够发现米什金提及的“资产价格”已经在警告货币政策实在过于紧缩了。

当然了，不是所有经济学家都像我和伯南克一样认同米什金的观点，更倾向于将名义 GDP 增长率作为衡量指标，伯南克也为此发表过自己的看法。

“我们实在没有合适的可替代指标，就用货币增长率来指导货币政策，这显然不可靠。正如弗里德曼强调，‘名义利率绝对不是衡量货币政策效果的可靠指标，然而实际短期利率更不好’。

“最终的结果就是，人们衡量一个经济体的货币是否稳健，只能看名义 GDP 和通货膨胀率这些宏观经济指标。”

如果我们把名义 GDP 和通货膨胀率进行综合解读，就会发现，自大萧条爆发以来，继美国总统赫伯特·胡佛（Herbert Hover）上任（1929 年）之后，2008—2013 年绝对是美国货币政策最紧缩的时期。伯南克曾经表示美联储的货币紧缩政策引发了大萧条。即便按照伯南克 2003 年提出的货币政策为参考标准，2008 年的货币政策也显得过紧了，作为当时的美联储主席，伯南克表示 2009—2013 年的货币政策就显得非常宽松。

一个运行良好的经济体需要稳定增长而非快速增长的名义 GDP。美联储还有各类经济工具会帮美国经济实现稳定增长，当名义 GDP 增长乏力之时，只能说明货币政策无效。

房地产泡沫是 2007 年大衰退的幕后黑手吗？

2007 年前后，即便当时的宏观经济学理论明确指出，正是由于货币供应不足导致了大衰退，但还是没有多少经济学家相信。理由是，货币供应不足看起来不该是大衰退的原因。尽管大部分经济学家都明白，低利率不等同于货币政策宽松，但在他们固有的观念里，低利率就等同于货币政策的宽松。因此，他们更倾向于关注紧缩货币政策最明显的表现，比如资产缩水和财政危机。对早期远古人类来说，太阳看起来是围着地球转的，因为他们只能看到太阳的东升西落。类似，如今的经济学家们也觉得是房地产泡沫破裂和金融危机导致了大衰退。

房地产“泡沫”（此处使用引号是因为这个所谓的泡沫说法并不可靠）标准的说法，是美国房产价格在 2005—2006 年飙升到异乎寻常的高度，随后的断崖下跌自然无可避免。当时房地产真的“泡沫”吗？事实上，同期其他国家的房价照样持续增长。图 0–6 展示了 6 个英语国家的房产价格指数曲线，其他国家的房产价格（真实价格）都比美国涨得还离谱。然而，最终只有 2 个国家的房地产市场下跌了：美国和冰岛，另外 4 个经济体，按实际价格计算，房价都是涨涨跌跌（若按名义价值来看，甚至涨得更高）。

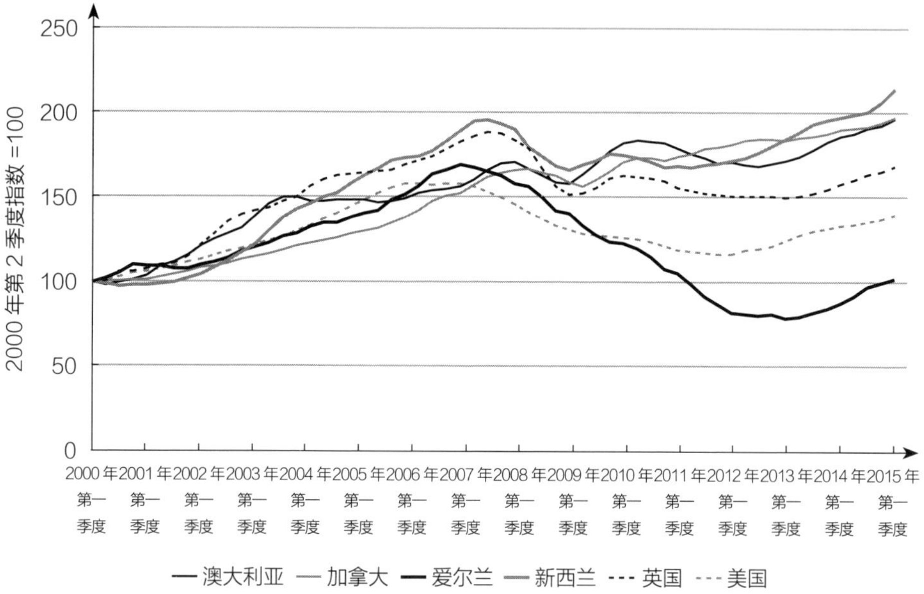

图 0–6　6 个国家房产价格指数

来源：The Economist via OECD；ONS；Reserve Bank of New Zealand; Standard & Poor's；Teranet-National Bank。

回到 2006 年，没人能够预测这 6 个国家的房地产市场中哪一个会下跌。若是准确预测了房地产泡沫破裂，是否思考一下是由于你恰好住在美国或冰岛，于是你的预测得以应验。

理论上讲，就算美国的房地产泡沫不能代表金融泡沫，那房地产泡沫依旧有可能引发经济衰退，毕竟，房地产项目和相关产业提供了许多劳动岗位。但是房价断崖下跌真的引发了失业率上升吗？数据表明，没有。表 0–1 展示了 2006 年 1 月（房地产建筑工程达到顶峰）到 2008 年 4 月之间的数据，美国的房地产工程开工数量腰斩，之后不久，美国房地产工程完工量跌了四分之三。然而，在这段时间里，失业率却从 4.7% 轻微地涨到了 5.0%（而这个数据表明该行业基本算是“充分就业”）。

表 0–1　美国房地产工程统计数据与失业率

时间	开工量	完工量	平均数	失业率（%）
2006 年 1 月	2 273 000	2 036 000	2 154 500	4.7
2008 年 4 月	1 013 000	1 022 000	1 017 500	5.0
2009 年 10 月	534 000	746 000	640 000	10.0

来源：美联储经济数据（Federal Reserve Economic Data）。

2006 年到 2008 年发生的事情，在经典经济学理论层面上向大家展示了经济学是如何运行的。一个经济体的生产可能性曲线（production possibilities curve）反映了各种产业最大可能的产出。如果用大部分的资源来生产某一类商品，则其他品类的商品可以分配的生产资源必然就会变少。2006 年 1 月到 2008 年 4 月这段时期，就是一个经典的例子，房地产工程少了，建筑工人就跳槽去其他行业，比如制造业、工商业、服务业等。只要相对稳健的货币政策使名义 GDP 还在增长，失业率也就可以维持在极低的水平。

房地产市场不景气确实损害了经济。人们会发现跳槽没那么容易了，失业率会小幅度增长。但是比起货币通缩和名义 GDP 下降造成的伤害，这些经济成本微不足道。2008 年 4 月到 2009 年 10 月，名义 GDP 大幅下跌，失业率从 5% 涨到了 10%（表 0–1）。现在不仅房地产建筑业岗位饱和，制造业、工商业，甚至连服务业都开始裁员。

很明显，并不是房地产泡沫引发了大衰退。严重的金融危机一定会导致经济大衰退和经济缓慢复苏，这个观点一点也不让人意外，经济大衰退和缓慢复苏本来就互相关联。当名义 GDP 大幅下跌的时候，个人、企业、政府都很难还债。可是，无论发生什么，也不会妨碍央行推出货币政策来刺激经济，促使经济复苏。20 世纪 30 年代，美国的银行危机，可能算美国历史上最严重的金融危机，当时很多银行都倒闭了。即便如此，在 1933 年 3 月以后，美国的名义 GDP 和实际 GDP 全都快速反弹。

这个1933年的增长奇迹是怎么发生的？按照本·伯南克的说法，美联储采取了极为激进和反常规的货币政策，即通过美元贬值来刺激经济。在伯南克《日本货币政策：自废武功？》（*Japanese Monetary Policy: A Case of Self-Induced Paralysis?*）一文中，日本是否“自废武功”，伯南克给出了肯定的回答。在文中，他还倡导日本央行在面对零利率困境的时候，应该拿出“罗斯福式”的决心，就像当年美国总统胡佛败选、罗斯福上任以后，美联储在1933年破釜沉舟进行货币改革。不幸的是，轮到美联储拿出决心解决零利率困境的时候，美联储掉链子了。

大家都误以为美联储已经竭尽所能，甚至有人为美联储找诸多借口，比如有人指出，质化宽松（qualitative easing）、负利率这些非常规的货币调节工具，在政治上并不讨喜。但问题是，直到2008年12月中旬，名义GDP已经跌至零附近了，但美联储依旧没有将利率下调到零。2008年9月雷曼兄弟公司宣布破产后，美联储委员会依然拒绝采用最基本、最常规的货币政策，比如阶段性调低利率（每次下调2%）。伯南克在他本人的回忆录中承认，直到2008年9月美联储还没有下调利率，这是绝对的错误。当时事态已经如此明显了，决策人本应该察觉到情况紧急。

2008年12月，利率降到了0.25%，但美联储也还远远谈不上竭尽所能，还可以再降一点，降到0%，降到-0.25%，降到-0.5%，甚至降到-0.75%。美联储本应该采用更多的量化宽松货币政策，或者采用别的指标制度，比如“价格水平目标制”（price-level targeting）。当初日本遇到类似困境的时候，这就是伯南克给日本人的建议。有意思的是，当伯南克卸任美联储主席后，他又开始推行他的“价格水平目标制”了。

说句公道话，绝大多数经济学家如果坐在伯南克的位置上，也不可能比他做得更好。美联储并不是他一个人说了算，他还得和很多其他政策制定者共事，而其中一些人对货币政策的态度并没有那么开明。相比之下，2008—2009年美联储做得要比1929—1933年的强，更远远强过了欧洲央行。尽管已经下调利率，实施量化宽松政策，但货币政策实际上依旧是紧缩的，这最终引发了原本可以避免的经济衰退。

伯南克承认，大萧条是美联储举措失当所致。他也认为，1966—1981年引发的大通胀（the Great Inflation），美联储难辞其咎。1984—2007年是美国经济史上的“大稳健”时期（Great Moderation），这期间美联储积极作为，为缓解美国当时经济困境出了不少力，而这个时期算美国的黄金发展期，经济波动少，增长稳健。大萧条、大衰退、大稳健都和货币政策密切相关，如此来说，大衰退和美联储脱不了干系。

大衰退中被误判的事儿

接下来的几章，我们将展开认识之旅，同时还要澄清一些众所周知但其实被人误判的事实。以下是关于大衰退的一些“神话”：

- 房产泡沫终有破灭的一天。
- 房屋建筑下跌引发了失业率飙升。
- 2008年，低利率代表货币宽松。
- 利率一旦降到0%，货币政策就会无效。
- 即便美联储采取了刺激性措施，名义GDP和实际GDP还是下降了。
- 2008年利率已经降到0%了（事实上没降到0%），所以美联储无法阻止GDP下跌。
- 美联储已经尽可能下调利率了。
- 金融危机引发了经济大衰退。
- 如果一个经济体正在经历，或者经历过严重的金融危机，那么该经济体很难迅速恢复景气。
- 债务危机后，很多美国人都在努力维持生计，因为总需求必然下降，美国人得勒紧裤腰带过日子。

所有列出的或其他未列出的错误观点都将在接下来的章节中一一呈现。

补充说明

在我写完这本书不久，美国就遭遇了新冠疫情，引发了不知道会持续多久的深度经济衰退。此次衰退的促因真是出乎所有人意料，故而也不在本书讨论范围之内。解铃还须系铃人，货币出了问题，多花些钱或许可以解决当下的难题。但是，真的发生了灾难，人们无法外出工作或购物，仅仅靠给经济体撒钱是无法解决根本问题的。

无论如何，当下真正的危险是，此次新冠疫情极有可能对名义支出（nominal spending）产生后续影响，从而进一步恶化经济。在此情况下，扩张性的货币政策可以起点作用。早期迹象表明，2020—2021年通货膨胀可能会下降，当总供给（aggregate supply）下降时，通货膨胀率下降却不太妙。货币政策无法解决新冠疫情导致的生产受限和产出不足的问题，利用货币政策来刺激经济也许能够减少疫情对总名义支出（total nominal spending）产生的后续影响。当读者们看到这本书的时候，问题可能很大程度上已经从供给端转移到了需求端。

在看这本书的时候，你们可能会注意到有些观点似乎不适用于新冠疫情的经济环境，我将此问题留给了最终修订版，因为我不希望将焦点从需求危机，转移到2020新冠疫情这种极为罕见的黑天鹅事件上，毕竟需求才是美国经济周期（business cycle）的动力。本书试图解释正常的经济周期，而新冠疫情环境下的经济解读则需要另外一本书来解释了。

第一部分

钱，身价几何?

PATR 1

第一章
经济学里的认知幻觉

货币经济学是经济学中较为复杂的学科，和理论物理学家一样，货币经济学家必须掌握高度抽象的经济模型，而且还得拥有历史学家一般广博的知识和智慧。能同时具备这些条件的货币经济学家并不多见。保罗·克鲁格曼（Paul Krugman）曾经宣称只有他才懂“流动性陷阱”（Liquidty trap）。

我研究货币经济学近半个世纪，常年做这个学科方向的研究和教育工作。读者可以通过我回顾每个人生阶段的感悟，理解那些我经历的大事件和研究的相关模型。

如果将货币经济学看作一个宽广的迷宫，这本书会带着你们直接进入迷宫的核心。通过这本书的学习，大家可以避开我在学习过程中走过的各种弯路。当我们抵达终点之际，我希望你们不会再觉得我的观点有多么古怪和离经叛道。事实上，你们甚至会奇怪，怎么以前就没人看出来经济大衰退期间的幕后黑手其实另有其人。

认知幻觉

这本书借鉴了我的博客标题，货币幻觉。在经济学中，正是幻觉，让人们认为货币的冲击（monetary shock）能够影响经济。人们饱尝货币幻觉之苦，在实际与名义的变幻之间彷徨，资源错配，以至于影响到了经济循环周期。本书用“货币幻觉”这个词，还另有其意：许多经济学家们也误解了货币体系中一些正在发生的事件。

货币体系其实有点像镜花水月，因为你常常看到的和实际的基本不是一回事。看上去是向上，其实向下；看上去是向左，其实向右。倘若美联储盘算着永久提高利率，他们得先降低利率。有时候印钞票是补充腰包；而某些时候，印钞票反而是收紧钱袋。本书中，我除了介绍货币体系运行的新理论，还得花几乎一半的精力，来解释普信的真理原来是谬论。

我在博客上写的大部分内容都是来揭穿认知幻觉的，这是一个与视觉幻觉的分析所对应的概念。众所周知，我们的思维可能会被一个强大的、情绪化的环境扭曲或“框定”。曾经，在哲学家约书亚·诺比（Joshua Knobe）接受 Blogginghead.TV① 的采访过程中，谈到了一个很有意思的实验，该实验探讨了人们对“意图”一词含义的理解。诺比描述说，被实验对象分成两组，研究人员分别告诉他们两个版本略有差异的故事，然后问他们同一个问题。

第一组听到的故事是，一个工程师跑到公司首席执行官（CEO）办公室，说有一个项目能够让公司利润大涨。但是早已有人和这个首席执行官说过了，并表明这个项目的缺点是污染环境。首席执行官回应这个工程师说：“我可不在乎什么环境，我只在乎利润，干吧！”

第二组听到的故事和第一组听到的故事，内容上几乎一样，除了一点：有人告诉这个首席执行官，该项目特别环保。再一次地，这个首席执行官回应工程师说：“我可不在乎环境，我只在乎利润，干吧！”两组人听完故事，研究员问听众这个首席执行官是否故意破坏或者保护环境。第一组大部分人认为首席执行官并没有故意想要破坏环境，然而第二组大部分人则认为那个首席执行官没有特意想去保护环境。再仔细回想一下这个故事，这说不通啊。

在我教经济学课程的时候，经常看到类似的令人困惑的推理。例如，一家公司的成本增加了，这家公司必然会以提高价格的形式来转移额外增加的成本。但是如果把这个例子倒过来，说成本下降，公司会降低价格，学生们就不太乐意接受了。最糟糕的是他们的推理逻辑，学生们会说由于非对称的原因，公司一般都比较贪婪，他们不乐意降价。然而，实际上这个模型是对

① 一个博客网红博主采访类节目。

称的。成本增加，公司提价，因为成本的增加会让利润最大化的价格上涨，同样的，降低成本会让利润最大化的价格下降。当成本下降时，公司因为贪婪也会降价。

按照经济学家的思维方式来看问题，正确答案就很明显了：利润最大化的价格与成本正相关。一旦以大众的思维来思考这个问题，用潜意识里的“道德愤慨”（moral outrage）来解释基于事实的因果关系，这样就会失去判断。同样的，“道德愤慨”甚至影响了我们对“意图”含义的思考，诺布谈到的关于“无情”的首席执行官例子就很好地说明了这一点。

在房产泡沫破裂和经济大衰退期间，这种道德直觉阻止了人们认清真相，人们自然地倾向于相信讲那些贪婪的银行家、不诚实的借贷者、狡诈的政客搞破坏的故事，认为这些人成天琢磨着如何让央行和监管机构放手，让大家能够借到更多的钱。问题是，这样的人太多了，无论经济运行得好还是坏，美国经济发展稳定还是不稳定，任何时候，总会有这样的坏人。怎么就偏偏说 2008 年的金融危机是因为这些人的贪婪惹的祸呢？

更要命的是，资本主义观念让我们本能地认为房地产过度扩张之后，消费必然下跌，这简直是对房地产泡沫破裂最糟糕的解读。实际上，就是因为大家都不消费了，大衰退才会发生。

存钱式教育

我 10 岁的时候就开始存硬币，那会儿没有任何货币经济学的概念，就开始学习货币经济学的相关知识。1965 年，美国突然发生硬币短缺。因为在此之前，所有 10 美分、25 美分、50 美分的硬币都是银质的。由于银价不停上涨，人们发现把硬币融成银条去卖，比这些银币的面值还值钱。因此，民间很快就开始大量囤积 10 美分和 25 美分的硬币，美国政府不得不迅速作出反应，用更便宜的金属比如铜和镍来替代银制作硬币。这就是格雷欣法则（Gresham’s law），劣币驱逐良币。人们囤储良币，花掉劣币，因为钱比它本身的价值更值钱了。

1968年年初，欧洲黄金涨价，超出了官方的每盎司[①]35美元的定价。上述两件事堪称货币体系的里程碑，彻底将金银从货币体系中踢出，人们认为货币开始与贵金属脱钩，从而引发了1966—1981年的大通胀，也有人认为货币与贵金属脱钩和大通胀没太大关系。如果我们用多个视角来观察上述事件，就会明白，其实也没有什么非此即彼的联系。

1965年硬币短缺并没有出现经济衰退的迹象，反而在20世纪60年代中期，美国的经济欣欣向荣。回想一下，那会儿人们觉得硬币重要，是因为当时的价格水平远低于今天，1965年的25美分大约可以买到今天1块多美元的商品。经济衰退一般都是钱太少所致，但事实是，硬币短缺压根没有对宏观经济产生任何的影响，这倒值得深入讨论。

事实证明，大部分货币短缺（money shortage）在现实生活中根本没那么重要，但是货币稀缺（money scarcity）却很重要。短缺和稀缺，有什么差别？经济学家用短缺（shortage）这个术语指市场上某种商品不足。例如，1974年美国发生的石油短缺的现象，人们开车去加油站，结果发现无油可加，要不就是排队加油的汽车排了两个街区。与之相对，稀缺（scarcity）指的是商品供应大幅下降。2008年美国油价涨到每加仑[②]4美元，由于没有价格管控，人们到处都买得到油。而1974年，是由汽油稀缺变成了短缺，就是因为价格管控阻止了价格上涨，否则汽油价格会涨到市场提升供应，直到供应和需求对等。

1965年，美联储在市面上注入了足够多的钱，经济繁荣。硬币短缺只不过是买东西的时候造成点小麻烦。与之相对的是，2007年年底至2008年年初，美联储削减了市场货币的供应降低了其增长率，立刻引发了大衰退。市面上，货币虽然足够，人们依然可以从自动柜员机上取到钱，但是削减货币

---

① 英制质量单位。常衡：1盎司 $=\frac{1}{16}$ 磅 $\approx$ 28.35克。金衡或药衡：1盎司 $=\frac{1}{12}$ 磅 $\approx$ 31.1035克。——译者注

② 英、美计量体积或容积的单位。1英加仑 $\approx$ 4.546升；1美加仑 $\approx$ 3.785升。——译者注

供应抑制了经济体内人们消费的欲望，钱就开始日益稀缺。

回溯 1965 年，我无意间从攒硬币上学到了另外一课：美国经济周期的节点。1921 年、1931 年的硬币在市面上少见，这两个年份的硬币自然也就值钱，这是因为大萧条期间政府很少投放新硬币。因此，与 1965 年硬币短缺相比，1921 年、1931—1933 年的硬币短缺并不是引爆大萧条的诱因，它仅仅是经济不景气的现象。在货币的世界，事情常常不是它看上去的样子。对我来说，硬币短缺不是引爆经济大萧条的原因，可它与传统货币主义的解释一样，都是看上去有道理。在解释原因之前，让我们简要讨论一下货币学派对于经济大萧条的标准看法。毕竟，我认为自己就是“市场货币主义经济学派”的，货币主义在我的宏观经济学理论体系中占据一席重要的位置。

货币与经济周期

要讲货币经济学，那就从弗里德曼和施瓦茨合著的《美国货币史》开始说起。弗里德曼和施瓦茨认为，大部分美国的经济波动，都和美联储政策有关。美联储货币政策朝令夕改，弄得美国货币供应增长也跟着起起伏伏。弗里德曼和施瓦茨聚焦于广义的货币供给量（money aggregate），这个概念不仅包括流通的纸币、硬币，还有银行存款（bank deposits）。在他们看来，一个可以保证货币供应稳定增长的反事实框架的货币政策（counterfactual monetary policy），会让经济增长更稳定。

1921 年和 1931 年美国发生的硬币稀缺事件以及 1965 年发生的硬币短缺事件表明，市面上少些流通的硬币，影响其实并不怎么大。但是 1965 年的发生的硬币短缺与 1921 年和 1931 年发生的硬币稀缺事件，二者之间还是有本质差别的。1965 年，硬币确实短缺，市面流通的硬币不足。但是 1921 年和 1931 年可不一样，经济大萧条时期，交易更少，对应的硬币需求也更少，政府应对的政策就是少投点硬币，所以 1921 年和 1931 年，美国政府在制造的硬币数量上其实还算平衡。

弗里德曼和施瓦茨认为，大萧条是因为广义货币供应量指标 M2[①] 大幅下降造成的，广义货币既包括硬币还包括流通的纸币，但大部分其实是银行存款。他们将经济学理论与统计相关性结合起来，最后得出上述结论，即广义货币供应不足引发大萧条。至于我举的硬币稀缺例子，他们很有可能认为，硬币稀缺是因为经济不景气，经济不景气不需要太多硬币的流通，政府可以减少硬币投放，硬币稀缺不是经济不景气的主要原因，而是经济不景气的副作用。

美联储既没有直接控制硬币制造产量，也没有控制银行存款，美联储的政策只能间接影响银行存款和总体的广义货币供应量。弗里德曼和施瓦茨认为，美联储的货币紧缩政策间接导致广义货币供应量下降，从而抑制了经济发展。他们建议稳定广义货币的供应，这样可以让美国经济很大程度上避开大衰退。

那么是否存在这么一个货币政策，假设其副作用就是硬币制造缓慢但是可以稳定增长，好处是这个政策可以让美国避开经济大衰退。我认为是很有可能存在的。那么，在某种程度上是不是 1931—1933 年的硬币稀缺“引发”了大萧条？

表 1–1 中展示了 2000—2015 年的硬币产量，大家会注意到大衰退时间段内硬币产量确实大幅下降。但要说硬币产量下降引发了大衰退，几乎所有经济学家听到这个说法都会嗤之以鼻。他们可能是对的，但是即便他们是对的，也未必找对了原因。不知道多少经济学家认真想过，到底是什么导致了大衰退？是啊，到底是什么原因让这件事情发生了。

表 1–1　硬币生产数据

年份	1 美分	5 美分	10 美分	25 美分
2000	14 277 420 000	2 355 760 000	3 661 200 000	6 477 470 000

① M2，广义货币供应量，与狭义货币 M1 相对应，是一个反映货币供应量的重要指标包括社会流通货币、活期存款、定期存款。——译者注

续表

年份	1 美分	5 美分	10 美分	25 美分
2001	10 334 590 000	1 303 384 000	2 782 390 000	4 806 984 000
2002	7 288 855 000	1 230 480 000	2 567 000 000	3 313 704 000
2003	6 848 000 000	824 880 000	2 072 000 000	2 280 400 000
2004	6 836 000 000	1 445 040 000	2 487 500 000	2 401 600 000
2005	7 700 050 500	1 741 200 000	2 835 500 000	3 013 600 000
2006	8 234 000 000	1 502 400 000	2 828 000 000	2 941 000 000
2007	7 401 200 000	1 197 840 000	2 089 500 000	2 796 640 000
2008	5 419 200 000	640 560 000	1 050 500 000	2 538 800 000
2009	2 354 000 000	86 640 000	146 000 000	533 920 000
2010	4 010 830 000	490 560 000	1 119 000 000	347 000 000
2011	4 938 540 000	990 240 000	1 502 000 000	391 200 000
2012	6 015 200 000	1 023 600 000	1 676 000 000	568 010 000
2013	7 070 000 000	1 223 040 000	2 112 000 000	1 455 200 000
2014	8 146 400 000	1 206 240 000	2 302 500 000	1 580 200 000
2015	9 365 300 000	1 599 600 000	3 041 010 000	2 990 820 000

来源：美国铸币局,《流通硬币生产》（*Circulating Coins Production*）和 R.S. Yeoman,《美国硬币指南》（*A Guide Book of United States Coins*）。

我们完全可以说某项政策导致了大衰退，如果替代政策设定合理，人们曾经就用过这类政策工具阻止了衰退。类比一下，假如方向盘换个位置，就可以避开事故，人们还是可能会说是汽车司机让车撞到树上。我们不认为司机可以“解决事故问题”，但我们希望他们不要主动制造事故。

因此，如果美联储通过调节利率或者货币供应的设定就可以防止经济衰退，那和经济衰退关联的设定就可以说是“导致”了经济衰退的原因。别指望美联储“解决衰退问题”，美联储仅仅可以制定避免引发衰退的政策。

弗里德曼和施瓦茨认为，货币紧缩政策才是引爆美国大萧条的元凶，反事实框架的货币政策能够阻止广义货币供应下跌，从而减轻20世纪30年代初爆发的经济危机的破坏性，他们可能是对的。但人们也可以对防止硬币产量大幅下降的反事实框架的政策提出同样的论点。我认为，因果关系解释可能并不合适，因为总有太多可以用来解释的说法。也就是说，央行盯着广义货币供应量也好，还是硬币产量也罢，其实没有太大意义，因为总会有更适合的指标用来指导美联储制定货币政策。当然，有其他更好用的说法解释大萧条的起因，也不能就此说明弗里德曼和施瓦茨那种硬币产量太少引发了大萧条或大衰退的观点就是错的。他们提出的模型自有妙处，该模型可以用于解释各类历史事件。

20世纪60年代，金银价格上涨。我们同样可以用完全不同的视角看待这些事件。如果美联储实行的货币政策是永远使用银币，并且苏黎世自由市场的黄金价格永远不超过每盎司35美元，那1966—1981年就不会发生大通胀。但是以金银价格为指标，可能并不明智。在后文，我会专门花篇幅来解释大通胀。

相关非因果

我认为货币政策有助于促进经济周期，但又没有解释清楚其中缘由，毕竟，很多事情最后都和经济周期相关。在经济衰退期间，钢铁产量总是会下降，但这并不意味着是钢铁业影响了经济周期。因此，我们还要做更多的工作，搞明白为什么如此多的人认为货币政策很重要。此中的因果机制是什么？

一旦我们确定了经济周期循环的根本动力，就可以找到比广义货币供应或者稀缺硬币更好的政策指标。任何一种因果机制都可能与经济周期紧密挂钩。不过，广义货币供应量作为货币政策成效的指标，在20世纪80年代渐渐失宠了，失宠的原因，恰恰就是该指标和经济的相关性随着时间推移日趋弱化。

宏观经济学理论包含三个基本领域：长期的实际变量（比如，实际GDP、就业率）；名义变量（比如通胀率、名义GDP）；还有经济周期，这个概念包含了短期内实际GDP和就业率的波动。一些非货币因素（比如，劳动力供应增长率）与技术决定了经济长期增长率，货币政策决定了通胀率，经济周期代表了实际冲击（real shocks）与名义冲击（nominal shocks）的交互影响、互相作用（图1-1）。

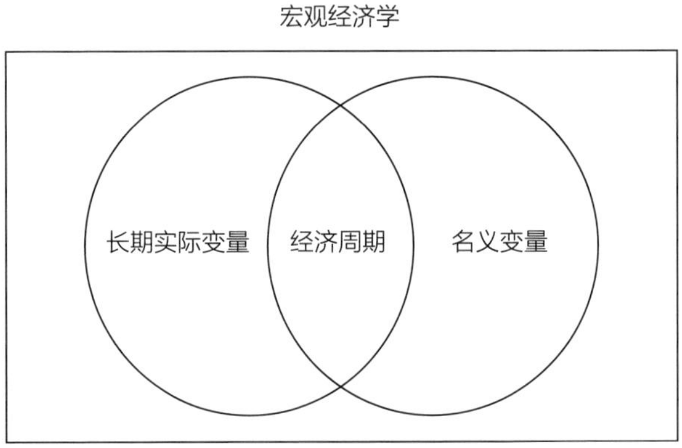

图1-1　宏观经济学三要素

尽管经济周期是货币政策辩论中最迷人的部分，但我们还是需要先从更基础的问题开始：货币政策如何引发了通胀，怎么决定了名义GDP增长？经济学理论告诉我们，货币政策会造成通胀，却同时告诉我们，货币政策不会引发经济衰退。只有我们明白了货币政策本身会制造麻烦的背后机制，才能明白为何货币政策本身也会引发诸如经济衰退这类麻烦。

第二章
货币价值与货币幻觉

美国的大通胀在 1966 年爆发，直到 1981 年结束。我从一个攒硬币的毛头小子，变成一个货币经济学家，真是生逢其时。我有幸坐在历史的头排座位上，目睹了美国历史上最剧烈的一次货币价格动荡，同时学到了非常宝贵的一课，认识到了货币价值与商品价值既矛盾而又统一的关系。

1980 年年初，我注意到一个芝加哥加油站，它们那会儿打了一个促销广告：1 加仑油，只要 0.1 美元。1980 年，正处于第二次石油危机[①]（the second oil shock）时期，大部分加油站都是 1.2 美元每加仑的油价。所以别高兴太早，这家加油站还有个附加条件，你必须用 1965 年前发行的 10 美分或 25 美分的硬币结算。

正如第一章所说，1964 年以前美国发行的硬币都是银铸的。而银价在 1979 年越涨越高，1980 年年初银价甚至一度涨到每盎司 50 美元，而同时期的黄金涨到每盎司 850 美元。相比 1964 年，黄金也就每盎司 35 美元，银价更是每盎司不到 1.5 美元。

1980 年，我卖掉了小时候攒的硬币（当然是银的），付清了芝加哥大学研究院最后一年的部分学费。

---

① 第二次石油危机，又称作 1979 年石油危机，发生在 1979 年至 20 世纪 80 年代初。1978 年年底，世界第二大石油出口国伊朗的政局发生剧烈变化，1980 年爆发“两伊战争”，造成油价暴涨，是 20 世纪下半叶三大石油危机之一。——编者注

货币价值

“钱的价值是多少？”难道 1 美元不就是值 1 美元吗？是的。但是，1 美元能够买到的产品、服务或者资产，随着时间一直在变。不幸的是，测量货币价值的单位却有很多。当我们讲某某产品值多少钱，通常是用钱作为测量标准。但是当货币自己变成测量对象的时候，事情就有点棘手了。如果我们说 1 英镑等于 2 美元，那是不是说美元大约价值 0.5 英镑呢？要是你正在听财经新闻，你必然听到报道说美元贬值，一般来说，这意味着美元相对某种其他国家或区域的货币，比如英镑或欧元，价值下降了。

说到货币价值，汇率是最常见的衡量方法，但它不是最有用的。诸位想象一下，有这么一个虚拟世界，只有一种货币，完全没有汇率这个东西，怎么办？就是这样的世界，人们还是想从购买力的角度衡量货币的价值，这时人们大多会采用下列公式，这是最普遍使用的货币价值定义：

$$货币价值 = \frac{1}{价格水平}$$

价格水平，也叫生活成本（cost of living），是以某个经济体所有产品和服务的售出价格加权平均后得出的。据此得出，价格水平上涨一倍，货币价值折半。价格水平的倒数并不是计算货币价值的唯一方法，在我看来也不是最好用的，但这个方法可以最方便地帮助大家理解货币经济学的基本要义。［稍后我们换另外一个定义，新的定义会用到名义总支出（aggregate nominal spending）——名义 GDP 的倒数——这个更好用。］

货币价值与价格水平之间的倒数关系和汇率非常相似，原理也相差无几。每场交易涉及买卖双方：作为买方，在加油站按照 1 加仑 4 美元买汽油；作为卖方，加油站按照 1 美元 1/4 加仑卖汽油。

如果我们把货币价值看作价格水平的倒数，货币价值变化和价格水平变化呈反比例关系。这仅仅是定义，并非理论。但这个定义表明，任何与通胀相关的理论也是货币价值理论。不仅仅因为这二者密切相关，一方的变化引起另一方的变化，事实是它们本就是一回事。通胀其实就是货币贬值。货币贬值就是通胀的副产品，只不过按照定义，我们称为通胀。

这个关系也意味着，通过衡量价格水平，可以得出货币价值。价格水平的衡量会用到各种统计学工具，比如物价指数（price indices）、居民消费价格指数（CPI）、个人消费支出价格指数（personal consumption expenditures price index）、个人消费支出（personal consumption expenditures price index）、生产物价指数（producer price index）、GDP 平减指数（GDP deflator）。上述这些指数都可以用来衡量货币价值。

经济学家用多种价格指数将名义价值或货币价值转换成实际价值。

$$实际价值 = \frac{名义价值}{价格水平}$$

举个例子，表 2–1 展示了假想人海伦（Helen）的收入，看一看她两个年份的收入情况。海伦 2018 年的名义收入是 1980 年的 6 倍，但是实际收入只是原来的 2 倍。尽管她 2018 年赚的钱，名义上是 1980 年的 6 倍，但她实际上只能买 2 倍同等价值的产品和服务。这都是因为 2018 年的价格水平是 1980 年的 3 倍，所以 2018 年的货币价值就只有 1980 年货币价值的三分之一。因为当美元作为价值衡量单位时，美元自身价值会随着时间而变化，那这种现象自然会发生。

表 2–1　假想人海伦的收入

年份	名义收入	CPI	实际收入	货币价值
1980	$20 000	1.0	$20 000	1
2018	$120 000	3.0	$40 000	1/3

让我们再举个例子，用类比法说得更清楚一些。表 2–2 展示了假想人名为雅各布（Jacob）的小孩的身高。1980 年，他的身高为 1 码[①]，即 3 英尺[②]。2018 年，再次测量他的身高，雅各布已经涨到 6 英尺了。雅各布的父亲很高

① 码（Yard），英美制长度单位，通常换算方式为 1 码 =3 英尺≈ 0.9144 米。——译者注
② 英尺（Feet），英美制长度单位，通常换算方式为 1 英尺≈ 0.3048 米。——译者注

兴，和别人说他的儿子身高增长了5倍，从1码到6英尺，你可能心里偷偷想："太蠢了！"测量单位都变了，从码变成英尺。按照实际单位换算，雅各布的身高也就是原来的2倍罢了。

表2-2 假想人雅各布的身高

年份	身高	平均单位长度	实际身高	量尺长度
1980	1码	1.0	1码	1码
2018	6英尺	3.0	2码	1/3码

雅各布身高的例子和前面海伦的名义收入和实际收入的例子其实是一回事。认为说海伦2018年的收入是1980年收入的6倍，就和雅各布的父亲说他2018年的身高是1980年身高的6倍一样傻。两个例子犯了完全一样的错误，都是衡量单位本身缩水了三分之二。两个例子都让被衡量对象比原本的增长多乘了3，仅仅因为衡量单位"通胀"了。不过，在两个例子中，被衡量对象也确确实实增长了：他们确实都变多了、长高了。海伦的收入是原来的2倍，而雅各布的身高也确实是原来的2倍。这么看来，也不算百分百通胀。

标尺的类比，可以帮助我们更好地理解所谓的"通胀"到底是怎么回事。很多人以为通胀就是物价上涨得厉害，其实这么思考意义不大。假设我们的标尺每年缩水5%，这时候你会不会想："嘿，时间一天天过去了，我衡量的这个玩意貌似在变大，还越来越大。"当然不是了。你会发现，一直以来最关键的变化，都是那根一直缩水的衡量标尺，变大的数字只是那根一直在缩水的尺子的测量结果罢了。

是的，通货膨胀确实说明名义价格在上涨，透过这个现象，直击本质，通货膨胀代表的是货币价值下降。后文中，我们试着从货币价值变化的角度看待每一个具体的产品、服务、资产价格的变化，就会更容易理解通胀和通缩的本质。大通胀时期，人们确实找了各种原因解释工资和物价的上涨。

在美国，货币政策制定者们为了控制通胀，用了错误的价格管控政策，而不是减少印钞来解决根本问题。20世纪80年代初，经济学家们才明白，物价上涨是一种货币现象，这才让货币政策制定者们想出法子控制通胀。不幸的是，大部分经济学家依旧不承认 2008—2009 年的通缩，本质上也是货币问题，而我希望可以说清楚这一问题。

迄今为止，我们已经用两种方式定义了货币价值：汇率和购买力（1/P）。除此以外，还有更多其他的定义。在后文，我会列举单位货币能买多少劳动力或者一份名义 GDP，这样算会更好用。

有些人喜欢用黄金来定义货币价值：稳定的货币意味着稳定的黄金价格。1933 年以前，黄金就是货币价值的标准。

货币幻觉

我在第一章解释过了，经济学家们用货币幻觉这个概念指的是，人们把货币看作某种稳定的价值测量单位。1928 年欧文·费雪（Irving Fisher）的《货币幻觉》（*The Money Illusion*）出版，我的博客名就取自这个标题，这本书名也是。费雪举了个很好的例子，来解释货币幻觉——在德国借了房贷的美国妇女。

第一次世界大战爆发后，这个妇女整整两年没能联系上德国银行。战后，她回到德国，想要付清房贷。她一直认为她欠了银行 7 000 美元，从法律上说，按照德国货币单位马克[①]计算，她实际欠了银行 28 000 马克。她去了银行，找到负责人，说："我想还我 7 000 美元的房贷。"这位出纳回答："不是 7 000 美元，是 28 000 马克。核算下来，大约是 250 美元。"这位妇女回答说："哇，马克贬值了，可我不打算占这个便宜，我就要付 7 000 美元。"这个负责人被搞糊涂了，他从法律角度给这位妇女解释这么做毫无必要，而且她凭什么有这种道德顾虑呢？实际上，她没考虑到美元价值发生了变化，她是按照美元为单位考虑问题，而这位银行负责人是按照马克为单位考虑问题。

---

① 德国货币单位，2002 年 7 月 1 日起停止流通，被欧元取代。——译者注

这位妇女坚持要付 7 000 美元，而不是 250 美元，要是有人告诉她按照购买力来看，美元其实也贬值了，也就是她原来欠 7 000 美元债务，如今变成了 12 000 美元，她只怕会立刻反悔，掉头出门，就当没提过这回事。

这个例子里，货币价值变化这么大，人反应不过来。在第一次世界大战前花 7 美元买的东西，战后得花 12 美元买。但是，美元那个时候还和黄金以固定比例绑定，大部分美国人就觉得美元价值一直很稳定。一旦他们到别的通胀更厉害的国家去转转，发现汇率贬值得那么厉害，他们立刻会意识到，货币价值变了。事实上，哪里有什么坚如磐石、万年不变的参照标准。从某一件产品或资产来看，它的价值一直在变，哪怕相对别的产品或者资产，它们的价格相对稳定。

对于那些热衷黄金保值的人来说，他们总是坚持用固定重量的黄金计价，这里给他们上了一课。即便黄金自身的价值也不是恒久不变的，黄金价值也在随着供需的变化升升降降（大多时候随着需求变化而变）。但是，为什么金银会有个价值稳定的好名声呢？

金银就是商品货币（commodity money）的最好例子，它们是商品，但也常被当作价值衡量的单位，用术语来说，就是计价单位（medium of account 或 numeraire）。计价单位指的是用来衡量价值的一种事物，记账单位（unit of account）就是单位货币的名称。因此，1928 年费雪在《货币幻觉》的书里写道，黄金就是美国的计价单位，美元就是记账单位。曾经，黄金在英国同样被视作计价单位，英镑就是记账单位。

长期来讲，相对其他商品，某种商品价值不会在一段较长时期里持续上涨或下跌。历史上，金银就是这类商品。在相当长的时间里，金银的价格相比起其他商品，基本没太变过。通胀就是货币价值下跌，按照黄金或白银的标准，一个人相当长时间内就会觉得价格水平没什么变化。

短期的话情况就会大为不同。金银需求的变化常常引发其自身价值如同荡秋千一样波动。第一次世界大战期间，欧洲各国抛售手里的黄金储备以购买武器，结果那时期的金价就跌了。与金价下跌相反，商品和服务的价格却大幅上涨。20 世纪 70 年代，公众担心通胀，大量囤积稀有金属保值，金银的相对价格如同冲天炮一样上涨。（虽然，美国几乎所有商品价格在 20 世纪 70 年代都上涨了，但是黄金价格和大部分其他商品相比，涨得厉害得多。）

正如本章开头的例子，“用 0.1 美元的银币换 1 加仑汽油”充分展示了商品货币交易双方的博弈。对于那些硬通货的狂热粉而言，这个例子似乎也说明了商品货币的购买力有多坚挺。20 世纪 80 年代 10 美分可以换到 1 加仑的汽油，和大萧条时期相比，这 10 美分购买力强多了。相反，那些硬通货怀疑派们则认为，这个例子正好也说明了金银偶尔保值。回溯 1964 年（10 美分依然是银铸的），汽油可是 30 美分 1 加仑。所以，事实就是，1980 年能够以 1964 年的 10 美分铸币买 1 加仑的汽油，表明银价从购买力来说确实涨了不少。一旦某种商品成了计价单位，其价值上涨就意味着通缩。

20 世纪 30 年代初其实也发生过类似的事情：囤积黄金（由美联储主导），引发金价上涨。黄金的价值或者说黄金的购买力上升了，可是相对全球经济体来说就是通缩。从某种意义上说，大萧条引发了此次金价上涨。可是，20 世纪 70 年代金银价格也涨了，却没有引发通缩，原因就是当时金银已不再作为货币使用。金银仅仅只是名义价格上涨。

在金本位制度（gold standard）下，黄金是唯一名义价格衡定的商品。欧文·费舍在《货币幻觉》一书中还分享了一个绝佳的例子：

当时的人们都在抱怨生活成本太高。有一回，我和我的牙医开玩笑：“你们牙科用的材料黄金有没有涨价啊？”让我吃惊的是，他居然很认真，让自己的助手去查了数据。助手查完告诉我们：“黄金的价格原来买的价格一样。”

牙医转头就对着我说：“很意外吗？黄金肯定是价格最稳定的商品了。”

“这当然很意外了。因为 1 夸脱① 的牛奶总是恒等于 2 品脱② 的牛奶。”

---

① 英语 quart 的音译。英、美计量液体或干量体积的单位。用于液量单位时 1 夸脱 =2 品脱 =1/4 加仑，即 1 英夸脱≈ 1.137 升，1 美夸脱≈ 0.946 升。用作干量单位时等于（1/32）蒲式耳，英制 1 夸脱≈ 1.137 升，美制 1 夸脱≈ 1.101 升。——译者注

② 英语 pint 的音译，英、美计量体积或容积的单位。1 品脱 =0.5 夸脱。——译者注

“我不大明白。”他说。

“那什么是美元啊？”我问。

“我还真不知道。”他回答说。

“这就是问题所在。”我说，“1 美元差不多可以换 1/20 盎司的黄金，也就是说，1 盎司的黄金卖 20 美元，那自然的 1 盎司黄金值 20 美元。正如盎司是一种衡量重量的单位一样，美元也是一种单位。赋予价值后，美元也可以和重量单位一样，是稳定的价值单位，购买力稳定不变。”

在 2009 年，美元的价值（1/*P*）仅仅涨了一回。在后文，我们会发现，这个上涨也是拜大衰退所赐。但是首先，我们需要回答一个更为基础的问题：在法定货币制度（fiat system）下，我们使用的货币背后，没有黄金或白银做支撑，那到底是什么决定了货币的价值？

第三章
货币身价由谁定?

已知道购买力可以解释货币价值，即价格水平的倒数（$\frac{1}{P}$），这意味着通过建立货币价值波动的模型，我们也能解释一段时间里的价格水平波动。可为什么 1776—1933 年价格水平几乎纹丝不动呢？为什么现在的居民消费价格（consumer prices）比 1933 年的居民消费价格涨了 19 倍？为什么通胀率在 20 世纪 60 年代末、70 年代期间涨得那么快？在 20 世纪 80 年代、90 年代又跌得那么狠？还有，2009 年，美国竟然发生了多年罕见的通缩现象？

不仅仅上述这些问题，还有更多问题，都可以用一个非常简单的货币价值模型来解释。诸位觉得我会用什么模型？给大家一点提示：假如我们估计某一样非货币商品的价值，比如苹果、男士理发、加州欧文市一幢占地约 2 400 平方英尺的独栋别墅，无论什么，经济学家都会用最基本的供需模型（supply-and-demand）分析。

商品货币的供需模型

这时，你可能会有疑问，既然供需关系会告诉我们商品和服务的美元价格，那么货币价格（price of money）又是什么意思？1 美元难道不是 1 美元？事实上，如果你读过经济学入门教材中那些提示，你将会发现，人们通常使用基本的供需关系模型来模拟商品的实际价格（real price）与相对价格（relative price）。纵坐标轴上的变量并不是该商品的价格，而是该商品相对其他商品的价格。以苹果为例，如果整体的居民消费价格指数（CPI）涨了5%，而苹果价格涨了7%，我们就会说苹果的相对价格涨了约2%，这就是供需模型要解释的部分。

我们就按这个模型计算货币价值。1美元钞票的名义价格始终固定为1.0，但是实际价值，也就是购买力的变化和价格水平呈反比例关系。意思是，如果物价涨3%，货币价值就跌3%。

但是这个模型在哪都通用吗？图3-1展示了美国1974—2012年的价格水平变化。一直到20世纪30年代，价格水平看起来都涨幅不大，而在此之后，价格水平就开始一路飙升。由于图形比例的原因，这个图有一点容易让人误解，即1933年以前商品货币时期[①]的价格水平波动在图上不太看得出来。在战争期间，物价大幅度上涨，但是战后物价又跌回去了。直到1933年，物价看起来就和150年前，也就是美国独立战争刚结束时候的物价差不多。

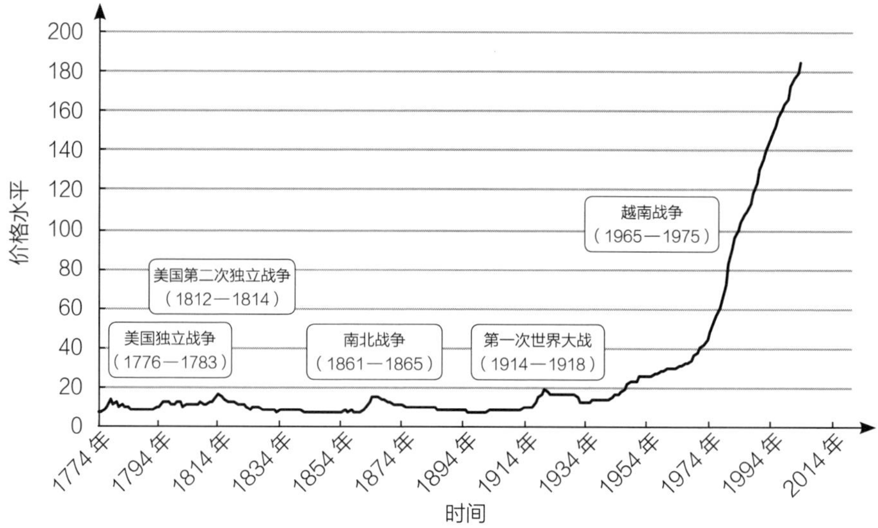

图3-1　1774—2012年美国的价格水平

来源：Cambridge。

图3-2将价格水平换成对数刻度（logarithmic scale）来看，斜率（slope

① 即美元金本位制时期。

of the line）代表了通胀率或通缩率。在这个尺度下，可以清晰地看出大通胀期即 1966—1981 年价格水平加速上涨，再慢慢放缓，诸位会发现这一商品货币时期，价格水平变化反复无常，一段时间的通货膨胀之后，紧接着通货紧缩。不过第二次世界大战以来，美国的通货膨胀就没有停过。所以，我们需要用基础供需模型来解释这个现象。

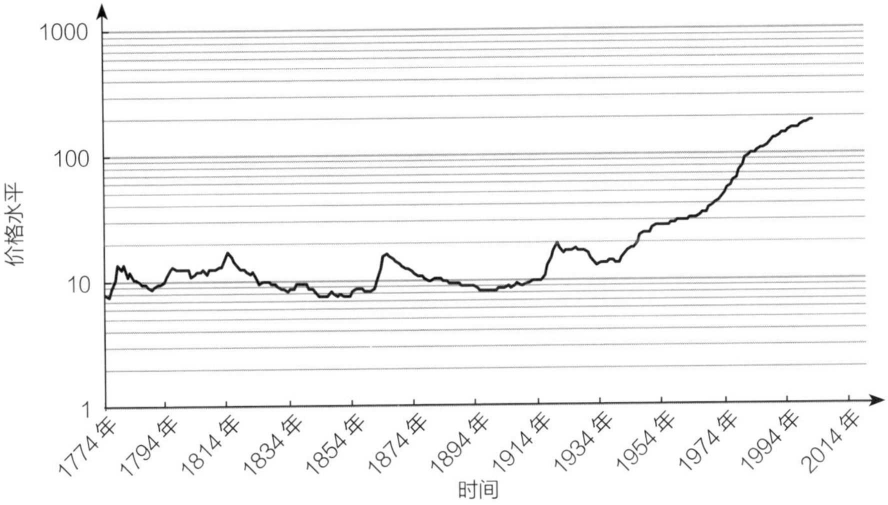

图 3-2　美国价格水平（1774—2012 年）对数刻度

来源：Cambridge。

首先，我们试着解释一下，为何商品货币时期，通货膨胀率长时间维持在接近零的水平上。价格水平没有变化，意味着相对其他商品与服务的货币价值也没有变化。在商品货币体系下，货币本身“是完美的”，除特殊情况外，充当货币的商品（金或银）相对其他商品或服务的价值，也就可以一直不变。如果这种商品货币特别好用，那未来很长时间内，其价值就很可能会相当稳定。

在 1933 年以前，价格水平短期波动幅度较大，尽管长期来看，波动几乎为 0。南北战争期间，价格水平波动大，是因为美国当时暂时放弃了商品货币制（commodity money standard），大量印发美钞来支援前线战事。而其余时期，美国执行的商品货币制，也就是金本位或银本位制度，为何价格水平波动也如此大？

我们还是根据白银的供需关系模型来思考这个问题。图 3–3 显示了白银的供需曲线图，白银需求下降，意味着白银贬值了。如果白银还充当货币使用，价格水平就要上涨了。

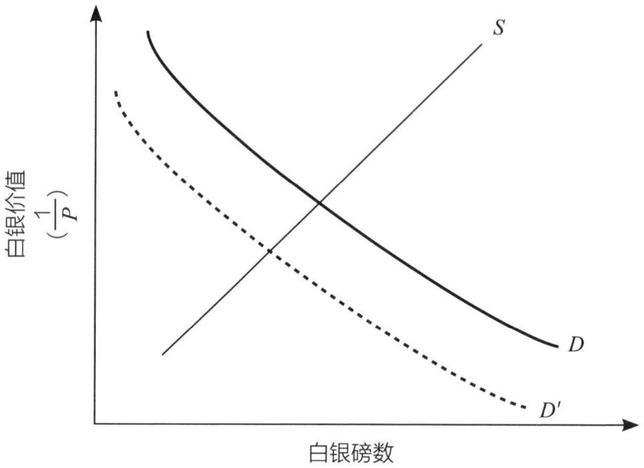

图 3–3　白银供给与需求图

发现银矿意味着白银的供应增加了，银的价值就会下降，价格水平就会上涨，这二者的关系成反比例。由此推断，1500—1650 年，欧洲大通胀主要就是因为哥伦布航行到了美洲大陆，此后大量白银从墨西哥和秘鲁流向欧洲。白银供应大幅上涨，直接导致白银价格下跌，这意味着用白银购买的其他商品或服务的价格上涨。

最后，大部分国家不得不从银本位制变成金本位制。1879—1933 年，美国计价单位是美元，对应的是 $\frac{1}{20.67}$ 盎司的黄金。1879—1897 年，黄金需求超出了供应，黄金价格上涨，结果自然是用黄金购买的商品和服务价格下跌，美国进入长期通缩。直到 19 世纪 90 年代末，随着挖掘技术的进步和不断发掘新的金矿，黄金供应量上涨，黄金供应超出了需求，于是黄金的价值开始下跌，而其他用黄金购买的商品和服务价格开始慢慢上涨。

通常来说，政府并不直接经营金矿，货币政策只能依靠调节黄金的需求来影响价格水平，第一次世界大战期间，欧洲很多政府卖出黄金以支撑战时开销，结果黄金的需求下降，需求降了，黄金的价格也就下降了。在金本位制度下，这场金价下跌引发的通胀就是全球性的，哪怕是美国这样不需要出售黄金来支付军费的国家，一样会受到影响。金本位制度下，当政府削减黄金需求的时候，金价下跌，其他商品价格水平上涨，货币政策影响非常显著。

第一次世界大战后与上述情况相反的事情发生了。第一次世界大战后，欧洲一些国家的央行重建它们的黄金储备，在 20 世纪 30 年代的经济危机时期，投资者偶尔因为丧失了对纸币的信心，也会时不时私人囤积黄金。央行与私人囤黄金可不会细水长流慢慢来，而是时不时爆发一阵。20 世纪 20 年代初和 30 年代初，黄金的需求一度火热，金价也就随之上涨，价格水平自然就处于较低标准。

1933 年，罗斯福总统有意让美元贬值，到 1934 年，1 美元已经贬值到仅仅只值 1/35 盎司黄金。或者，诸位可以想成罗斯福为了提升物价，从 1 盎司黄金 20.67 美元，涨到 35 美元 1 盎司黄金。让美元贬值就和我们缩短衡量的那根标尺是一回事。1934 年后，比起贬值前，美元能兑换的黄金变少了，那美元能够买到的东西不也就变少了吗？物价就这么涨起来了，而人们一直到第二次世界大战爆发都没有太大的感觉。

1 盎司黄金兑换 35 美元的准金本位制（quasi-gold standard），从 1934 年一直持续到 1968 年，当时美国政府允许黄金的自由市场价格升至 35 美元能够兑换 1 盎司以上的黄金。这段过渡期内，所有的居民消费产品价格都开始逐渐上涨，然而金价没发生什么变化，这大部分都归因于美国政府和其他国家政府，开始慢慢削减政府的黄金储备需求。1968 年 3 月以后，除了美国人，其他人在美国不能再用 35 美元兑换 1 盎司黄金了，欧洲市场的黄金价格也开始高于官方标价。美国与欧洲最终完全进入法定货币标准时代（fiat money standard），此刻钞票背后再没有什么贵金属之类的商品支撑，全靠政府信用和公众信心。

神秘的法定货币世界

不幸的是，1968 年，法定货币标准的执行并不能立竿见影，旧的商品货币体系没有被立刻淘汰，而是逐步淡化。1933 年，美国政府规定禁止私人拥有金条。1968 年，黄金兑换窗口对非美国人彻底关闭。1971 年，黄金兑换对他国央行彻底关闭。此时，黄金似乎已经算是时代遗留产物了，正如凯恩斯所说“黄金就是野蛮时代的遗留物”。然而，黄金和白银等大宗商品作为衡量价格水平的标准毕竟也有上千年了。虽然偶尔会有波动，就像罗斯福 1933 年让美元贬值时那样，但是无论如何，商品货币价值决定了价格水平。那个年代，不管 1 盎司黄金是 20.67 美元或 1 美元能购买 1/35 盎司黄金，其供需关系决定了价格水平。

不过，1968 年后，价格水平的决定因素十分复杂。甚至今天，经济学家们依旧无法就法定货币模型达成一致。一开始制定政策的美联储也并非完全明白该系统，致使通胀率上涨。如图 3–4 所示，20 世纪 80 年代，通胀率一度甚至飙升到 12%。最终，美联储发现，货币政策驱动了通胀，于是他们调整了政策控制住了通胀。近几十年，美联储都很好地将通胀率稳定地维持在 2% 左右。后文，我会介绍美联储是怎么做到的，不过首先我们要解决如何在法定货币制度下给通胀建立模型。

图 3–4　1960—2002 年美国通胀

注：灰色标识的区域为经济衰退期。

来源：FRED via U.S Bureau of Economic Analysis（BEA）。

在金本位制度下，长期的通胀率取决于金矿业（黄金供应）和实际的经济增长率（影响黄金需求）。美国执行金本位制度期间，通胀率基本就是 0。但这仅仅是巧合，如此巧合是因为黄金供应增长率（年均 2% 到 3%）略等于市面上金银的需求增长率，也就是经济增长需求的增长率。

相反，在法定货币世界里，长期的通胀率是由政府控制的，好比一个人在一家餐馆点菜："嗯，我就点年通胀率 2% 这道菜好了。"这是因为政府可以调整法定货币的供应量，既然短期不好调整，那政府会更倾向于在相当长的时间里选一个平均通胀率。

截至目前，我已经捎带简要地讲了一个复杂的问题：有大家一致认可的货币定义吗？答案是没有。很多经济学家喜欢用货币是流通手段这类货币职能来给货币下定义。这些定义通常包括支票账户余额（checking-accounting balance）等货币资产（money asset）。我个人也喜欢货币职能这种定义方式，货币是价值尺度（medium of account），是流动性的。在金本位制度下，要是你收到了面额 100 的钞票，你可能第一个念头就是跑到财政部换成"真钱"，约 5 盎司的黄金。

在经济不景气的时候，比如 1933 年年初，黄金就是最终的流动资产。货币可能贬值（1933 年也确实贬值了），这并不是说我们不能用现金或者银行余额来模拟货币模型，就算是金本位制度下也行得通，只是黄金市场已经可以很好地模拟价格水平的波动。确实如此，本书大萧条部分，用的就是这种方法。

当政府放弃了金本位制，采取了法定货币制，基础货币就接替了黄金，变成更具流动性的货币。基础货币由现金与银行准备金组成，当人们想着政府印发钞票的时候，他们头脑里想的法定货币，其实质就是基础货币。要是你在自己车库里面摆个小摊卖点东西，收到了一张 100 美元的支票，你可能想着用这张支票换成真钱，也就是现金。

2008 年以前，基础货币是由 98% 左右的现金（市面上流通的纸币和硬币）和 2% 的各大银行存在美联储的准备金组成的。但是到了 2019 年，基础货币一半都是电子银行准备金。不过，接下来，我要给大家举一个简单的货币无中生有的例子，其基础货币只有纸钞和硬币（就和1913年前的情形一样），然后我们再理解量化宽松政策下的新世界发生了什么。

用基础货币来定义货币的一个好处就是，这种定义能更清楚地解释货币理论。显然美联储已经完全拥有了控制基础货币供应的能力。银行并不能制造这种货币，除非他们想以造伪币罪被政府抓进监狱。如此一来，我们只要关注由美联储控制的货币供应和由公众决定的货币需求变化这二者的关系，我们就可以模拟价格水平波动了。

我们假设货币供应就是一条纵轴线，由中央银行决定。这一点和黄金货币不同，中央银行不像追求利润最大化的金矿矿主，他们可以在金价上涨的时候提升黄金产量。在法定货币时代，央行可以随心所欲地调整法定货币供应量。

图3-5展示了货币供应上涨之前和之后的基础货币供需情况。读者们可能已经注意到这张图和图3-3有两点不一样，图3-3展示的是白银的供需情况：①货币供应现在图3-5中是无弹性（inelastic）的垂直曲线；②货币需求则是单位弹性（unit elastic）。相反，人们假设白银无须求弹性（elasticity of demand），白银需求向下倾斜。到底这种单位弹性假设（unit-elastic assumption）从哪里来的呢？为什么是法定货币呢？

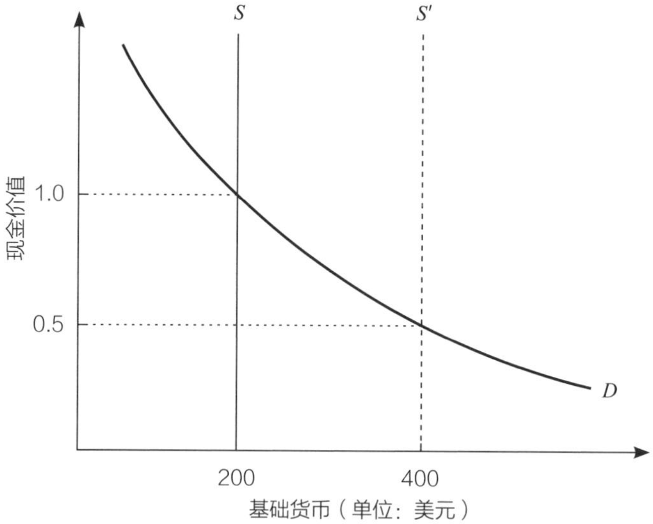

图3-5　法定货币的供需关系

我们很快会明白，白银与法定货币的根本差别在于，人们由于各种原因热爱白银，不仅仅因为白银可以当钱用，还可以被做成一片银箔。相反，现金除了当钱用，没有任何用处。我们总不会把钱框起来挂墙上吧（虽然有些钱确实好看，如图 3-6 所示）。我们喜欢现金，仅仅是因为我们可以用它买东西，这个概念真的很重要。

图 3-6　1 美元的流通券

直升机撒钱和“击鼓传花”模型

要讲清楚现金需求，我先从著名的直升机撒钱实验说起。是的，这听起来有点假，不过不可否认，这真是一个很有意思的思想实验，起码在我看来，这可是宏观经济学里最有意思的一个实验。本·伯南克经常举这个例子，以至于华尔街一帮交易员送了他一个外号：“直升机专员本”（Helicopter Ben）。

假设一个国家有 100 万人口，每个人都有 200 美元现金（他们可以从自动柜员机取现金，慢慢花掉，再补仓），那么流通现金的总额就是 2 亿美元。

为什么每个人都会有 200 美元现金呢？和其他问题一样，一个人手里留多少现金其实是一个经济学决策。现金多一些，也许更方便，但同样意味着要承担丢失或被盗的风险。如果这钱拿去存了定期或者类似的投资，这意味着你还会损失一些利息。假设现金没有利息，人们权衡了一下现金带来的收益与成本，然后就找到了一个他们喜欢的平衡点。我们把这个平衡点称为民众的“货币需求”，也就是民众偏好持有的货币总量。

诸位把自己看成这个假想国家的一个普通人，这样可能会更好理解。也许诸位花上 200 美元就足够满足一周所需，忘掉支票、信用卡等其他备选。我只对诸位准备买什么感兴趣，不管额度多小。我希望诸位思考下列问题：诸位钱包里面放多少钱，由谁定？是你们自己还是美联储？大部分人会觉得，这当然取决于我们自己，我们想带多少钱就带多少钱，想什么时候去自动柜员机取钱就什么时候去，每次想取多少钱就取多少钱。然而，真的是民众自己决定了货币需求？我认为答案既是肯定的也是否定的。

我们假设这个国家有一个中央银行，他们决定把货币供应量从 2 亿美元提升到 4 亿美元。央行知道民众平时喜欢手里留 200 美元的现金，可它不在乎这个。它就是下定决心，一定要给经济注入 2 亿美元，没人可以阻止它。它还做了个计划——从直升机上撒钱，非得让那些习惯钱包里面只放 200 美元的民众再获得 200 美元。目前来说，人均多了 200 美元，接下来会发生什么？央行有没有强迫老百姓去拿多出来的 200 美元呢？

要是你抢到了空中飘舞的天降横财，你打算怎么做？你可能会花掉它。这个时候就会出现合成谬论（fallacy of composition），对个人来说，可能是你所认为的那样，对整个社会而言，完全是另一码事。任何一个单独个体，如果不想要多出来的 200 美元，都会想到花掉它。但是当你花钱的时候，你其实不过是击鼓传花，把你多余的 200 美元的负担转嫁给别人了，现在轮到他们来发愁怎么摆脱多出来的额外现金。

运用基础数学理论来理解。假设有 100 万人，货币供应翻一番，从 2 亿美元到 4 亿美元，那么平均每个人持有的现金也翻一番，从 200 美元到 400 美元。央行哪怕人们不情愿，非要人们多拿点现金。乍一看好像还真是如此，但是故事还没结束呢。诸位心里可能想，美联储哪能强迫我们多拿钱，某种意义上说，诸位当然是对的。

我们先假设每个人都能决定自己携带的现金数额。这是显而易见的，诸位自己决定了钱包里放多少钱，而不是美联储。然而事实上存在两种说法，一种说法是我们每个人都是独立的个体，我们自己决定钱包里放多少钱。另一种说法是央行决定人均持有现金额度。这两个说法岂不自相矛盾？

“击鼓传花”模型①（hot-potato model）可以解决这个矛盾，该模型可以说是涉及整个货币经济学学科很多重要的思想。人们想要摆脱额外的现金，他们就会把多余的部分花掉，这会催生更多的产品和服务需求，即总需求（aggregate demand）。需求上涨，价格随之上涨。价格会涨到多高呢？看看图 3-5 展示的需求供给模型，新的平衡点会出现在哪里？注意，假设货币价值下降了一半，则价格水平必须翻倍；而现金供应翻倍才会导致价格水平翻倍，这至少证明了货币供应具备单位弹性的猜想是正确的。

我们思考一下，为什么价格水平会翻倍。一开始，我们先假设一般人手里拿的钱足够采购一周的生活所需，然后美联储非要大家多拿一倍的钱，也就是每人 400 美元。刚开始，民众会花掉多出来的现金，民众的这种行为会提升总需求，总需求提升又会刺激价格走高，等到价格水平翻倍，人们会开始觉得手里的钱也就只够一周生活所需了，然后回归平衡，一切还原。

回到前文的问题，是否真的是民众自己决定了钱的需求？我的答案既肯定又否定，现在你们明白其中的道理了吧。美联储控制了美国经济的名义货币总量，要是它想增加货币供应，民众什么也做不了，除非人们想把新印出来的钱烧掉，不然他们就必须拿着这些多出来的现金，不过民众可以决定实际货币需求。因此，如果名义供应超出了民众所需，民众就会花掉，这么一来，民众消费推升价格水平，价格会一直涨，直到实际现金结余达到了民众期望的平衡点，然后才一切稳定。

前面举的例子在很多方面都与现实世界明显不符。例如，美联储印发钞票，管它多不多余，谁会纠结这个啊。人们难道不能在自己家火炉里面烧掉多余的钱或者直接扔掉？再来个更可行的方案，存到银行行不行？这是个非常有趣的问题，我们后文再讨论。现金一旦放进银行就变成准备金，无论什么时候放进去，都算。美联储实际上只是注入基础货币，而民众（包括银

---

① 英文名为 hot-potato model, hot potato 原译为烫手山芋，而其衍生的 hot-potato Game 类似于我国的击鼓传花游戏，故译为“击鼓传花”模型。——译者注

行）决定是以现金的形式拿在手里，还是放到银行变成准备金。

最后，银行不会阻止“击鼓传花”效应发生，起码利率还是正的。这都是因为银行也有他们自己比较偏好的现金结余，也就是银行偏好的准备金率。直到2008年，银行偏好的准备金率都很低，这是因为准备金不会产生利息，放在手里无利可图。所以，“击鼓传花”效应的结果就是，现金不会都存到银行里，相反，银行会把这些钱投入市场的经济循环，越快越好。

这个直升机撒钱实验听起来异想天开，可它描述的就是宏观经济学理论里最核心的概念。如果你没有搞懂这个，关于宏观经济学其他的理论都是天书。“击鼓传花”效应来自两个互动要素：一个是民众有非常明确的“货币需求”，定义清晰，人们花钱仅仅是因为钱能买东西。另一个是央行垄断了法定货币的生产，特别是美联储在调整基础货币这件事上可以恣意妄为，想做什么就做什么。这两个要素合起来就意味着，美联储通过调节经济体中的名义货币价值来控制价格水平。是的，美联储甚至可以控制你每周发给你女儿的名义零花钱（假如你在乎的是实际零花钱）。

回顾图3–5，美联储只要适当调节调节货币供应量，就可以控制到它想要的任何价格水平。这就是为什么自20世纪90年代以来美国的通货膨胀率一直维持在1.95%左右，不会高太多也不会低太多。因为，美联储的目标通膨率是2%。在此之前，美国经历了几十年的高通胀（分别发生在20世纪40年代和70年代），还有几十年的严重通缩（19世纪80年代、20世纪20年代、20世纪30年代）。

不烧脑——更容易还是更简单?

1752年[①]，休谟讲了一个和直升机撒钱简直异曲同工的故事：

假设英国一夜之间废除了五分之四的流通货币，国家在市面上的货

① 美国乔治二世国王统治时期。——编者注

币流通状况，可能就与安妮女王时的财政大臣哈利[①]（Harley）和爱德华[②]（Edwards）国王统治时期一样，而这又会产生什么样的后果呢？难道不是所有的劳动力和商品价格都按比例下降，与那两个时期一样便宜吗？相反，假设一夜之间，英国的货币流通量变成原来的 5 倍，难道就不会产生和上述情况恰好相反的结果吗？

尽管休谟是一个杰出的哲学家和经济学家，但这个道理并不是非得是天才才能明白。试着给一个十一二岁的小朋友去讲那个直升机撒钱的故事。“政府给每个美国人印一百万美元的钞票，免费发给大家，这个主意好不好？”按照我的经验，哪怕是年龄很小的小朋友也会说这事儿不太可能吧。我有一次给我女儿讲了这个故事，以她的年纪，压根儿不可能懂经济学，她给出了一样的回答——不太可能吧。

但是，真没多少人真正理解了直升机撒钱的故事，这比理解火箭科学（比如牛顿力学）那么烧脑的人还要少。例如，2009 年，美国政府就做了一些类似直升机撒钱的事情。美国政府发了大约 10 000 亿美债，然后让美联储用新发行的基础货币全部买下。2009 年年底和 2008 年年中相比，基础货币翻了一倍不止。但是发生了通货膨胀吗？没有。这事儿甚至让一些经济学大拿惊掉了下巴。要明白物价为什么没有上涨，我们需要更深入地探索货币需求的内涵。下一章，我们就着重讲一个新例子，20 世纪 60 年代到 80 年代席卷了全世界的大通胀。

---

① 罗伯特·哈利（Robert Harley，1661—1724）英国政治家。安妮女王时代曾任首相。——编者注

② 从 1483 年到 1485 年，爱德华三世统治了英格兰和苏格兰，这一时期被称为“爱德华时代”。在这个时期，英国经历了一系列重大的政治、经济和社会变革，为后来的英国历史发展奠定了基础。——编者注

第四章
货币数量论与大通胀

法定货币和金银不一样，从一定程度上讲，法定货币价值完全取决于它的购买力。这就非常有趣了。如果突然让流通中的现金加倍，人们一开始的反应是赶紧想法摆脱这额外的现金结余，价格水平要是不翻倍，就无法恢复均衡（equilibrium），也就是前文提及的民众习惯的现金余额。前文提及的直升机撒钱实验的基本前提就是民众的现金本能，这也是现代货币数量论（QTM）的底层逻辑。不过，话说回来，经济学家们强调的货币数量论（quantity theory of money）到底指的是什么？我也不太肯定，也许他们指的是以下 5 个定律：

X% 货币供应变化和 *X%* 的价格水平变化相关；

X% 货币供应变化和 *X%* 的名义 GDP 变化相关；

长期来看，货币供应变化 *X%* 相比其他方式，会引起价格水平和名义 GDP 增长 *X%*；

长期快速增加货币供应是长期快速高通胀的充分必要条件；

通胀与名义 GDP 增长分析的最好方式就是货币供需模型。

上述每一条定律，我们都可以给货币供应重新定义，包括基础货币（就是我用的）、M1（包括储蓄账户结余）和 M2（包括所有类型的银行账户结余）。

社会科学的理论永远都不可能完全正确。我感兴趣的不是哪一个版本的货币数量论正确，而是哪个版本的货币数量论最管用。后面我们会发现，定律1和定律2不太好用，我们无法期望货币供应涨10%，价格水平就涨10%，或者名义GDP涨10%。后面的3个定律就好用多了。这一章，我们一起看看一些数据，正是这些数据让大学时代的我，相信后面3个定律的货币数量论（QTM）更可靠、更好用。

交易方程不是货币数量论

多数教科书在讲货币数量论（QTM）的时候，都会用到如下公式，就是大名鼎鼎的交易方程：

$$M \times V = P \times Y$$

结果，很多学生就误以为，交易方程就是货币数量论。这个方程可不是货币数量论，因为它压根儿就不是理论，它只是一个特征，和货币数量论完全没有关系。就像把 $Y = C + I + G$ 与凯恩斯经济学混为一谈。

如果该方程不是货币数量论，那是什么？大多数解释是这样说的：M 指货币供应，P 指代价格水平，Y 指实际GDP，$P \times Y$ 就是名义GDP，即某一年里，所有商品的价值总和。假设货币供应为1万亿美元，名义GDP为52万亿美元，由此得出 V 是52，意思是（当然也是假设的）某一年里1美元会在商品和服务市场上流通52次。这就是 V 被叫作流通率（velocity of circulation）的原因。如果有1万亿美元的货币供应，花掉了52万亿美元，那么1美元1年流通了52次，可以理解为这1美元在1年内被花掉了52次，差不多1周1次。

这只是个假设，但现实真是这样的吗？我们立刻产生了疑问，因为货币供应的定义实在太多了，而 $P \times Y$ 就是一个等式。所有货币供应的理论定义都可以用这个方程吗？那些没有计入GDP的商品呢？以物换物的交易呢？事实上，我们永远无法直接算出实际 V 值。相反，我们只是测量出其他3个变量的值，插入 V 值，而不是解出方程，所以，V 还不如说就是一个乘数（multiplier）。不幸的是，其他经济学方向也用 V 值，多年来我们仅仅为了一个好用的方程，陷在这个误导人的 V 值中难以自拔。

另外一点也很令人困扰，方程 $M \times V = P \times Y$ 只是一个恒等式（identity）。

根据定义，这么说也没问题。人们总是说恒等式没什么用，因为单靠恒等式是无法建立因果关系的，但是恒等式还是有用的。经济学里全是恒等式，很多人非常讨厌恒等式 $MV = PY$，可同样是他们却对恒等式 $Y = C + I + G$ 爱得深沉热烈。

关键是，没有足够的证据，就别提因果论断。所以，我们不能就这么简单地先入为主地认为交易方程永远正确，M 值上升必然导致 P 值上升——好比凯恩斯经济学中，我们不能先入为主地认为 G 值（政府产出）必然导致 Y 值（实际 GDP）上升。无论哪种情况，另外两个变量都有可能发生变化。既然如此，我怎么还是一口咬定这个方程很好用？

这个交易方程给了我们一些线索教我们模拟通胀、模拟名义 GDP 的变化。第三章中，我们通过思考直升机撒钱的思想实验，拿到了理解它的第一张通行证。在实验中，我们让货币供应翻倍，保持货币需求曲线稳定不动。在新均衡下，货币价值减半，价格水平翻倍。现在我们明白了，直升机撒钱的思想实验让 V 值和 Y 值不变，货币供应（M）值成倍上涨，价格水平（P）值就会成倍上涨。既然有了交易方程，我们立刻明白 M 值与 P 值如果不同步变化，都是因为实际 GDP 值或货币流通率变了（或者可能两个都变）。现在，我们可以通过解释 M、V、Y 来解释通胀了，这就是我接下来要做的事情。

福尔摩斯调查大通胀

为了让这个过程变得有趣，我们来模拟一个侦探故事。我要给你们奉上我超级喜欢的数据大礼包，然后你们就可以和我们一起弄清货币经济学中最关键的几个理论。要达成目标，只要我们一起找到支持货币供需模型的证据线索即可。

经济学家们通常都对利率变化这类数据更感兴趣。媒体报道了当下居民消费价格指数水平或许有些人从来没听过。而媒体更乐意告诉人们的是，居民消费价格指数最近有百分之几的波动，也就是通胀率（rate of inflation）（或者通缩率，如果数值为负的话）。下面就是交易方程按变化率的表达式：

$$\frac{\Delta M}{M}+\frac{\Delta V}{V}=\frac{\Delta P}{P}+\frac{\Delta Y}{Y}$$

货币供给增长率加货币流通速度变化率等于通胀率加实际 GDP 增长率。这只是估算。如果货币增长率为 10%，货币流通增长率为 10%，加起来就是 21%，因为还要算上交互项（interaction term）。类比一下，两年中每年银行账户规模增长 10%，复合增长是 21%。对于不那么讲究精确的经济学来说，这就够了，至少在变化比率一向很低的时候，仅这个公式就足以说明问题。

表 4-1 中的各项数据向我们展示了四个变量中的 3 个变量：*M*、*P* 和 *Y*。有了这些，我们可以很轻松地算出剩余变量 *V*。但对我来说，只证明一个恒等式还不够，我们要找的是能证明因果关系的线索。让我们一一探讨。首先，我们要寻找支持直升机撒钱思维实验的证据——如果货币供应量翻倍，价格水平也会随之翻倍。其次，如果我们发现二者变化不同步，我们要把怀疑对象集中起来，一次解决一个，挨个严密审问。我们将同时研究动机（理论）和间接证据（相关性）。但是，这就没有确凿的证据了。用这个数据集，我们最多检验一下理论和相关性。

表 4-1　货币供应增长、通胀和大通胀期间的实际增长

国家	（1）	（2）	（3）	（4）	（5）
	$\frac{\Delta P}{P}$	$\frac{\Delta M}{M}$	$\frac{\Delta Y}{Y}$	$\frac{\Delta M}{M}-\frac{\Delta P}{P}$	名义 GDP 增长
巴西	77.8	77.4	5.6	-0.4	83.4
阿根廷	76.0	72.8	2.1	-3.2	78.1
玻利维亚	48.0	49.0	3.3	1.0	51.3
秘鲁	47.6	49.7	3.0	2.1	50.6
乌拉圭	43.1	42.4	1.5	-0.7	44.6
智利	42.2	47.3	3.1	5.1	45.3
南斯拉夫①	31.7	38.7	8.7	7.0	40.4

① 现已为波斯尼亚和黑塞哥维那、克罗地亚共和国、塞尔维亚、黑山、北马其顿共和国、斯洛文尼亚。——编者注

续表

国家	(1)	(2)	(3)	(4)	(5)
	$\frac{\Delta P}{P}$	$\frac{\Delta M}{M}$	$\frac{\Delta Y}{Y}$	$\frac{\Delta M}{M}-\frac{\Delta P}{P}$	名义 GDP 增长
扎伊尔（今刚果民主共和国）	30.0	29.8	2.4	-0.2	32.4
以色列	29.4	31.0	6.7	1.6	36.1
塞拉利昂	21.5	20.7	3.1	-0.8	24.6
土耳其	20.1	22.9	5.9	2.8	26.0
加纳	19.3	18.6	2.5	-0.7	21.8
冰岛	18.8	18.4	4.3	-0.4	23.1
墨西哥	18.7	23.2	5.4	4.5	24.1
哥伦比亚	13.9	18.5	4.7	4.6	18.6
韩国	12.8	22.1	7.6	9.3	20.4
巴拉圭	12.5	16.9	4.8	4.4	17.3
苏丹	12.0	16.3	2.3	4.3	14.3
哥斯达黎加	11.8	16.5	4.6	4.7	16.4
厄瓜多加	11.6	15.7	4.7	4.1	16.3
牙买加	11.2	15.7	4.7	4.5	15.9
尼日利亚	10.8	14.2	4.1	3.4	14.9
葡萄牙	9.9	11.5	4.7	1.6	14.6
伊朗	9.9	18.5	4.7	8.6	14.6
冈比亚	9.8	11.5	3.2	1.7	13.0
圭亚那	9.8	13.8	-0.4	4.0	9.4
希腊	9.5	14.9	4.7	5.4	14.2
马达加斯加	9.5	8.8	1.5	-0.7	11.0
西班牙	9.2	13.1	4.5	3.9	13.7

续表

国家	（1）	（2）	（3）	（4）	（5）
	$\frac{\Delta P}{P}$	$\frac{\Delta M}{M}$	$\frac{\Delta Y}{Y}$	$\frac{\Delta M}{M}-\frac{\Delta P}{P}$	名义 GDP 增长
塞内加尔	8.7	12.2	1.1	3.5	9.8
毛里求斯	8.6	12.7	3.9	4.1	12.5
多米尼加	8.6	13.2	4.7	4.6	13.3
特立尼达和多巴哥	8.5	10.5	1.9	2.0	10.4
埃及	8.0	12.0	4.1	4.0	12.1
尼泊尔	8.0	14.4	3.1	6.4	11.1
委内瑞拉	8.0	10.7	4.4	2.7	12.4
菲律宾	7.8	11.3	4.8	3.5	12.6
加蓬	7.6	10.0	5.3	2.4	12.9
新西兰	7.6	6.4	2.6	−1.2	10.2
萨尔瓦多	7.6	8.1	3.3	0.5	10.9
南非	7.5	10.1	3.7	2.6	11.2
喀麦隆	7.5	10.7	5.5	3.2	13.0
科特迪瓦	7.3	12.0	5.0	4.7	12.3
意大利	7.3	10.3	4.6	3.0	11.9
爱尔兰	7.2	7.9	3.3	0.7	10.5
印度	7.2	10.7	4.2	3.5	11.4
巴基斯坦	6.8	10.7	4.7	3.9	11.5
叙利亚	6.7	15.0	5.3	8.3	12.0
芬兰	6.7	8.6	4.2	1.9	10.9
多哥	6.6	13.8	4.4	7.2	11.0
英国	6.5	6.4	2.4	−0.1	8.9

续表

国家	(1) $\frac{\Delta P}{P}$	(2) $\frac{\Delta M}{M}$	(3) $\frac{\Delta Y}{Y}$	(4) $\frac{\Delta M}{M}-\frac{\Delta P}{P}$	(5) 名义 GDP 增长
澳大利亚	6.4	8.5	3.9	2.1	10.3
法国	6.2	7.0	4.1	0.8	10.3
瑞典	6.2	7.4	2.9	1.2	9.1
丹麦	6.1	7.7	3.0	1.6	9.1
挪威	6.1	6.4	3.8	0.3	9.9
布基纳法索斯	5.9	10.1	3.6	4.2	9.5
斯里兰卡	5.9	10.6	5.0	4.7	10.9
尼日尔	5.8	9.9	3.2	4.1	9.0
沙特阿拉伯	5.5	15.0	6.1	9.5	11.6
摩洛哥	5.5	11.1	3.9	5.6	9.4
突尼斯	5.5	11.0	6.1	5.5	11.6
利比亚	5.4	25.0	5.7	19.6	11.1
危地马拉	5.4	9.1	3.9	3.7	9.3
泰国	4.9	9.4	6.8	4.5	11.7
洪都拉斯	4.9	9.5	3.6	4.6	8.5
海地	4.8	9.8	1.8	5.0	6.6
日本	4.7	11.2	6.9	6.5	11.6
伊拉克	4.7	14.1	6.6	9.4	11.3
加拿大	4.6	8.1	4.2	3.5	8.8
奥地利	4.5	7.1	3.9	2.6	8.4
塞浦路斯	4.5	10.5	5.2	6.0	9.7
荷兰	4.2	6.4	3.7	2.2	7.9
美国	4.2	5.7	3.1	1.5	7.3

续表

国家	(1) $\frac{\Delta P}{P}$	(2) $\frac{\Delta M}{M}$	(3) $\frac{\Delta Y}{Y}$	(4) $\frac{\Delta M}{M}-\frac{\Delta P}{P}$	(5) 名义 GDP 增长
比利时	4.1	4.0	3.3	-0.1	7.4
马耳他	3.6	9.6	6.2	6.0	9.8
新加坡	3.6	10.8	8.1	7.2	11.7
瑞士	3.2	4.6	3.1	1.4	6.3
西德（原德意志联邦共和国）	3.0	7.0	4.1	4.0	7.1

注：各国的调查数据对应的具体时间段略有差异，这取决于数据获取的难易程度。大部分国家的数据都取自 1950 年至 1990 年，部分国家的数据时间段略短一些。所有国家的数据都包括了大通胀这段经济最糟糕的时间段。
来源：Barro（1993）。

表 4–1 展示了 79 个国家在相当长一段时期内的平均增长率。我们按照通胀率从大到小给这些国家排了个序。数据有时候不太容易拿到，所以每个国家的统计局针对的具体时间段不完全对应，略有差异。不过，所有的国家统计数据都包含了大通胀期间数据最差的年份。该表格上半段国家的第 1 列和第 2 列数据相关性为何如此明显？表格下半段的国家（低通胀国家），这两列数据的相关性是更强还是更弱？对于前面 39 个高通胀国家，货币供应增长率和通胀率之间的相关性很明显，但是后面 40 个低通胀国家，二者的相关性似乎要弱得多。

通过表 4–1，我们可以得出七个结论：第一，货币数量论似乎更适合用来解读高通胀国家的数据，但是低通胀国家呢？我们想一想为什么会这样。第四列数据显示了货币增长率和通胀率之间的背离。假如简化的 QTM 货币数量论是对的，也就是说，如果货币需求曲线不变，价格水平的变化比例应该和货币供应的变化比率一致。如果这样的话，第四列数据就应该是一堆零，但第四列并不是一堆零：货币供应增长率和通胀率并不完全一致。接下来，我们观察一下货币供应增长率和通胀率背离的程度有多大。除了利比亚，其他所有国家货币供应增长率和通胀率的差都是个位数，也就是不到 10%。由此得出第二个结论：在相当长的时间里（比如 40 年或者更长），货币供应增长率与通胀率的差值，从绝对值来看，都是年均不到 10%。第三，我们再看看这个背离是正值还是负值：结论是，在相当长的时间内，二者的差都是正值，也就是说货币供应增长总会比价格水平涨得更快一些。不过确实有些国家，它们的通胀率要比货币供应增长率大，也就是价格水平增长比货币供应增长更快一些。我们由此得出第四个结论：价格水平比货币供应增长更快的国家，大部分都是高通胀国家。实际 GDP 增长率呢？有没有发现什么规律？第五个结论是：在相当长的时间里，实际 GDP 一般是上涨的（表 4–1 中只有一个国家例外）。高通胀国家和低通胀国家，实际 GDP 增长率并无二致。这一点又支持了第六个结论：货币供应增长再快，也不会带来更快的实际 GDP 增长。最后是第七个结论：实际 GDP 增长一般有多快？在相当长的时间里，生产的增长率都是个位数。

今天我们可以看着这套数据下结论，休谟那时候可没有这个便利。他琢磨货币数量论的时候，坐在家里的圈椅上，纯粹从逻辑的角度思考，手头顶多一点粗糙的证据表明，16 世纪从美洲流往欧洲的金银引发了欧洲温和的通胀。你们手里的数据质量可要高得多，所以我们理应比休谟能够更好地发展货币理论。不过休谟实在绝顶聪明，要超越他并不容易，足足花了我们 215 年。

货币供应的变化

在直升机思想实验中，我们保持需求曲线不变，人们喜欢持有能买 200 美元商品的货币。如果我们让每个人手里持有的现金翻倍，也就是货币供应翻倍，达到 400 美元，人们会想方设法花掉多出的现金，直到物价翻倍。当物价翻倍的时候，人们手里现金的购买力也就回到 200 美元了。也就是说，只要货币需求曲线不变，简化的货币数量论就是对的：价格水平会随着货币供应的变化发生同比例变化。

但是这些数据告诉我们，货币数量论不完全正确，我们知道货币需求其实是不断变化的。表4–1中的第四列，展示的就是货币增长率与通胀率的差，这个数据明确地告诉我们这样一个事实：真实的货币需求会随着时间而发生改变。在大部分国家，人们手中的现金总会上涨一些，这就意味着货币的真实需求一直在涨。但第四列的数据中有11个负值——这意味着，从长期来看，这11个国家的民众手中持有的现金减少了。如果我们重设动态版的交易方程，可以看到只有实际GDP增长率大于流通速度变化（即 $\frac{\Delta M}{M}-\frac{\Delta P}{P}$ ），实际持有的货币增长为正：

$$\frac{\Delta M}{M}-\frac{\Delta P}{P}=\frac{\Delta Y}{Y}-\frac{\Delta V}{V}$$

我们以新加坡为案例：

$$10.8\%-3.6\%=8.1\%-0.9\%$$

新加坡的货币供应增长率大约为10.8%，而通胀率大约是3.6%，实际现金结余大约是每年增长7.2%。为什么会这样？从会计的角度来看，答案很简单。实际GDP的增长速度比流通率要快，这意味着实际货币需求上涨很快。但是这又意味着什么？新加坡应如何应对潮水一般涌入市场的新钱？他们为什么要这么做？为什么通胀率反而更低了，而不是简化货币数量论预测的通胀率变高了？

在上文中的直升机思维实验中，我们假设人们偏好手里的现金恰好能购买一周的生活所需。在这种情况下，实际现金结余可能会由于个别原因而发生明显变化。为了应对开支，有的人也许想要手里多留点现金，有的人也许想要少留点。就是说，人们可能突然想要手里持有足够应对两个星期开支的现金。这种变化在公式里对应着 V 值变了，从52周变为26周。或者人们继续偏好持有现金足够购买一周的生活所需，但是因为国家变富了，他们实际要买的东西变多了。如果他们买了更多的东西，这就代表着公式中的 Y 值变了，对应的是实际GDP（Y）值也变了。我们现在将公式简化一下，只看实际GDP的变化，看起来唯有如此才能解释新加坡的情况。

俗话说得好："通胀就类似于水太多而鱼太少。"新加坡确实印了不少钱，但是依旧没有发生高通胀，原因就是它的经济增长更快。将表格左边的通胀率排除，再看看那个交易方程：

$$\frac{\Delta P}{P}=\frac{\Delta M}{M}+\frac{\Delta V}{V}-\frac{\Delta Y}{Y}$$

和平时一样，休谟的见识远超我们："假设一个国家搬到了太平洋，没有对外贸易，也不懂航海，还假设这个国家有总额不变的硬币，但是产业和数据持续增长，很明显，既然价格反映了货币与商品之间的比例关系，也就是价格决定了商品和货币之间的相对价值，那么每件商品的价格必然逐步下降。"

新加坡一年的货币增长率为10.8%，看上去好像还不够，每一年新加坡元花得还比以前更快一点，准确来说，这个值是0.9%，二者相加，就是每年的开支增长率大约是11.7%，经济学家将这个增长值称为总需求（aggregate demand）。但是大部分的增长都花在了迅速上涨的实际产出（real output）上。新加坡人越来越富裕，也就越来越乐意消费，他们也就乐意手里的实际现金结余年年增多。新加坡的实际GDP每年上涨8.1%，那多出的3.6%算是多出的现金结余，这个3.6%也就是通货膨胀。依照休谟所举案例，如果新加坡没有提升货币供应，其价格水平必然会下降。确实，1865—1896年，美国就发生了类似事件。那个时期，美国的实际GDP增长比货币供应快，给美国带来了连续三十年的通缩。

我们可以说快速的经济增长就是通缩，这一理论非常适合用来解释新加坡的情况，但是用到其他国家如何呢？结果是，如果我们做回归分析，将通胀当作结果变量，确切地说，货币增长就会和它有1—1.03的正相关关系。这意味着，货币供应增长1%，与之相关的平均通胀率是1.03%的增长。这个结果和前面提及的5条定律中的定律1差别不大，即假设货币数量论是对的，相关关系系数约等于这个值。

同一个回归方程，与实际GDP的相关系数就成了-1.065，和1的差距也不大。但是这样的情况下，我们确实没有合适的理论来预测双方的准确关系。看一看交易方程，你们或者期待的是，如果货币增长率保持不变，实际GDP增长率更高，则通胀率更低。这就取决于你们的看法了，你认为经济增长率会提高货币流通率，还是会降低货币流通率。

证据表明，经济增长对货币流通率的影响不大，只要货币供应增长率不变，经济每额外增长 1%，通胀就会下降大约 1%。这可以解释为何新加坡的通胀率一直低于它的货币供应增长率。确实，我们也能用经济增长来解释我们前面列出的第三个结论——对大多数国家而言，货币供应增长率高于通胀率。

如果我们只看名义 GDP 增长，而不是通胀率和实际增长率，我们还可以进一步简化这个交易方程：

$$\frac{\Delta M}{M}+\frac{\Delta V}{V}=\frac{\Delta(PY)}{PY}$$

货币供应的增长率加上货币流通速度的变化率，等于名义货币增长率。最早的货币数量论只看货币和通胀，我们只需要两个前提——即流通率和实际 GDP 值不变。如果我们只去关注名义 GDP，那只需要一个前提——货币流通速度不变。倘若货币流通速度不变，那名义 GDP 就会随着货币供应量的变化成比例地变化。

不幸的是，流通速度不会保持不变，最近几年，美国的货币流通速度并不稳定，神秘莫测，这个问题我们会在后面两章中解释。我们要明白的是，从表 4–1 展示的国际经济数据来看，其中还有一些我们没有完全整理清楚的线索，不过我们已经学了不少理论，也整理了不少证据，现在我们可以对自己所学稍作整理。我们要如何看待货币数量论？该理论正确吗？该理论有用吗？

货币数量论有多真实？

前面稍早的时候我们提到过，社会科学领域，与其问一个理论是否正确，不如问一个理论是否有用。我用了 5 个版本的货币数量定律开章：版本 3、版本 4、版本 5 有用，版本 1 和版本 2 则不太有用。为什么呢？货币供应增长率并不总是等于价格水平变化率，即通胀率（与版本 1 相反）。货币供应增长率和通胀率这两个变量大通胀期间高度相关，可是对于低通胀国家，大部分经济发达的国家都是低通胀国家，这二者的关联性也远没有那么强。更糟糕的是，近几十年，这个相关性甚至比大通胀时期的相关性还弱。货币供应增长率与名义 GDP 的增长率的相关性情况类似（与版本 2 相反）——相关关系从不完美，情况还在持续恶化。那么，我为什么如此喜欢大通胀的例子？仅仅是因为婴儿潮一代的怀旧情绪吗？

在我看来，大通胀简直就是极端环境下的天然实验：在这种情况下，很多特质真是一目了然，而其他时候怎么看都看不出来。那段时间，我看到许多支持货币数量论 QTM 版本 3、4、5 的证据。观察货币供应增长，可以帮助我们理解长期通胀（支持版本 5 定律）。有证据表明，长期来看，*X%* 货币供应增长会导致 *X%* 的价格水平和名义 GDP 增长，而非其他可能（支持版本 3 定律）。实际 GDP 和货币流通速度也会变化，但也可能不是（在长期内）对货币供应量变化的反应（短期则不一样，我们稍后就会明白）。当然了，我们还没见过什么国家能够持续地通胀，而货币供应增长率还不怎么高（支持版本 4 定律）。

那么“相关无法证明因果”又如何说呢？为什么要排除货币？答案也很简单——货币和其他商品不同。货币的价值固定为 1.0。货币价值如果要变，唯一的办法就是价格水平改变。如果生产了很多手机，市场上的手机价格就会下跌，从而恢复平衡。要是市面上投放很多货币，货币的名义价格就不可能跌。相反，货币价值会跌的唯一原因，就是其他商品和服务的价格涨了。正如众所周知的，按照金银计价，现在汽油的价格比起 20 世纪 30 年代，并没有太大差别，但是按照美元计价，现在的汽油比 20 世纪 30 年代贵多了。简而言之，通胀就是货币现象（monetary phenomenon）。

因此，理论和证据都表明，增加货币供应是长期通胀的必要条件，也是充分条件。但是这就引出了另外一个与货币数量理论相反的更为复杂的观点——该观点认为，尽管通胀进程中，货币供应增长扮演了关键角色，但货币供应不是根本原因。他们会说，真正的原因另有隐情，而货币供应增长仅仅是现象，透支（deficit spending）才是根本原因。

回到表 4–1，看那些高通胀国家。也许你们会奇怪，为何巴西与阿根廷印了这么多钞票？他们是否理解 QTM 理论？他们当然懂得 QTM 理论。这些国家（更准确地说，这些国家的政府）甚至认为通胀率比起其他可能发生的问题也不算什么，这些问题类似财政紧缩（fiscal austerity）或破产。加税、削减开支都不受欢迎；破产的话，这些国家将来更难获得贷款。通过印钞来填补预算赤字自然就成了唯一的出路。

1966—1981 年，美国经历了大通胀，有人可能会认为，其根本原因是当时的约翰逊与尼克松两位总统强迫当时的美联储主席采取货币宽松政策，希望如此就可以短期刺激经济。即使当时预算赤字或政治施压迫使央行印了大量钞票，货币扩张也依旧只能是大通胀的近因（proximate cause）。根据经验，财政赤字本身不太可能引发通胀。20 世纪 80 年代里根总统曾经大幅扩大财政赤字，然而通货膨胀率反而下降了，原因就是当时的美联储主席保罗·沃尔克（Paul Volcker）推行货币紧缩政策。在奥巴马总统任期内也发生了同样的事情。

比起美国，2009 年表 4–1 中许多发展中国家，通胀率都很高，但财政赤字并不太高。不同之处在于，美国信用良好，总可以借到钱来解决它的赤字，而那些发展中国家却没有这么优秀的信用评级。其结果是，他们只能通过印钞来解决财政赤字。

最后，以货币的角度看待问题。长期、快速增加货币供应，确实会引发长期、快速的高通胀。即便通胀率比较低，货币政策也能决定通胀率高低（还有名义 GDP 增长率）。这两种增长率可能不会完全一样，但是长期来看，持续的 *X%* 货币供应增长一定会引起价格和名义 GDP 大约 *X%* 的增长，而不是下降。

我们以罗杰为例，他在 2019 年赚了 76 000 美元，他可以赚到 76 000 美元而不是 4 000 美元，是因为美联储在 1933 年脱离了金本位，采用了浮动的新货币政策，这个政策使物价最终上涨了 18 倍。如果美联储没有那么做，或者美国依然采取金本位制度，罗杰的收入很有可能只有 4 000 美元，但是 1933 年 4 000 美元的购买力和 2019 年 76 000 美元的购买力是一样的，因为价格也会同等比例地更低。

不过，QTM 理论还有许多地方有待完善。如果单看经济体的短期数据变化，QTM 理论就不太有用，除非我们能够解释清楚货币流通速度变化，而流通速度在近几年确实变化莫测。我们要解释清楚这些变化对于建构名义 GDP 增长模型的重要性。并且，一旦我们建起了经济体的名义增长模型，就可以理解名义 GDP 冲击对于实际 GDP、产出与就业的影响会有多大。最后，我们将会使用这些理论工具来审视近年来采用的货币政策，并解释美联储错误的货币政策如何引发了大衰退。不过我们先要处理好货币流通速度的相关问题。

第五章
货币的两副面孔

恶性通胀与通缩

在第四章，我们用交易方程研究货币与价格的关系。由此我们已知有两个因素影响通胀率：货币供应变化与货币需求变化。货币需求曲线稳定，则货币数量理论是正确的，价格水平随着货币供应同比例地变动。然而一旦货币需求变化了，事情就会变复杂。

实际货币余额（real money balance）的需求变化可以进一步分成两个部分：实际 GDP 增长与货币的流通速度（velocity of circulation）：

$$\frac{\Delta M}{M}-\frac{\Delta P}{P}=\frac{\Delta Y}{Y}-\frac{\Delta V}{V}\ .$$

如果方程左边只留下通胀率，会得到如下方程：

$$\frac{\Delta P}{P}=\frac{\Delta M}{M}-\left(\frac{\Delta Y}{Y}-\frac{\Delta V}{V}\right).$$

我们已经知道，实际 GDP 增长会引发通胀率相应地下降，至少长期看来是如此。现在我们还有一个变量需要解释——货币流通速度。让我们回到第四章用过的数据（表 4–1）寻找线索。

恶性通胀与货币需求

有一条线索我们一直忽视了：对大多数国家而言，货币增长速度通常会超过通胀率。为什么会这样呢？其实就是计算的问题，只要实际 GDP 增长率大于货币流通速度变化率，货币增长率就会大于通胀率。如果货币流通速度完全不变，货币增长率几乎总是会超过通胀率，因为在样本时间段内，除了一个国家，所有国家实际 GDP 增长都是正值，也就是实际 GDP 增长了。

不幸的是，79 个国家中有 11 个国家的货币增长速度竟然没能赶上通胀率。如何解释这些国家发生的事情呢？一个可能的理由是这类事情通常发生在高通胀国家。13 个国家出现高通胀，其中 7 个国家的货币增长速度赶不上通胀率。其他 66 个国家中只有 4 个国家货币增长速度比通胀率低。

11 个国家的货币增长速度低于通胀率，那就必然是货币流通速度加快了，比实际 GDP 增长速度还快。我们发现这 11 个国家的货币流通速度都加快了，为什么会这样呢？是什么导致像阿根廷这些国家的公民在 1990 年比 1950 年更快地花钱？

假如你们住在 1923 年的德国，恰逢臭名昭著的恶性通胀。这场通胀会如何影响你们的实际现金余额需求？想一想，到了恶性通胀高峰期，商品价格每天上涨 20%，这意味着你们持有的现金的购买力以惊人的速度下降。我不知道你们怎么想，但要是我，肯定会想方设法赶紧花钱，在价格涨得更高之前，就花光手里的现金。恶性通胀最糟糕的时候，德国工人一天拿两次工资：午餐时拿着中午发的工资去买一次东西，一天结束的时候再发一次工资再去买一次东西。

通胀速度加快，可以看成人们持有现金的机会成本（opportunity cost）越来越高。如果是这样，通胀越高，实际现金余额的需求只会越来越低。因为按名义价值计算，当时德国人手里还有大量的现金——数十亿的德国马克，但是这些现金余额的购买力绝对比不上以往的购买力。因此，1923 年，美国人手里的现金，可能只要考虑应付两周所需即可；1923 年的德国人只需要购买一天所需的现金就可以了。这种货币需求的变化，就会演变成货币的快速流通。

总结一下，如果货币的购买力快速流失，人们就会更快地花钱，人们这么做很合理。通胀率和货币流通速度是强正相关关系，高通胀的国家，其货币周转速度也快。但是表 4-1 中的数据不是这样的，这份数据并不能看出货币流通速度是快还是慢，他们仅仅显示上升下降。因此，我们或者会在第四列（V 快速上升）看到负面迹象——不是那些高通胀国家，而是另外一些国家，他们统计时间段开始的通胀率大于结束的通胀率。很多情况下，也有国家的平均通胀率很高，不是说一直通胀率高，而是平均历年的通胀率高。这就是为什么我们在第四列中发现，通胀率最高的 13 个国家中有 7 个都出现了负面征兆，这些国家 1950 到 1990 年的通胀率有可能上涨很快。确实，通胀率上升得如此之快，货币流通速度也会加快（进一步刺激通胀），从而抵消了实际 GDP 增长的效果（实际 GDP 增长可以抑制通胀的上升）。

表 4–1 头部的一些国家，平均通胀率很高，但是可能他们的通胀率一段时间里也（不太）上升。这个说法让人莫名其妙，因为大部分人还不曾习惯区分变化也有程度和速度的差异。1990 年某机构做了一个民意调查，问人们觉得通胀比起 10 年前是更高还是更低，大部分人都认为更高，这个例子说明公众其实不太了解。实际上，1980 年通胀率从 12% 降到了 1990 年的 5%，通胀率其实下降了不少。人们也许知道这一点，但他们还是把通胀和生活成本混为一谈。1990 年通胀率比 1980 年低，但 1990 年的生活成本（P）其实还是比 1980 年高得多。那些高通胀且货币需求上涨的国家（即表 4–1 的第四列的数值为正）可能和 20 世纪 80 年代的美国情况类似：生活成本大幅上升，但随着时间的推移，增长率却放慢了。

现在我们有了一个很好的通胀模型，至少是大通胀时期的模型。决定通胀的主要因素是货币供应量增加。在其他条件相同的情况下，货币供应增长 *X*% 会引发价格水平上涨 *X*%。下一步，我们加上实际 GDP 增长。通胀速度不及货币供应增长率，其差值约等于实际 GDP 增长率。最后，如果通胀率随着时间变化，货币流通速度会和通胀率同向变化。这意味着，货币供应增长加快，通胀率会比货币供应增长更快，这是因为货币流通速度也会在这段时间内加快。在德国恶性通胀期，货币供应增长极快，但是因为货币流通速度加快，价格水平上升得会更快。

不幸的是，这个模型可以用来解释大通胀时期的通胀现象，但是用来解释大衰退时期的通胀，就不那么有效了（或者在 1929—1941 年的大萧条）。

不稳定的货币流通速度又成了罪魁祸首，不过这一次的情况和德国的恶性通胀正好相反——大萧条和大衰退期间，货币流通速度锐减。我们需要再认真研究货币需求，以弄清楚2008—2009年到底发生了什么。

利率与货币需求

在考虑货币需求与货币流通速度，经济学家们通常不关注通胀如何影响民众持有现金的意愿，他们关心的是现金持有成本的代表——名义利率（nominal interest rate）。现金不会产生利息，持有现金的机会成本等于放弃其他投资产生的收益。要是你们手里有1 000美元的现金，而安全投资的利息是3%，如果你选择持有现金，就意味着你放弃了一年30美元的利息。

20世纪80年代初，我写了一篇博士论文，题目是货币囤积。我发现，大部分货币其实都被囤积起来，也就是说，人们把货币看作价值储存手段（store of value），而不是交易手段。例如，在美国100面值的美元常常被人们存着来避税。幸运的是，这对货币数量理论来说不是大问题，因为即便货币被作为价值储存，人们最终也会关心现金余额的购买力。

试想囤积现金这个决定本身，做出这个决定的人是不是想逃避个人所得税。如果个人所得税率是20%，而利率是5%，那么囤积4年现金，将好过投资基金和瞒报收入交税。因此，税率和利率的比率可以代表人们囤积现金的动机，利率越高，人们就越不想要现金；利率越低，人们就越想要现金。我发现，税率利率的比值与作为货币的GDP份额，它们之间有相关性。正如“二战”中和“二战”后的高税收和低利率，政府这么做，后果就是（民间）保有规模极为庞大的现金余额。由于税率每年变化不大，所以大多数经济学家只会关注利率如何影响货币需求。

我们来看看利率如何影响美国经济的实际货币需求。流通的货币是一个好的起点，流通的货币是没有利息的。所以，持有流通货币的机会成本就是名义利率。见图5-1，我用三个月期的美国国债（three-month Treasury bill）收益作为货币利率，国债是一种非常安全的流动性资产（liquid asset），是一种很好的现金替代品。请注意，1959 年到 1981 年利率快速上涨，结果，现金需求从 GDP 的 6% 降到 GDP 的 4%。当你可以从美国国债上赚 16% 的利息时，谁还想持有大量的零息现金呢？

图 5-1　美国利率和现金需求（1959—2018）

来源：FRED，联邦储备系统管理委员会（Board of Governors of the Federal Reserve System）（美国）。

1981 年后利率开始下降，现金收入的比率趋向平稳，然后又开始上升。注意，利率降低的话，现金持有的改变会延迟［经济学家称之为延时（time lag）］，毕竟囤积了大量的现金，调整起来也很费事。不信的话，你试一试短期内攒或花满满一提箱价值百万的美钞，看看政府会不会盯上你。

前任白宫众议院议长丹尼斯·豪斯特（Dennis Hastert），从自己的银行户头频繁支取 3 000 美元现金，他还对此事提供误导性陈词，后来就被送进了监狱，可见频繁支取现金在联邦政府看来绝对行为可疑。为了减持现金，人可以慢慢地把钱花在商品和服务上。

2008 年年底发生了一些怪事——利率降到了接近零的超低区间。现在，从投资的角度看，国债和现金都可以互换了。不过比起债券，现金不记名，还可以逃税，结果就是现金需求立刻快速上涨。现金持有的机会成本立刻消失了（除了还有被盗的风险，或者租保险箱的成本），这意味着，现金持有人不用再放弃其他安全投资产生的收益。结果，民众的现金持有意愿立刻高涨，直接从2008年年底的GDP的5.5%增长到9%。民众反映有延迟，海外的美元需求依旧在上涨（重要的原因），这个比例可能更高。

总而言之，一切恰如我们所料，民众的现金需求受利率影响，尽管情况更复杂一些，比如调整过程缓慢，比如其他变量（所得税税率和海外的货币需求）也会影响现金需求。无论如何，我们现在有一个很漂亮的货币需求模型：

$$\frac{M}{P}=f(Y,i),$$

实际现金余额需求与实际GDP（Y）正相关，与名义利率（i）负相关。这个模型还可以和原来的交易方程连起来看：

$$\frac{M}{P}=f(y,i)=\frac{Y}{V}.$$

还有，现金与GDP的比例（见图5-1）即为$M\div(P\times Y)$（M指现金），也就是货币流通速度的倒数：

$$\frac{M}{P\times Y}=\frac{1}{V}.$$

英国剑桥的经济学家们更喜欢用另外一个版本的交易方程，可以让我们更容易看出货币需求的地位。他们用字母k替代了$1/V$：

$$M=k\times P\times Y.$$

对于数学家来说，这其实就是美版的方程（$M\times V=P\times Y$），就是欧文·费雪偏爱的那个公式。我们重新将V标记为$1/k$。不过，对于经济学家来说，这个变化其实是货币与名义GDP关系的不同解读。美版$M\times V$，强调货币是交易手段：货币数量乘以速度等于名义GDP。

回忆一下，国民生产总值等同于国内收入总值。收入总值和生产总值其实是同一枚硬币的两个面，本质上是一回事。因此，在剑桥版本的方程中，货币当作储值工具，是一个人投资组合中的一项资产。经济体的货币需求总量是国民收入总值乘以货币形式存在的收入比例。因此，如果V是52，如前面的例子提到的，那么k就是1/52，或者说收入的2%不到。这样的情况下，意味着民众会以货币的形式持有一年收入的2%。如果一个普通人的年收入是 52 000 美元，这个人就会持有 1 000 美元现金。

在我看来，剑桥版可能更符合人们的直觉。剑桥版的 k 系数确实反映了货币形式的收入比例，但 V 并不能代表一年中 1 美元的平均消费（流通）次数。例如，钱可能在车库摆摊[①]的时候就消费了，但是这个交易可不算 GDP。还有，k 比例天然地更适合我们对于货币需求的概念理解。k 比例值越高，意味着人们的货币需求愿望越弱。货币的实际需求上涨可能有两个原因——其一是实际 GDP 上涨，其二是货币形式持有的收入比例（k）上涨了。

许多证据表明，名义利率的变化会影响货币需求。利率越高，作为 GDP 的一部分，现金需求就越低。也就是说，高利率会降低剑桥 k 值，因为人们只愿意手里持有更小部分比例的收入应付开销，也就是人们货币形式的收入比例变小了。但是利率从何而来？是美联储定的吗？这就是新问题了，我们会分阶段处理。第一阶段就是区别实际利率与名义利率。

费雪方程与费雪效应

本章开篇，我们就注意到了一个现象：通胀越高，人们花钱越快。这意味着，通胀越高，实际现金余额需求越低，人们不会乐意持有迅速贬值的资产。然后我们发现名义利率更合适代表货币持有的机会成本，所以这个部分，我们将通胀与名义利率关联起来。费雪方程的实质就是：实际利率（r）等于名义利率（i）减去通胀率（$\Delta P/P$）：

$$r = i - \frac{\Delta P}{p}, \text{或 } i = r + \frac{\Delta P}{p}.$$

类似交易方程和剑桥方程，数学家可能会认为以上两个版本的费雪方程本质上也是一回事。显然，我们只是重新给两个版本中的变量调整了顺序。虽然数学上看这两个方程一样，但经济学家对这两个方程的解读会略有不同。

第一个版本，我们将实际利率放在方程的左边。某种意义上说，这么做的

① 在卖家自己家中举行的二手家居、物品的出售活动。——编者注

话，这个方程其实就是解释什么是实际利率，正如交易方程可以看成是对货币流通速度的定义，这个方程向我们展示了一项投资中如何计算实际回报率。相反，要是我们想搞清楚是什么决定了名义利率，名义利率放到方程的左边就可以了。名义利率有两个部分：实际利率和通胀率。要是我们依照如上框架，分别解释影响实际利率的要素和影响通胀率的要素，就可以解释利率的变化。

早些时候，我们看到人们经常混淆交易方程和货币数量论。交易方程是会计关系，而货币数量论是因果关系——是一个理论。这两者之所以会混淆，是因为人们常常用交易方程解释货币数量论，这个情况和费雪方程的境遇挺像。和交易方程一样，从定义上来说，费雪方程也是会计关系，然而，这个方程常常和费雪效应（Fisher effect）的理论相提并论。费雪效应是一种理论，通胀率上涨 *X*%（更确切地说，预期通胀率），名义利率也上涨 *X*%。

为了真正理解这些内容，我们得先退一步，从基础开始，想一想我们正在做的事情。货币数量论是无穷尽的类似理论中最重要的一个，它将不同的变量、名义变量、价格水平关联起来。我们先写下关系的一般形式，然后用它生成一系列类似的互相关联的理论。首先，是会计关系：

名义变量变化 = 实际变量变化 + 通胀

方程左边差不多就是货币供应（$\Delta M/M$）的百分比变化，或者是一年期国债价值（i）的百分比变化，或者可能是每年你的雇主给你付的年均工资增长的百分比。无论哪种情况，都随之产生一个理论，每个理论都建立在货币中性（money neutrality）的广义概念定义基础上。如果名义变量的变化不会影响到实际变量，那么货币就是中性的。如果货币是中性的，那么货币供应量的增加就不会影响民众的实际货币需求——它表现为通胀的方式。如果货币是中性的，那么通胀率上涨就不会影响到实际利率——它表现为名义利率一一对应的上涨。如果货币是中性的，通胀率的上涨不会影响你们的真实工资增长比例——它转嫁为名义工资一一对应的上涨。

我们已经知道了货币数量论不完全正确，起码它的简化版就不是完全正确。货币供应量上涨 *X*% 并不总是引起价格水平上涨 *X*% 。类似的理由，其他将实际变量、名义变量、价格水平变量连在一起的理论，也没有一个绝对正确。货币数量论，某些情况下很好用，尤其是高通胀国家。其他理论情况类似，包括那些我们还没顾及的理论，比如购买力偏差（purchasing power parity）：那些经历了长期高通胀的国家，这个理论最好用。

费雪效应完全决定了实际利率的变化，所以费雪效应在高通胀时期最引人瞩目。通常当实际利率接近零时，持续的年均 40% 的通胀率，就会让名义利率极高——也会接近年均 40%。通胀波动越大，通胀越能成为名义利率的决定因素。反之，如果通胀率稳定在一个水平，比如央行将通胀率目标定在一年 2%，则名义利率的变化常常会反映实际利率的变化，通胀的波动只算个可以忽略的小角色，美国 1991 年以来的经济就是这样。

为了更好地理解利率，我们想一下，一个完全没有通胀的经济体，一旦发生了通胀，会发生什么。图 5-2 就显示了可贷资金市场（loanable funds market）的变化。当利率节节上涨，储户会给银行和债券发行商提供更多的可贷资金，可贷资金曲线向上倾斜。再想一想，哪些人需要这些可贷资金？这些人可能想做一个新项目或者买栋房子。贷款成本越高，需求数额则越低。在一个没有通胀预期的世界，名义利率会等于实际利率——都是 3%，如图 5-2 所示。

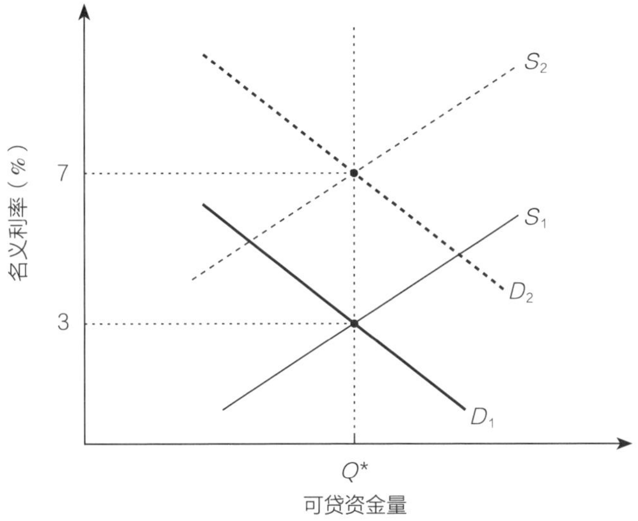

图 5-2　可贷资金市场

现在，我们再假设一下，如果预期通胀率是 4%，正如 20 世纪 80 年代的情形。这样的情况下，储户会要求高于 4% 的名义利率，这样他们才愿意提供同等数量的资金，而贷款人才会愿意付 4% 的额外利息，因为他们知道通胀会削减未来美元的实际价值。要是货币是中性的，也不影响实际变量，那名义利率会涨到 7%。

真实的世界是这样的吗？不太一样，因为名义利息在大多数国家还要纳税。这意味着，投资收益的实际税率会随着通胀一起上涨。投资收益税让贷款人的实付利息与借款人的实收利息不能完全一致。通胀越高，投资收益税也越高，结果就是钱存少了，投资也少了，谁也不获利，只有净损失，请注意，这是长期效应结果。待会儿我们还要看看短期效应，短期内，一定的环境下，通胀率越高，反而刺激经济暂时增长。

总而言之，货币数量论、费雪效应和货币中性这些概念，给我们提供了一个基本框架，可以帮助我们思考货币供应量变化带来的长期影响。这个框架非常有用，尤其当通胀率持续居高不下时。结果，当高通胀成为一个问题的时候，这些货币经济学家的话题就特别流行，比如“一战”后，还比如 1966 到 1981 年。

不幸的是，这些概念并不能解决货币经济学中最有意思的问题。例如，通缩时期，货币数量论就预测不准。物价下跌，货币政策对实际变量产生重大影响，不仅仅只是通胀。

大衰退时期，货币供应增长与通胀率二者的变化南辕北辙，货币数量论就此“失宠”。大衰退期间，我和其他几位经济学家建立了一套新的货币数量论，可应用于 2009 年零利率环境。当时的情况是，货币供应量大幅增加了，可传统货币经济学家们预期的通胀率却没能上升。下一章，我们将深入探索被称为市场货币主义的理论。

第六章
都是预期惹的祸

本章从极简版货币数量论开始讲。众所周知，货币增发，至少长期来看，会带来相应比例的价格水平上涨和名义 GDP 上涨。再看货币流通速度，其快慢取决于基础货币持有的机会成本大小。直到 2008 年，基础货币持有的机会成本其实就是名义利率。如果货币流通速度变了，货币数量论的预测就可能会失灵。

从大卫·休谟时代起，人们就知道上述道理。尽管如此，2009 年之后，量化宽松政策居然没有引发通货膨胀，很多人，特别是货币学派，还是被吓了一大跳。我很幸运，没有过早预测通货膨胀，这或者是因为我研究兴趣广泛，才不会以为低利率一定引发通货膨胀。在此之前，我就已经专门研究过下列金融事件：

- 美国在殖民地期间，政府超发货币，以支撑当时反原住民战争。
- 为刺激当时极度低迷的经济，1932 年春美国实施量化宽松政策。
- 为终结通货紧缩，2001—2006 年日本政府采取了量化宽松政策。

以上三个案例中，基础货币都增长了不少，但是，都没有发生高通胀。

暂时性货币注入

一些经济学家认为，美国殖民地时期经历过好几轮大规模货币注入

（currency injection），通货膨胀却没有发生的原因是货币背后有足够资产支撑。如此看来，钞票不过是零利率的债券罢了。这些经济学家认为这个货币“支持理论”（backing theory）可以替代以前的货币数量理论。他们认为，只要有足够的资产支撑，就可以增发货币，甚至直接印钞票，这些都不会引发通货膨胀。

1993 年，我发表了一篇论文，得出了一个略为不同的结论：货币注入之所以没有引起通货膨胀，是因为人们认为它们是临时的。我认为前面研究的三个案例都有这个共同点：当时大家普遍认为，那三个阶段的货币注入都是临时的。

回忆一下第三章提到的直升机撒钱式货币增发实验。假设一夜间，货币供应涨了一倍，大家手里的钱一下多了一倍，此刻物价必须对等涨一倍，才能恢复均衡。一旦价格翻倍，均衡恢复，所有人是否对自己手里的现金余额感到满意？

如果货币注入仅仅是暂时的，一年后还会收回呢？价格是不是还会上涨一倍，然后再跌回原位？看起来就不太可能。这并不是因为价格无法那么快就翻倍（恶性通胀期间，价格经常如此），而是因为人们实在很难想象价格可以在仅仅一年时间内下跌一半。

再回想一下我们以前学过的，价格是价值的货币表现。照此来看，要是人们期望价格水平一年内降一半，同样就会期待现金价值加倍上涨，这可是实打实的 12 个月获利百分百。但事实上，类似现金这一类的安全资产的真实回报率一直就在 5 个点左右。要是现金真能有前面说的那么高的回报率，现金需求会立刻暴涨，这样一来，通货膨胀还怎么可能发生？要知道，现金需求越高，价格就会越低。

许多资产市场的实例能更好地说明这一问题。假设你是一个简单货币数量论者。在你看来，短时间内货币供应翻倍，价格就会涨一倍，一年后货币收回，价格腰斩。如果这些都是真的，房价应该也不例外。也就是说，这意味着房价会突然一下子从 20 万美元涨到 40 万美元，一年后再跌回 20 万美元。这现实吗？

市面上的货币如果翻倍，房价完全有可能从 20 万美元涨到 40 万美元，特别是恶性通胀国家。但是，你能想象房价在一年时间内，从 40 万美元跌回 20 万美元吗？要是人们以为一栋房子一年时间就可以有 20 万美元的降价，他们为什么要现在买房？其实答案挺简单：他们才不会买。人们从来不会预期资产的价格，比如房价（或者普通股票）近期会大降价，因为，房价真要降的话，资产价格早就跌破了。如果一年时间内，房价就会差那么大，哪个有理性的人会愿意多花那么多钱？

我写完那篇殖民地时期美国货币的文章之后过了五年，保罗·克鲁格曼（Paul Krugman）就写了一篇和日本流动性陷阱（liquidity trap）问题有关的重量级文章。我用的是货币经济学的传统，克鲁格曼依照的是新凯恩斯经济学传统。他用了一个复杂的数学模型。不管用哪种方法，结果基本一样：临时货币注入不太可能引发通胀。

如果是其他情况呢？我以房子为例子是因为这个容易理解，还有人以金融股票为例讲了类似的观点。长期来看，如果人们认为利润率（profit margin）会翻倍，这个预期一定会让股票价格一飞冲天，涨个两倍也有可能。但是，如果人们预期该股票利润率的上涨顶多维持一个季度，就像公司打官司捞来的一笔意外之财，这样股票价格就一定不会涨得那么厉害。

临时货币注入不会引发通货膨胀，可能看起来是常识，但就是它把我们推进了一个全新的奇妙世界。在那里，我们会把大通胀中学到的经验全部抛诸脑后。我们不再认为 80% 的基础货币增发会引发 80% 左右的通胀，未来不再取决于当下的货币供应，而取决于人们对未来货币供应的预期。

经济学家们有时候会在现代法定货币模型中谈到“不确定性问题”（indeterminacy problem）。一旦你把预期变量代入模型，就很难给货币价值建模，或者很难解释货币为何有价值。金本位制度下，我们总能回溯到背后的黄金价值。黄金支撑了钞票的价值，黄金价值本身就可以反映供需的基本法则。那么法定货币的价值从何而来呢？

今天的货币价值，很大程度上取决于人们对这种货币一年内的价值预期。然而，一年内的货币价值又和两年内人们预期的货币价值相关联。如此类推，直到时间的尽头，或者说货币的尽头。

人们真的会相信政府无论如何都会保证货币价值稳定，而不会让其大幅贬值吗？美国人似乎是相信的。因为美国人看到过，法郎 2002 年停止发行，法国人拿到了其他同等价值的东西（欧元）。他们相信，倘若有一天所有法定货币终结了，政府也总会用其他有价值的东西赎回纸币，比如债券或者黄金。

我不打算讨论这些复杂的哲学问题，相反，我关注更好懂的事情，比如货币供应的变化、现金持有的机会成本（即名义利率）、实际产出。幸运的是，它们就是我们用来解决难题的工具，比如面对大衰退的时候。

克鲁格曼的预期陷阱

克鲁格曼 1998 年发表了一篇重要的论文，可惜大家都低估了这篇文章的重要性。他重新研究了流动性陷阱的传统模型：当名义利率降到零时，会发生什么。传统上人们认为，如果利率为零，现金最好的替代物就是国债。所以，如果央行用增发的货币买国债，一切就都不会改变，因为这么做不过就是用一种零利率资产替换了另外一种零利率资产。

克鲁格曼认为，一旦我们将预期考虑进去，这个观点就会出错。是的，当下来看，增发的新货币就是国债的完美替代品，然而，一旦利率涨回零以上水平，这个事实就会改变。到了那个时候，“击鼓传花”效应就会出现，物价开始上涨。克鲁格曼认为：一旦大家都产生了未来价格上涨的预期，当下增发货币就会通过提高通胀预期来降低长期实际利率。也就是说，哪怕利率暂时为零，货币刺激依旧可能导致扩张的效果。

克鲁格曼的基本观点是，任何政策，如果人们预期其会引发未来的价格上涨，这个政策也有可能引发当前的价格上涨。我们用股票市场类比来看。如果人们预期一家公司 24 个月内会拿到美国食品药品监督局（the Food and Drug Administration）的新药认证，这个预期就会立刻引发今天的股票价格上涨。一旦人们预期迪士尼会在奥兰多建一个新的主题公园，公园附近的土地价格就会立刻一飞冲天，哪怕这个公园都还没建。这同样适用于预测价格水平。一旦人们预期未来价格上涨，大家极有可能会赶着当天花钱。这么一来，货币流动速度加快，价格上涨。

克鲁格曼可不仅仅是批评标准凯恩斯经济学的流动性陷阱理论，他还用新理论解释了为什么零利率下货币政策会失效。新理论认为，在零利率背景下，货币是国债的完美替代品并非问题所在，问题就在于如果人们预期注资只是临时性的，那这次注资可能产生不了任何效果。克鲁格曼 1998 年的论文研究了日本的情况。2006 年，令大家惊讶的是，日本央行认为他们不再需要刺激性的经济政策了，他们开始缩减日本基础货币规模（图 6–1）。

图 6–1　日本基础货币

来源：日本央行。

克鲁格曼认为，零利率环境下注资产生效用的前提条件是，人们在多大程度上认为这次的注资只是临时的。如果人们认为注资是临时的，当下的货币供应变化就不会影响大局。或者更准确地说，当下的货币宽松如果要有效果，就得让人们预期未来货币供应会增加。要想通缩变通胀，成功的关键在于央行要承诺未来货币供应会增加，哪怕这么做会让通胀更高。克鲁格曼将这个叫作“甩锅保证”（promising to be irresponsible）。我们会发现，在零利率环境下，人们越来越多地提议用货币刺激政策，其背后就有克鲁格曼这些观点的影子。

克鲁格曼认为，人们说的“流动陷阱”其实是“预期陷阱”。当初日本没有发生通货膨胀是因为日本老百姓不相信日本央行会放任通胀率上涨，特别是利率涨到零以上后，更不会如此。矛盾的是，日本央行官员们做的工作如此受人信任，这反而让他们更难做工作（如果老百姓理解他们是想抑制通胀的话，这会让他们的工作轻松点）。要是我们把日本央行董事会换成恶性通胀的津巴布韦央行，那说服日本人相信通胀要来了，估计会容易些。

经济学家们把这个现象叫作“时间不一致性问题”（time inconsistency problem），但是你也可以把这个现象称为“能力的诅咒”（curse of competence）。根本问题是，这个事情发生的次数比我们预计的要频繁得多。例如，一个学生的家长可能会和他们的孩子说，要是敢学坏，他们就不负责其大学学费。可不久以后，家长又后悔了。总而言之，他们还是希望孩子继续上大学，所以前面中断学费的威胁很有可能没任何用处。哥伦比亚一个富人对外强势宣称，如果自己的孩子被绑架了，他绝对不会给孩子付赎金。要是绑匪们信了他的话，也许他的孩子可以免遭绑架，但是，要是他的话没能吓走绑匪呢？到了验证真假的时刻，他该怎么办？要是绑匪们识破了他的虚张声势，又该怎么办？

20世纪70年代以后，很多国家都改革了央行。央行这类组织的职责就是控制通胀。按照设计，央行们不受政治压力影响，所以国家通常会任命那些保守的拥护硬通货的银行家坐镇央行。（想一下，亿万富翁保罗·盖蒂那样冷血的人，绑匪绑了他的孙子，他都拒绝支付赎金。）大衰退时期，这些保守的银行家们发现，他们必须推高通胀。这时候要改变公众对这些央行银行家的印象，可得费好一番周折。欧洲央行（The European Central Bank）是其中最艰难的，因为欧洲央行恰好成立于大通胀之后，在他们的组织理念中，早期货币政策失灵之后抑制通胀的观点是主流。

克鲁格曼的论文中，谈到了关于预期的陷阱。他认为，零利率只是暂时的，那个时候这么看是合理的。但是多长时间算暂时呢？所谓的暂时，最后的结果却是长期性的，货币注入总得持续到经济体摆脱流动性陷阱才可以结束吧。一旦利率上涨到零以上，现金余额会立刻推升通胀率。记住克鲁格曼强调的，只要人们预期未来会继续通胀，当前的价格就会开始上涨。

准备金利率

货币主义理论后续连遭打击，进一步弱化了货币供应和通胀之间的关联。2008 年 10 月，美联储由于误判，因为担心通胀开始持续给商业银行支付准备金利息，即 IRO（interest of reserves）。几年后，当时出现一个现象，许多国家可能会面临几乎永久的零利率，轻微的负利率都有可能。关于这个问题，让我们先从准备金利率开始说吧。

2008 年前，美联储从未给基础货币（公众持有的现金、银行准备金）付过利息。当利率为正时，基础货币几乎全是流通的现金（包括银行备用现金），其中只有 2% 左右存在美联储当作准备金，因为银行不愿意存太多没有利息的准备金。银行喜欢发行国债，因为国债不仅能提供和现金接近的流动性，还有更高的利息。2008 年后，美联储的银行准备金飙升了百倍不止（图 6–2）。到今天，这些存在美联储的准备金占了基础货币总量的几乎一半，这是怎么回事？

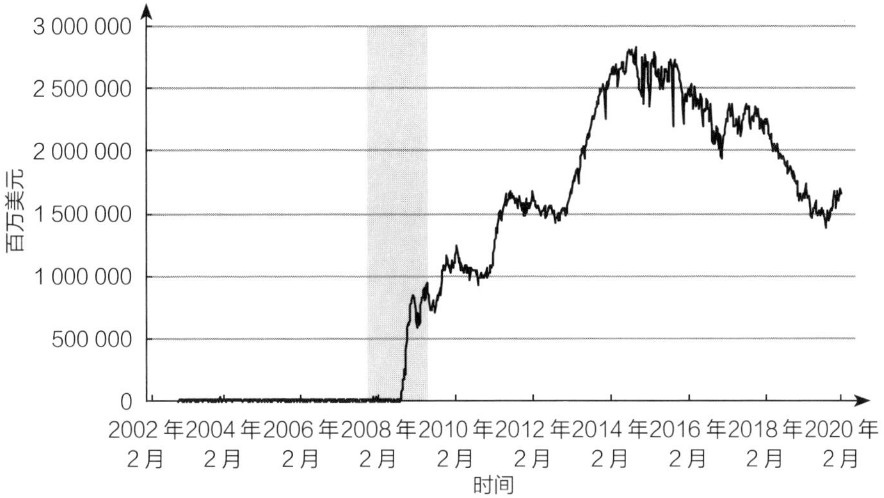

图 6–2　联邦储备银行的准备金余额

注：灰色代表经济衰退期。

20世纪30年代，准备金没有利息，但是市场利率（比如国债）降到零利率附近，所以银行存了大量的准备金。2008年后，银行准备金需求上涨除了名义利率降到零附近这个原因外，还有一个原因是美联储开始为准备金付利息了。

2015年年底，美联储开始提升利率到零以上。要是没有准备金利息，一旦美联储开始升息，银行准备金需求会立刻大幅下降。要是不付准备金利息，美联储就不可能在升息的情况下，还不引发通货膨胀。如果有像国债那样既安全又能有更高收益的投资项目，银行才不想拿数万亿美元的无息准备金。

在没有准备金利息的情况下，2015年年底美联储开始升息之前，银行准备金规模就应该会马上缩减到极低水平。但是有了准备金利息，美联储就可以一边升息，一边阻止三轮量化宽松沉淀下来的数万亿美元准备金被瞬间释放到市场，从而引发高通胀。准备金利息事实上起到了封存准备金的效果。银行觉得可以继续存着准备金，而不需要把这些钱立刻释放到经济体中去赚钱。他们如果这么干了，这些天量的准备金会立刻引发通胀。

我们可以这么想，正是准备金利息制造了长期的流动性陷阱。之前利率为零的时候，银行准备金是国债的近似替代品；现在正利率环境下，银行准备金依旧是国债的近似替代品。这意味着，我们应该可以预测到未来基础货币和价格水平的关联比以前弱了。20世纪80年代以后，货币数量论的江湖地位可谓摇摇欲坠，将来可能会更加地位不保。

无论如何，流通的货币一直产生利息，所以基础货币和价格水平之间怎么也都有关联。长期来看，基础货币中的流通部分会一直和价格水平变化有强关联，至少利率为正的环境下如此。要是基础货币持续翻倍增加，其他条件一样，长期来看，价格水平最终也会翻倍。

货币主义的第二个问题是，已有迹象表明，比如日本和瑞士这样的国家恐怕永远都无法避免流动性陷阱，至少最近几十年内，他们避免不了。政府债券利率要是一直在零以下，基础货币和政府债券就成了彼此完美的替代物。如果那样的话，所谓的“货币供应”就包括两个部分：基础货币和零利率的政府债券。

美国还从未遭遇过如此极端的流动性陷阱，哪怕大衰退期间也不曾遭遇过，而日本和瑞士的长期政府债券收益率不是零就是负数。在一个长期债券收益为零的国家里，要想货币政策有效，他们的央行必须购买非基础货币替代品的其他资产，比如股票、海外债券（foreign bonds）。日本央行就买了大量的日本股票，瑞士国家银行则买了大量的海外债券。

猛一看，人们还会以为瑞士已经成了对冲基金巨头，印了大量零利率的钞票，再拿去买海外债券，从而形成了大规模的主权基金（sovereign wealth fund）。早已经富起来的瑞士因此变得更有钱。然而，瑞士法郎在海外也受人欢迎的原因是，投资者知道瑞士不会滥用他们的货币信誉，伤害瑞士法郎的投资人的利益。幸运的是，瑞士的政府债券虽然收益为零，但瑞士中央银行（the swiss national bank）即瑞士央行依旧可以稳定价格水平。瑞士央行买卖海外债券，以调节瑞士法郎与欧元的利率，防止瑞士陷入深度通缩。

不清楚为何日本央行不肯贬值日元推升通胀，要是做了，他们就可以绕过流动性陷阱了。一个流行的观点是，要是日本央行这么做了，美国会立刻指责日本“操纵汇率”，然后对他们竖起贸易壁垒，征收报复性关税。我不知道事实的真相，但是很明显，确实有种力量阻止日本这么做。

人们预期日本长期维持低通胀率，这让日本的名义利率一直困在零附近，日本的基础货币需求还特别高。大衰退发生之前，发达国家的基础货币大约占 GDP 的 5%。2019 年，美国的基础货币占比超过了 15%，而日本和瑞士的基础货币则是它们 GDP 的一倍。

法定货币世界里，货币理论该何去何从

研究完大衰退中货币政策的作用以后，我们再来看这个被普遍误解的流动性陷阱问题。通过前五章内容的学习，我们了解了法定货币体系下货币政策与价格水平的关系。具体总结如下。

第一，经济学家最了解的还是货币供应持续快速增长的情况，比如美国的大通胀时期。那样的情况下，长期价格上涨与长期货币供应增长正相关。

长期货币供应增长会引发通胀，我们之所以会如此认为是因为名义利率大于零的时候，交易方程的另外两个部分（实际GDP增长与年均货币流通速度）变化往往不大。

第二，货币供应增长加速的话（利率为正），情况会稍微复杂一些。在加速期，货币流通速度也会加快，因为普通民众和银行都不愿意手里存着不断加速贬值的基础货币，毕竟我们多半时候身处一个货币数量论世界。当然，向高通胀转换期间，通胀会比货币供应增长得快一些（通胀率下降的时候，情况一样）。

第三，如果货币供应只是暂时增加，那一切都变了。新凯恩斯派经济学家比如克鲁格曼就强调，在零利率约束（at the zero bound）条件下，临时增发货币不会导致通货膨胀。进一步说，临时的货币增发，永远不会发生严重的通胀，即便其所在的经济体不是零利率。对于那种上周卖20万美元、今天就卖40万美元，到了货币收紧的时候又跌回20万美元原价的房子，没人会买它。即便货币增发的时候利率提到5%，也是如此。

但是这样就引发了一个问题：如果货币临时增发一倍，而利率为正，我们是怎么让人愿意手里拿着大笔的现金余额的？是什么在阻止“击鼓传花”效应？答案很简单：只要人们认为货币增发是临时的，利率短期内就会降到零附近。这样一来，民众和银行都愿意先拿着多出来的基础货币。只要货币需求随着货币供应增长，就基本不会发生通货膨胀。因此，人们认为流动性陷阱条件下临时的货币增发无效，这么说还是偏颇。事实是，临时的货币增发永远无效，原因是，假使经济体还没有陷入流动性陷阱，那临时增发的货币也会给你造出来一个。

第四，当利率为零，货币数量论就基本没用了。这不是因为零利率下基础货币和国债可以完美替代，而是因为人们觉得让利率降到零的货币增发只是短期行为。我们可以考虑一下如下四种情况：

当利率为5%时，长期的供应货币翻倍。

当利率为0%时，长期的供应货币翻倍。

当利率为5%时，短期的供应货币翻倍。

当利率为0%时，短期的供应货币翻倍。

要是我们把注意力放在零利率上，将之看作关键要素，我们就会认为，第二种和第四种情况下，货币政策会失效。实际情况并非如此。第二种情况下，物价会快速上涨，因为一旦人们预期经济不再是零利率，货币增发就会引发严重的通胀。相反，在第三种和第四种情况下，货币政策确实均会失效。唯一复杂的是第三种情况，货币增发后，利率会立刻降至零。

为何法定货币有价值？

今天的货币政策效果取决于政策的未来路径，任何一个经济体的任何一种法定货币模型，都有一个内在的不确定性问题。如果不知道2021年的通胀率，我们就无法评估2020年美联储政策的影响。但是不知道2021年的美联储政策和2022年的通胀率，我们就无法提前预知2021年的通胀率，以此类推。要评估当下货币政策的影响，仅仅知道美联储当下的政策是不够的。由于忽视了这个情况，大衰退期间才会发生各种混乱，当时很多人都误读了货币政策的效果。

打个比方，在20世纪末，法国民众认为法郎会在2002年崩溃，法郎价值会归零，如果这就是大家的预期，那么没人还想在2002年持有法郎，因为他们知道法郎很快就会一文不值。尽管预期是2002年，但这个预期可以让大家认为法郎在2001年就不值钱了，进而大家觉得2000年法郎就不值钱了。按照这个逻辑推演，20世纪末大家就会将法郎推向一文不值的境地。

有很多办法摆脱这一困境。法定货币有价值，是因为法定货币可以拿来付税，或者因为法定货币的贬值风险平摊在任何一年里，不过就区区1%。考虑到法定货币的用处，大家愿意去冒险。正如我们在美国殖民地货币史中看到的，有一些人认为低通胀国家的法定货币背后是政府的债务在支撑。

我的观点比较接近这套支撑理论。我相信，民众（也许无意识地）认为，要是政府会废除一种货币，那么他们总归会用另外一种等价的东西来兑换。所以，2002年废除法郎的时候，法郎持有者可以依法兑换同等价值的欧元。要是所有的货币都停止流通了，持有者也总能换到价值对等的东西，比如国债、央行的账户。你可能以为法定货币没有价值，其实他们真有价值。

最后，我想讲一讲法定货币价值的变化。法定货币的不确定性，确实让我很难说清楚为何它的价值会变化和波动。考虑到法定货币当下的价值取决于民众对其未来预期的价值，还有未来的价值又取决于未来货币政策的走向，要预测任何一个央行当下施行的某个具体政策会对未来产生什么影响，这是相当难的。总的来说，货币增发，或者准备金利率（IOR）的变化，都可能产生不同的效果，而效果的差异又取决于人们预期这个变化是短期的还是长期的。

尼克·罗伊是一位知名博主，常写一些有关货币问题的文章，对于那些不理解这一观点的人，他将他们称为“混凝土草原上的人们”（the people of the concrete steppes）。这些人坚持要评估某类货币政策影响，还要评估这个政策执行过程中采取的每一个具体步骤。这种争论毫无意义。“量化宽松（QE）会引发通胀吗？”甚至都称不上是个问题，和谁比较？还有诸如“未来的政策是什么？”等问题。让我们来看看下面两类政策他们会怎么看（policy shocks）：

日本银行突然增发1倍基础货币，承诺一旦通胀率有超过2%的迹象，就立刻收回流动金。

日本政府将日本央行的高管换成津巴布韦的团队。该团队没有任何调整来年基础货币的迹象，但是该团队申明未来日本要盯着500%的通胀目标，会向全世界买资产（用新发行的日元）来达成目标。另外，这些津巴布韦高官们的工资和印钞票的日本央行（BOJ）利润直接挂钩。[这类利润被称为铸币税（seigniorage）。]

对于那些“混凝土草原上的人们”人来说，第一个政策听起来就是拉高通胀那一套，但估计实际不会有什么效果。第二个政策则没有任何短期内具体的实施步骤，却很有可能在日元一分钱都还没印出来的时候，就把日本通胀一把推起来了。仅仅是对这个政策的预期，就可以轻易让日元的流动速度变成10倍。

市场测试

法定货币模型都有不确定性问题，所以我们要为它找一个更坚固的理论基础。因为政策效应取决于未来行动，就因此推说我们也不知道 QE 或 IOR 未来会如何，于事无益。政策制定人需要理论指导。在我看来，坚实的理论基础只能来自一个地方：资产市场。通过观察货币政策对预期价格水平的影响，我们就可以评估货币政策立场。（稍后我们就会明白预期名义 GDP 增长率变化更重要。）最重要的预期来自拿着真金白银进入市场的投资人，普通大众往往依据资产市场的反映来行动。

一个有用的办法是找到现有资产市场的通胀预期，比如常规国债（conventional treasury securities）和通货膨胀保值国债（TIPS）之间的利差（spread）。常规国债的利率其实就是名义利率，而 TIPS 的收益率才是实际利率。根据费雪方程，这二者的差应该差不多等于预期通胀率。

更具体来讲，当两种债券可以同等互换时，两种投资的总回报预期应该大致相当。在这样的情况下，TIPS 的利差可以帮助我们预估未来预期通胀率。因此，假设常规国债的收益率为 5%，而 TIPS 在未来通胀预期基础上还可以给投资者实际 2% 的回报，只要通胀率为 3%，这两种债券的实际回报就是一样的。要是这两种债券可以基本等同替代的时候，他们对于投资者而言，吸引力一样大，那么这个 3% 就是市场的预期通胀率。

要是 TIPS 利差不能准确测量通胀预期（因为两种债券不能完全等同、互相替代），那么我们需要创造另外一种预测市场（prediction market）的方法，以获得大家都认可的通胀率预期和其他关键变量类似名义 GDP 的预期。这个话题稍后再细说。

到了本书第一部分的末尾，我希望大家不要再去关注美联储现在对货币供应做了什么操作，或者又怎么调整了利率目标，而是要去关注市场的通胀预期，或者更确切一点说，就是名义 GDP 的增长预期。货币政策冲击完全可以通过名义 GDP 的预期增长变化来展示。名义 GDP 增长率预期变化完全可以表现货币冲击的影响。央行当下的某个具体操作可能会导致也可能不会导致货币冲击。如果货币政策有问题，那可能是因为人们忽视了什么，或者是做错了什么。不管哪种错误，结果都没区别。例如，货币政策过紧引发了大衰退，大家盯着利率，这就可能是美联储疏忽大意所致，大家盯着基础货币量，这就看起来像美联储的错误操作所致。

最后，我们有十几种不同的方法评估央行们当下的一切操作，所以，所谓央行“不作为”这回事压根不存在。央行有没有控制基础货币量？是否对准备金支付利息？是否影响长期利率？是否影响汇率？是否影响广义 M2 货币供应？是否影响金价？是否影响 TIPS 市场的预期通胀？对基础货币无所作为可能意味着对利率有所作为，反过来说也一样。

尼克·罗伊喜欢说，资本主义经济本质上是不是不稳定这种问题毫无意义。“本质上”这个术语本身就没有任何含义。这个答案完全取决于货币政策背后采取什么货币体制（monetary regime）。同样是资本主义经济，以名义 GDP 增长率为目标时经济很稳定，但在金本位下其经济就不稳定。类似地，讨论财政乘数（fiscal multiplier）也毫无意义，因为财政政策的效果，取决于央行同一个时间点做的具体操作。还有，讨论央行们“不作为”没有意义。

如果你不同意尼克·罗伊和我的那些哲学观，也没关系，因为我们怎么描述央行政策影响不了大局。不过，这个哲学观可以帮大家更好地理解本书接下来我们将要讲解的内容。

下面我们来总结本书的第一部分，一开始本书专门讲解了货币政策对一些名义变量比如价格水平和名义 GDP 的影响，由此解释了何为货币理论。货币问题中最有意思的部分是那些政策对于实际变量的影响。接下来我们讲了货币与经济周期的关系，接着讲了货币与利率的关系，最后，我们讨论了货币和汇率的关系结束了本书第一部分的理论解读。当我们进入第二部分，讨论经济周期的时候，我们就彻底和货币中性论（monetary neutrality）说再见了。

第二部分

美元之舞

PATR 2

第七章
大萧条和 AS-AD 模型

年轻时，我深受弗里德曼和施瓦茨的《美国货币史》一书的影响。和很多读者一样，我特别喜欢读书里面他们对美国大萧条那段历史的分析。后来，我成了大学的教授，主要研究方向就是“一战”和“二战”中间的那段时间（1918—1939 年）各国的货币政策与货币理论。

弗里德曼和施瓦茨是货币派领袖，也是凯恩斯共识（keynesian consensus）派的对头。他们写《美国货币史》之前，人们普遍认为大萧条恰好证明了资本主义（我们已经明白了，这是一个毫无意义的概念）经济的固有不稳定性。按照这个观点，资本主义的金融系统特别容易出现危机和恐慌。1929 年到 1933 年，股票市场崩盘、银行恐慌，人们因为不再信任金本位，大量囤积货币，总需求（总支出）（aggregate demand/total spending）大幅下跌。结果就是失业率暴涨，经济通缩。根据标准流动性陷阱的解释（危机后，人们倾向于存钱、持有现金，不想消费，也不愿贷款），货币政策尽管是扩张的，但却毫无效果。

这和现在我们看待大衰退的观点极其相似。2007—2008 年，金融不稳定（financial instability），美联储也实施了扩张的货币政策，但效果也是几近于无。今天，大多数经济学家都否认 1929—1933 年大萧条的共识，现在，我们也需要重新审视有关大衰退的传统叙述是否合宜。

弗里德曼和施瓦茨说服了很多经济学家，美联储的政策在大萧条时期过度紧缩，而这种政策的失败可以在很大程度上解释 1929—1933 年经济收缩的深度和严重性。今天的经济学教材里，讨论大萧条的时候，多少都讲了弗里德曼和施瓦茨对美联储的批评。伯南克绝对信服这个说法，众人皆知他本人曾经公开宣称，说美联储绝对不会重犯 20 世纪 30 年代的错误。在庆祝弗里德曼九十岁的生日会上，伯南克说："请容我此刻稍许借用一下我作为美联储官方代表的身份，结束我今天的发言。我特别想表达我对于米尔顿和施瓦茨的谢意，关于大萧条，你们是对的，美联储错了。我们非常抱歉，但是谢谢你们，我们不会再犯这个错误。"但是，很公道地说，正是大衰退让我们得以有机会再次反思弗里德曼和施瓦茨的观点。伯南克（那时候任美联储的主席）当然不会认为是货币政策紧缩引发了大衰退。

我认为美联储又掉进了同一个坑里，幸运的是，这回犯的错好歹降了一个数量级。但是即便伯南克领导的美联储没能阻止大衰退，难道我们就要因此质疑弗里德曼说美联储本可以阻止大萧条的发生？再回顾一遍历史，或者可以让我们站在一个更有利的视角重新审视大衰退。

《美国货币史》超越了时代

关于米尔顿·弗里德曼的观点，我并不完全站队他的批评者（凯恩斯派），也不完全站队他的支持者（货币派）。我认为，弗里德曼是一个伟大的法定货币理论家，但是他和施瓦茨合写的那本书，只是描述了三类金本位制度下的经济活动。为何我要特别强调这点，让我们想一想，弗里德曼和施瓦茨关于 1929—1933 年大通缩（the Great Contraction）的解读。按照弗里德曼和施瓦茨的观点，引发大通缩的诱因大致就是 $M \times V$ 跌了大约一半，这意味着名义 GDP 也降了差不多一半。简单点说，1933 年，美国人赚的和花的钱都仅仅只有 1929 年的一半那么多。

$M \times V$ 暴跌（按照弗里德曼和施瓦茨的观点）大致是因为美联储的货币政策过于收缩，导致更广义的货币总额（$M1$ 和 $M2$）进一步下降了大约 30%。（货币流通速度下降可以解释余下的部分。）不管诸位怎么看这个问题，认为是美联储的失察，还是美联储失措。弗里德曼和施瓦茨的观点就是：美联储有能力阻止，因此美联储要为大萧条担责。货币流通速度下降只是大萧条的一个副作用，M 下降才是诱发大萧条的真正主因，因为一旦 $M \times V$ 猛降，

P和Y也会跟着降。

既然我们都知道了货币可以影响价格，这一章，我们就来探索货币如何影响实际产出。在这之前，让我们先来看看能否很好地理解弗里德曼货币主义（friedman's monetarism）的命运起伏。

1879年到1933年，美元锚定黄金，即20.67美元兑换1盎司黄金。1934年到1968年，黄金价格是1盎司35美元。美国执行金本位制度的大部分时候，通胀率预期多年平均下来，基本为零。 20世纪40年代几段特殊时期有高通胀，也是因为当时的价格水平需要适应1934年美元贬值和美国人禁止私人拥有黄金的政府令。无论如何，1963年弗里德曼和施瓦茨的书出版的时候，美国虽然名义上还执行金本位制，但距离最后废除金本位也不远了。那个时候也不清楚美联储到底有没有弗里德曼和施瓦茨《美国货币史》书中认为的控制货币供应和价格水平那么大的能力。

弗里德曼和施瓦茨的叙述其实更适合法定货币世界。在法定货币世界里，央行接近全能，可以扩张或收缩货币供应。他们出书的时候也是恰逢其时，在《美国货币史》出版五年前，黄金价格开始上涨，正赶上了大通胀那拨。更妙的是，凯恩斯派关于大萧条的主流观点和弗里德曼、施瓦茨的想法部分重合，他们都认为$M\times V$下跌超过一半左右的话，就可能引发大通缩。可是人们常常忽视了这一点，这主要因为凯恩斯派的经济学家更喜欢用类似“总需求”（aggregate demand）这样的术语，而不是$M\times V$。总的来说，两派都认为，大萧条是因为需求不足。

因此，弗里德曼和施瓦茨要说服凯恩斯经济学家们接受他们的论文，他们都不需要去费劲解说$M\times V$下跌是问题，只需要说服凯恩斯经济学家接受这一点：美联储要是多负点责任，就很可能阻止了$M\times V$下降。因为凯恩斯的通胀理论本就认为经济不景气时价格水平会下跌，而经济繁荣的时候价格水平会上涨。所以，要是弗里德曼和施瓦茨可以说服凯恩斯派相信，美联储本可以阻止通缩，甚至还可以制造一点小通胀，那么，实事求是地说，凯恩斯派就会认同这一观点：错误的货币政策触发了大通缩。要说服经济学家们相信美联储本可以阻止20世纪30年代那场通缩，还有比大家头疼通胀率加速上涨的时期更合适的吗？制造通胀（20 世纪 60 年代和 20 世纪 70 年代）总比解决通胀要容易一些吧？

在我想象的场景中，旧凯恩斯经济学家们不太相信 20 世纪 30 年代美联储真有本事制造 2% 的通胀，少壮派凯恩斯学家们也会拼命摇头：不信不信。要知道为何我这么说，请翻回表 4–1 看一看。之前，国际货币和通胀数据可以让很多经济学家相信，预期通胀率其实可以和点菜单一样："服务生，这十年，通胀率就定在 4% 吧。"当利率飙升到两位数时，所谓流动性陷阱的说法听起来越来越古怪。另外一位著名的货币学家艾伦・梅尔策（Alan Meltzer）就问了为什么：要是凯恩斯经济学家担忧货币政策无效，他们为什么不建议一个足够高的通胀目标？这样名义利率就永远不会跌到零啊！问得好啊！大衰退过后，很多著名宏观经济学家问了现代央行们一模一样的问题。

总结一下，20 世纪 70 年代和 20 世纪 80 年代初，央行们显然已经拥有了随意制造通胀的本事。金本位制度是否妨碍了 20 世纪 30 年代的货币政策，也只有那些研究历史的人有兴趣了解。当然了，就算要保留金本位，也用不着冒引爆经济大萧条的风险，更不要说这场经济危机最后还让纳粹掌了权。这样说吧，大萧条对整个社会的伤害远超法定货币的那点成本，甚至超过了大通胀最黑暗的时候。因此，整整一代少壮派凯恩斯经济学家，都接受了弗里德曼和施瓦茨有关大萧条的大部分观点，这带来了后来的新混合理论，叫作"新凯恩斯主义"（new keynesianism）。新凯恩斯主义融合了货币主义和凯恩斯主义，货币主义强调货币，凯恩斯主义强调利率目标和稳定的货币政策。

到了 20 世纪 90 年代，人们达成普遍共识，美联储需要做点什么，比如控制通胀率（或名义 GDP）目标。美联储 20 世纪 30 年代没能做到，所以才犯下后果如此严重的错误。可是，2008 年后，旧凯恩斯主义又杀回了学术圈。利率降到零，经济学家们再一次开始怀疑货币刺激的效果，财政刺激再度流行了起来。全球金融危机再一次让所谓资本主义固有不稳定性假设尘嚣日上。保罗・克鲁格曼也开始质疑弗里德曼和施瓦茨关于大通缩的叙述是否准确。不幸的是，弗里德曼 2006 年去世，他提出的货币政策对经济周期至关重要的这一观点再也无人为之辩护。

讽刺的是，弗里德曼和施瓦茨一直试图解释清楚20世纪30年代的大萧条。相比之下，我认为弗里德曼和施瓦茨的叙述真的更适合解释大衰退，可惜弗里德曼没能活着看到这一切[①]。如今是纯粹的法定货币世界，货币主义最适合用来解释这种现象。和20世纪30年代不同了，央行们可以无限印钞，以此来撑住2008年的通胀率。

公道地说，美联储还是避开了20世纪30年代的大坑，也比欧洲央行的工作做得漂亮多了。货币政策失误不是引起大衰退的唯一原因，美国还面临其他结构性问题，这些问题才真的拖慢了美国经济复苏的步伐。无论如何，美联储确实要为大衰退负大部分责任。稍后，我们就会看到，一个不同的美联储政策制度，它本可以让2008—2009年止步于一场温和的经济衰退。

总供应与总需求

为什么名义GDP的大幅下降会引发实际GDP的大幅下降呢？换一句话说，为什么1929年货币紧缩不仅仅拉低了物价，还影响了实际生产？货币供给变化为什么不能是中性的呢？（货币供给变化中性，指的货币供给增长只带来价格水平同比例增长，但不影响产出水平。）这个问题是宏观经济学的核心问题，也是最难解决的问题。哪怕到了今天，人们也还没有达成共识，为何货币供给变化短期不中性，长期来看似乎又中性了。古典经济学（classical economics）的观点（会误导人）是，印钞只会导致价格上涨，而不会影响实际产出。实际上，减少货币供给，只会降低价格水平，不会影响实际产出不变吗？

其实，哪怕古典经济学家自己也知道，货币供给变化短期内肯定不是中性的。休谟是这样说的：

> 我们必须想想，物价上涨，其实是金银价格上涨所致，然而金银价格上

① 弗里德曼2006年去世。——编者注

涨，物价不会马上随之上涨。这个过程需要时间，待货币全国流通了一轮，民众才会感到物价上涨了。人们开始察觉不到变化，物价上涨程度也不一，一般都是先某一种商品上涨，然后再是另外一种，直到境内新发的货币覆盖所有商品。在我看来，只有在这个过程的间隙或者局部环境下，赚钱和价格上涨之间，金银增长才对产业有利。

因此，在价格调整的过渡期内，货币存量（money stock）的变化也会影响到实际产出。休谟1752年写了本名为《关于货币》（*Of Money*）的书，这本书简直是天才之作。至今读来，依旧让人觉得惊艳。其中讨论货币存量减少的内容，书中也就两张纸的篇幅。

一个货币总量没有太大增长但财富缓慢增涨的国家，和另外一个货币减少的国家相比，后者的国力会越来越弱，国运也会越来越衰微。这个很好解释。我们想一下，货币数量的改变，不管是变多还是变少，商品价格不可能立刻同比例改变。在商品价格调整到新位置之前，过程总要花费一些时间，而这个过程对于产业来说毫无益处。也就是说，无论金银数量是减少还是增多，对产业而言，都是破坏性的。

“工人没法从工厂主和商人那里获得同等的岗位，尽管他在市场买的所有东西还得付一样的价钱；农民没法卖掉粮食和牲畜，尽管他还得给地主付一样的地租。不难预料，这一切之后紧跟着就是贫穷、乞讨和懒惰。”1752年，休谟就栩栩如生地描述了大萧条之下的社会百态，也说清了何以会发生大萧条。

休谟也明白，其他条件不变的话，经济增长本质上是收缩的。很多现代经济学家还是不明白这点：“这条准则不验自明，所有东西的价格都依附于商品和货币的比例，两个条件中，无论哪个有稍许改变，结果都一样。要不价格上涨，要不价格下跌。商品多了，价格就跌；钱多了，价格就涨。”让我们再看看这个交易方程：

$$M \times V = P \times Y.$$

休谟的意思是，M 上涨，价格更高，而 Y 上涨（其他条件等同），价格下跌。他当然是对的。

诸位可能在想，休谟只能算一个头脑简单的货币学家，他压根就不懂货币流通速度也会对总需求产生影响。事实并非如此。“同样不证自明的是，价格并不完全取决于商品和货币的绝对数量。在一个国家，商品可能会在市场上出售，也可能不会，货币也非静止不动，货币是流动的。如果硬币总锁在箱子里，价格一样会受影响，真要那样货币和废钞也就一个效果了。”休谟的意思是，货币流通速度下降和货币供应量下降造成的通缩效果一模一样。因此，真正重要的不是 M 的变化，而是 $M \times V$ 的变化。一旦 $M \times V$ 变了，最初影响的可能是产出和价格，可是长时间看，只有价格受到了影响。这也是我对货币经济学的基本看法。

20 世纪，宏观经济学和早期的凯恩斯经济学一起后退了一步，2008 年后宏观经济学又后退了一步，因为他们又没说对 2008 年的大衰退的症结。2008 年大衰退和 20 世纪 30 年代的那场危机几乎一模一样，就连原因都没变。对于持因果论的观察人士来说，这再一次证明了资本主义经济固有的不稳定性，证明了货币政策基本无效，这两点都是旧凯恩斯主义的核心。

早期的凯恩斯经济学家认为，经济繁荣引发通胀，而休谟则说经济繁荣会带来通缩。和休谟不一样的是，早期的凯恩斯经济学家基本会忽视模型中的供应端。他们同样认为短期来看价格是固定不变的，所以产出只由需求端决定。诸位可能早就在“凯恩斯交叉图”（keyesian cross）看到过了，这可是经济学教材中的主要理论之一。

到了 20 世纪，宏观经济学家们再次赶上了休谟问题，这次是用改良过的总供给需求模型，即 AS-AD 模型（aggregate supply and demand），如图 7-1 所示。一眼看去，这张图很普通，就是一张供需图，只不过描述的是整个经济体。事实上，这张图和宏观经济学的供需没一点关系，该图只适用于分析具体的单个市场。确实，这张图根本就不应该用供需这么误导人的词。例如，某一类商品价格上涨，人们常常会去找替代性产品，但是当总供给需求模型中整体价格水平都涨了，人们就找不到替代的产品了，这是因为 *Y* 涵括了所有商品。

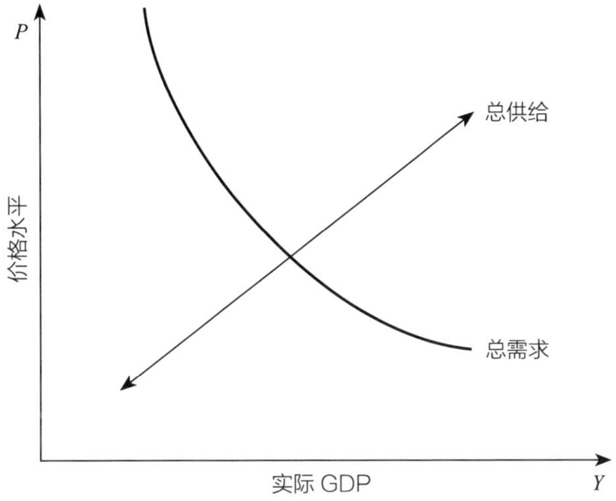

图 7-1　总供给需求模型

总需求曲线和宏观经济学中的需求这个概念没有任何关系。我希望，总需求曲线换个标签，比如用 NS 来指代名义支出（nominal spending），或者用 NI 来指代名义收入（nominal income）。可惜，我们生活的真实世界不是这样的。

类似地，总供给曲线也和某个具体产业的供应曲线没一点关系。例如，大部分产业长期来看，其需求曲线基本是弹性的（平），因为价格上涨会吸引新公司进场。长期看，价格最后还会还原。但是对于总供应水平来说，长期的供应曲线无弹性（向上直线），因为它反映了整个经济体的生产能力。资源毕竟有限，通过印钞推升总需求，长期来看，最后的结果只能是价格上涨，而生产的产品不会受任何影响。

短期和长期的需求冲击

理论上来说，AS-AD 模型可以用来解释通胀、长期的经济增长，或者经济周期，但这个模型的本意只是解释经济周期（其他的事情可以用更好的模型来解释）。所以，我们就只看经济周期，特别是那些受需求冲击（$M \times V$ 变化）的经济周期。

我们先来看扩张性货币政策带来的短期和长期影响（或 V 值上升，即货币流通速度加快），详见图 7-2。货币供给增加，人们常会增加消费，花掉多出的现金余额。总需求（名义支出）上涨，曲线向右偏移。但是工资和物价比较“黏性”（sticky），也就是说反映慢一拍，部分上涨支出表现为更高的产出，只有一部分上涨支出表现为价格上涨（点 B）。这就是通胀型经济繁荣，但许多凯恩斯经济学家误以为任何类型的经济快速发展都必然会通胀。正如你很快就会明白，总供给上涨带来的经济繁荣（$M \times V$ 保持不变）其实是通缩。只有总需求上涨，经济发展，才会发生通胀。

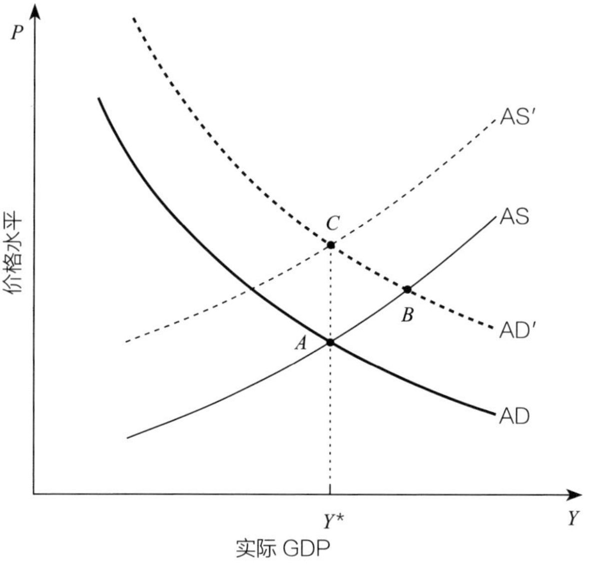

图 7-2　扩张性货币政策影响模型

长期来看，AD 上涨后，所有工资和价格都会慢慢调整适应新情况。到了那时候，短期的 AS 曲线会返回原位，产出也会回到自然增长率（natural rate）水平，即所有工资和价格经过一段时间调整后达到的位置（点 C）。长期均衡中，价格水平会和名义支出同比例地上涨。所以，AS-AD 模型可以看作休谟对短期长期内货币、货币流通速度、价格、产出之间关系的一个直觉描述。当然了，真实的世界其实很复杂，在真实的世界里，AD 和 AS 常常同时变化。

图 7-3 反映了美国 20 世纪 30 年代初的情况。点 *A* 是宏观经济均衡点。名义 GDP（*P* 和 *Y* 的结果）大约是 1 000 亿美元，1933 年初下跌到了 490 亿美元左右。名义支出下跌了 51%，这一下跌反映为剧烈下跌的 AD 值，最开始让价格和产出下跌了差不多 30%（点 *B*）。到了点 *B*，工资和价格如果开始向下调整，美国经济应该会回到均衡点C，价格水平大约只到1929年的一半。假设的长期调整还没来得及发生，美国选民们终于受够了长达四年的深度衰退，一鼓作气在 1933 年 3 月选了个新政府上台。

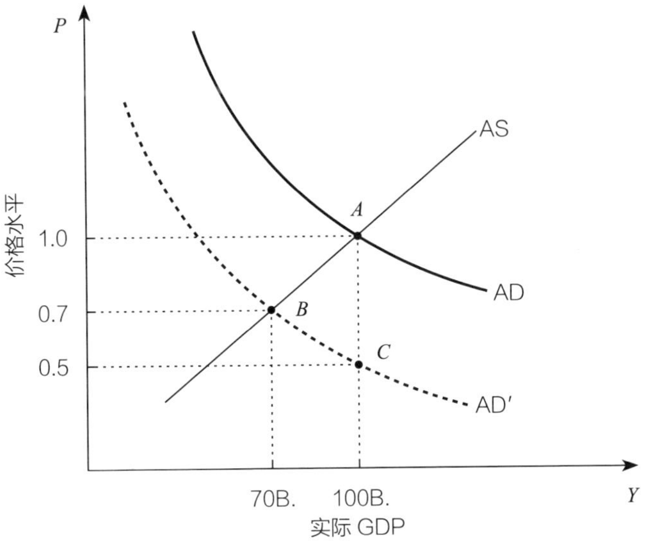

图 7-3　20 世纪 30 年代美国经济模型

新政府一上台，罗斯福总统就开始大幅贬值美元，刺激 AD。整体来看，他成功了：1933 年到 1934 年 AD 立刻快速上涨了。一开始是爆发性产出上涨，1933 年 3 月到 7 月，每个月的工业生产都以 57% 的惊人速度上涨，是美国历史上高增长时段增长率的 3 倍还多。

既然如此，为什么大萧条还是直到 1941 年才发生？因为，很不幸，美联储就是不肯安分守己。美联储觉得大衰退是通缩和工资下降引发的，所以，他们立刻去游说国会，通过了一个国家工业复兴法案（NIRA）（这个名字实在名不副实），涨工资、提物价、命令农民和商人削减产量好刺激价格上涨。然后美联储又担心工人收入没赶上通胀，于是以紧急行政命令的方式要求给工人涨工资。1933 年末，公司不得不一夜之间将小时工资提升了差不多 20%，然后呢，经济复苏就这样被硬生生地打断了。

1933 年 7 月之后又过了两年，直到国家工业复兴法案在 1935 年因为违宪终于被叫停，工业生产都没能恢复当初的水平。经济复苏重新启动了，但是又被美联储的那些反生产的联邦政府行动一而再再而三地打断，直到 20 世纪 30 年代末。研究了这段大萧条历史以后，我得以更好地理解大衰退，特别是 2008 年年末大衰退何以会进一步恶化。

永远别根据价格水平推导

罗斯福时期发布的国家工业复兴法案，整个都是基于一个我戏称为“根据价格水平推导”的谬论。经济学专业的学生们、记者们，甚至那些知名的经济学家，总会时不时错以为价格变化有什么含义。例如，他们可能认为，石油价格涨了，消费者就会少用油。

很多人错误地以为，这就是基于供需模型的推理。物价上涨可能会促进消费，也可能会遏制消费，至于是促进还是遏制取决于价格上涨的背后推手。石油价格上涨如果是因为石油输出国家联合组织（OPEC）削减产量，消费者们确实会少烧点油，1974 年就是这样。但是，要是石油价格上涨是因为全球经济繁荣，消费者们反而会消费更多石油，2007 年就是这样。

与其根据价格变化来推导，还不如先问一个问题：“价格上涨到底是因为供给减少还是因为需求增加？”然后我们会明白，最糟糕的推理就是根据价格变化来判断，比如利率。确实，误读利率下跌的含义可能就是引发大衰退的幕后黑手。

罗斯福注意到，经济繁荣的时候工资和价格上涨，经济萧条的时候，工资和价格下跌。这能说得通，或者看起来能说得通。从个人层面来说的话。如果价格低迷，那么公司赚不到钱，甚至破产，随后工人工资降低，工人没钱，总需求降低，但这实际是根据价格变化来推理的，是不科学的。我们一定要了解价格上涨背后的原因。

罗斯福政府时期颁布的工资提升政策和上面举的例子一样，有马之前先买车。真正要做的是想方设法提升社会总需求，从而提振社会产出，最后工资必然会涨起来，生活水平也会更高。但是人为地提升最低小时工资标准，反而会削减社会总供给，公司也就没兴趣雇佣更多人手。当总供给曲线向左移动的时候，价格会涨，但这可不是经济景气带来的通胀。这种通胀在休谟看来，就是保持货币供给不变，同时拼命削减商品总量。

菲利普斯曲线

人们以为通胀可以带来经济繁荣，完全是基于 20 世纪 30 年代那段历史，结果就制定了看起来很古怪的政策，比如为了推高猪肉价格拼命杀猪，还让农民不要种植小麦。这类谬论以隐晦一些的形式出现，就是类似 20 世纪 60 年代非常流行的菲利普斯曲线模型（Phillips curve model）。这个模型的命名基于 1958 年 A. W. 菲利普斯（A. W. Phillips）发现的经验关系（其实是再发现，不是首次发现）。费雪在他 1923 年写的一篇论文《经济周期就是美元之舞》（*The Business Cycle Largely a 'Dance of the Dollar'*）中，描述了菲利普斯曲线的概念。

菲利普斯发现，几百年前的英国，工资增长率（rate of wage inflation）和失业率（rate of unemployment）之间有很强的负相关关系。所以，美联储说对了一点：工资上涨确实常和劳动力市场强劲相关。可是这并不意味着，人为提升劳动力成本会让公司雇佣更多工人。

20 世纪 60 年代，菲利普斯的研究对经济学思想产生了深远的影响。记住这一点，政府里制定政策的人，基本都五六十岁了。20 世纪 60 年代，这一代人成年之际正逢大萧条，那个时候失业率高、通货紧缩。人们通常会在年轻时形成自己的政治观，所以这一代人自然会更关心失业率，而不是通胀率。 他们充分利用菲利普斯曲线关系，采取了扩张的货币政策和财政政策。

大家普遍以为，菲利普斯的研究已经清楚展示了通胀率和失业率之间此消彼长的关系，也就是通胀率高一点，失业率就可以低一点。他们相信，这个政策总会管用一阵子（见图 7–4）。

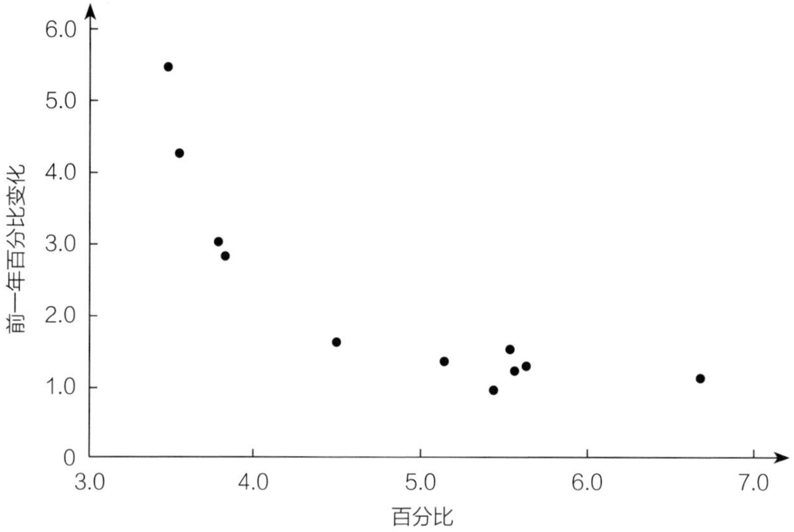

图 7–4　美国 20 世纪 60 年代通胀率与失业率的关系图

来源：FRED,via Bureau of Labor Statistics。

凯恩斯经济学家们制定政策的时候，也没有完全不管“永远别根据价格水平推导”这个问题。20 世纪 60 年代的凯恩斯经济学家们更推崇增加总需求的政策，也就是以前所未有的速度提升 $M \times V$，而不去管 NIRA 这类阻碍总供给增加的政策。越南战争期间，扩张的财政政策在 60 年代的大通胀中没起什么作用。20 世纪 60 年代，按照实际比例来看，预算赤字（budget deficits）占比相当小。前文讲过，其他条件不变的话，经济强劲增长其实是通缩。

不幸的是，1969 年以后，我们进入 20 世纪 70 年代的滞涨，失业率高，通胀率更高。在物理领域，发现一个新理论常常不会改变这个世界的运转方式。在经济学领域可不一样，一旦发现菲利普斯曲线关系，政策立刻就有反映，结果菲利普斯曲线关系反而不管用了。下一章，我们会明白最初的菲利普斯曲线模型有何优缺点。了解了菲利普斯曲线模型的不足以后，我们再研究它是如何带来的宏观经济学革命。

第八章
后休谟时代

拿菲利普斯曲线当经济的结构模型本来就有问题，毕竟结构模型不是普通模型。结构模型要基于基本原理，还要能够在不同政策环境下给人们提供准确的预测。20 世纪 60 年代，经济学家们尚无处理纯法定货币制度下发生的经济问题的经验，起码对一个大型的发达经济体来说，相关经验几乎为零。他们也就处理过类似战后欧洲恶性通胀这类问题，而这类问题一般是病态案例——都是极端情况，没有规律可言。

正如水里的鱼儿感觉不到湿一样，那时候的经济学家也完全意识不到他们大部分时候生活在以商品为锚的货币制度下。1968 年，89 岁的经济学家很可能一辈子也就经历过 1 盎司黄金换 20.67 美元或者 1 盎司黄金换 35 美元的情况。唯一的例外就是 1933—1934 年那短短的 9 个月过渡期。货币在以商品为锚的制度下，人们的通胀率预期通常为零附近的值。虽然实际的通胀率和零有着不小的距离，有时候大于零，有时候小于零，但是人们的预期通胀率一般还是很接近零，波动幅度顶多也就是二战后那小小的个位数。类似地，美国股票市场指数的实际变动，例如标普 500 指数（S&P 500），任何一天的变化也常常很可观，会有 50 或 100 个基本点（basic points）的变化，但是人们预期的每日变化也就是 1 或 2 个基本点的不同。

宏观经济学模型（包括奥地利经济学模型和凯恩斯经济学模型），反映的都是人们当时没有意识到的金本位制度。人们一般认为凯恩斯反对金本位制度，但实际上他更反对法定货币。在《货币论》（*A Treatise on Money*）（1930 年）一书中，凯恩斯说不受托管的金本位制度是“你能想到的最糟糕的制度（法定货币可能被滥用，还没有锚定任何实物）”3年后，凯恩斯再次重申了他支持价格锚定黄金的立场。

> 战后经济发展的各个阶段，我不时提出的具体建议，都是基于黄金作为国际货币标准这一基本前提，而非严格的国家标准。我添加的条件从未改变，尽管具体细节略有出入，具体如下：国家标准和黄金之间的汇率并非一成不变（即货币黄金含金量对比）；黄金点的价差应该更大；要是可能，最好能制定国际规则以规范黄金商品价值的波动范围。

这也是凯恩斯从来就不会建议设定通胀率为目标来克服流动性陷阱的原因。不放弃金本位，不实行纯法定货币制度，通胀率就不可能一直为正。相比之下，凯恩斯更青睐一个浮动的金本位制度，它和布雷顿森林体系（1944—1971）差别不大。事实上，凯恩斯在布雷顿森林体系发展中出力不少。

告别金本位，提出自然率假设

20世纪60年代末，埃德蒙·菲尔普斯（Edmund Phelps）和米尔顿·弗雷德曼提出了自然利率假设（natural-rate hypothesis）。他们认为，利率高低其实无关紧要，重要的是利率的涨跌是否合乎人们预期。如果通胀率比预期高，失业率会低，如果通胀率比预期低，失业率则会高。当预期通胀率调整到实际通胀率时，失业率会回到菲尔普斯和弗里德曼说的自然率（natural rate），这个自然率代表工资和价格适应了经济冲击（economic shocks）以后的失业率。在美国，大家认为这个自然率大约在3.5%和6.5%之间。

金本位制度下，通胀预期基本在零上下浮动，该时期任何时候，菲利普斯曲线预测结果都会是价格跌失业率高、价格涨失业率低。想象一下，我们试着人为地操纵菲利普斯曲线，用扩张的货币政策将通胀率推高，接下来会发生什么？

因为通胀最开始的上涨完全出人意料，菲利普斯曲线可能还会继续维持几年。但是，工资的调整不会那么快。在通胀的意外暴涨初期，人们开足马力生产，然后会带来更多的工作机会和更低的失业率，这就是 20 世纪 60 年代末发生的事情。但是黄金价格一直固定在 1 盎司 35 美元左右。之后，持续的通胀最终还是会引起麻烦。价格持续上涨，投资者们认为投资黄金更有利可图，于是人们开始把美元换成黄金。1968 年 3 月 14 日，美国政府宣布不再面向外国个人提供美元兑换黄金服务。（1933 年后，美国政府禁止私人持有金条。）自由市场上黄金价格开始上涨，甚至超过了国际黄金市场中 1 盎司 35 美元的价格，之后的半年里，金价就一直在 1 盎司 40 美元附近徘徊。

回想一下，两千多年人类的商品货币史就这样在 1968 年 3 月 14 日这一天终结了。这一天正式宣告了商品货币的彻底失败。可一开始，基本没人意识到当时发生了什么。部分原因是美国政府自 1933 年起，就开始逐步退出金本位制度，所以对外国人关闭兑换黄金窗口看起来也不算什么大事。1971 年 8 月，美国终止对外国央行兑换黄金，美元才开始贬值。有人可能会说，那也是 1971 年后才贬值。又不是一开始就不按照 1 盎司 35 美元卖黄金，美国人可是一直等到 1 盎司黄金卖 38.50 美元的价位，才开始拒绝卖黄金的。

当时的人们认识不到这个过渡期的重要性，经济学领域当时也未准备好理解未来即将发生的事情。米尔顿·弗里德曼很有可能是当时理解的最透彻的，尽管他可能搞错了原因。想一想，弗里德曼和施瓦茨自 20 世纪 30 年代以来，就因为他们的货币政策观点一直被外界批评，好像美联储印钞票的能力没有上限。现在，当年大家半信半疑的说法如今都一一变成了现实。弗里德曼和埃德蒙·菲尔普斯一起确认的两个关键点都被经济学界忽视了。

第一，随着通胀趋势率上升，通胀预期也会上升，从而导致菲利普斯曲线失灵。

第二，费雪效应很重要。

多年来，经济学界一直忽视实际利率和名义利率的差异。人们以前认为低名义利率代表了货币宽松，而高名义利率则代表了货币紧缩。一旦通胀预期开始上涨，这个理论（哪怕是最好的时候，这个理论也让人怀疑）就变得极其不可靠。

1968 年，美国总统约翰逊的经济学顾问（凯恩斯派）说服了总统，大举提升税率以解决通胀加速的问题。20 世纪 60 年代预算赤字比例尚不是太大，这么一来，预算甚至直接被转成盈余（见图 8-1）。倘若凯恩斯模型是对的，那么这个政策应该会奏效，通胀就不应该再上涨了。但是，实际上，通胀继续加速上涨，原因就是，驱动通胀的原因并不是当时的战时赤字支出，而是货币政策出了问题。

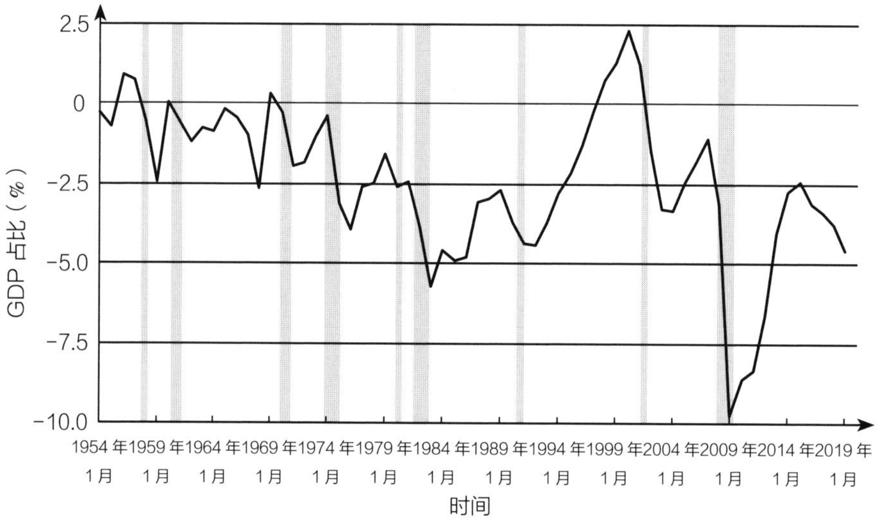

图 8-1　1954—2019 年美国联邦预算盈余或赤字情况

注：灰色条纹区域代表经济衰退期。

来源：FRED，via Federal Reserve Bank of St. Louis。

那个时候的经济学家为什么没有发现当时的货币政策已经非常宽松了？因为凯恩斯经济学家们用名义利率作为指标来判断货币政策的效果，而 20 世纪 60 年代末的名义利率已经相当高了。他们判断当时美联储采取的就是货币收缩政策，所以他们要做的就是等待财政和货币紧缩联合作用，慢慢起效。但是，这些高高的名义利率仅仅反映的是人们的通胀预期，实际当时的利率已经很低了，低到甚至开始抑制过热的经济。

整个经济学界一直用名义利率评估货币政策效果，直到 20 世纪 80 年代他们才发现问题所在。费雪效应（第五章讨论过了）闻名经济圈几十年了，经济学家们还是花了那么多时间才赶上弗里德曼。后来，历史再次重现。这表明，商品货币统治人类社会两千多年，“货币幻觉”是如何根深蒂固、深入人心。

1970—1971 年，通货膨胀居高不下，经济学家们鼓励尼克松总统用工资和价格工具。今天，我们已经知道了，工资价格管制解决不了问题，人们本该于 1971 年就明白这个道理了。但是，凯恩斯经济学家灰心丧气了，需求端政策手段比如提税、提升名义利率竟毫无用处，绝望之下，他们愿意尝试运用一切手段。

尼克松总统给自己亲手挑选的美联储主席亚瑟·彭斯（Arthur Burns）施压，要求他在 1972 年自己竞选总统连任之时，务必放放水，印点现金让低迷的经济缓口气。工资价格管控暂时压住了通胀，经济也有了起色。但是，这样做的代价在总统选举结束后开始显现，滞涨出现了。

1973 年年底，欧佩克组织（OPEC）石油禁运，事态进一步恶化。1979 年伊朗革命之后，又发生了二次石油危机。但是，人们夸大了越南战争预算赤字的影响，这次一样，历史书又错把经济危机归到石油危机身上。在 1966—1981 年的大通胀里，两次石油危机其实也就扮演了一个小角色。1972—1981 年，名义 GDP（即 $M \times V$）每年增长 11%，无论油价如何变化，高通胀也已经不可避免。实际 GDP 每年大约增长 3%，比起前十年，通胀上涨的速度放缓了，可是对于美国而言，还是很高。也许，没有两次石油危机，美国有可能会是 3.5% 的增长率和 7.5% 的通胀率，而不会是 3% 的增长率和 8% 的通胀率。

1978 年，卡特总统任命威廉姆·米勒（William Miller）为美联储主席，米勒上任后，通胀率 1979 年涨得更高。卡特向米勒施压，让他转任财政部部长，转而任命保罗·沃尔克（Paul Volcker）为美联储主席。对这段历史的标准描述是这样的：沃尔克是一个绝对的通胀鹰派，他一上台，就提高了利率，誓要斩杀通胀这条恶龙。还有一种版本说，他当时就是想要把目标从利率转向货币供应量，从而驯服通胀这条恶龙。无论哪个版本，都不对，尽管两个故事都包含了部分真相。

在沃尔克的带领下，美联储开始把更多精力放在了控制货币供应增长上，货币紧缩确实让利率在1979年底1980年初涨到了接近20%。1980年初，经济陷入了短期（6个月）衰退。但是发生了一件事，这件事并未载入官方记录，即1980年下半年初沃尔克大幅放松银根（货币宽松）。那个时候通胀率依旧是两位数，沃尔克可能高估了货币收缩的效果。

许多经济学家甚至都没有意识到，沃尔克主政的那段时间是美国历史上货币最为宽松的一段时期。1980年第四季度及1981年第一季度，名义GDP增长率已经达到了19.2%。投资者对美国政府控制通胀的能力失去了信心，国库债券的长期收益率也达到了历史最高点（接近15%）。1980年下半年，沃尔克转向货币宽松政策，这么做让沃尔克1981年春天的日子更难过，彼时他决定再一次尝试货币紧缩，这回再不变了。但是那个时候，沃尔克已经损失了不少信用。这是沃尔克第二次采取紧缩货币政策，这一次，终于打到了通胀这条恶龙的要害，高达两位数的通胀降下来了，之后才确立了沃尔克通胀鹰派的名声。1981年中过后，美国每月的通胀数据立刻下降。直到后来20世纪80年代结束，美国年均通胀率只有大约4%（1991年以后通胀一直维持在2%左右）。

货币主义兴衰史

1968—1984年，弗里德曼赢得了每一场战斗：1968年减税无法降低通胀，他说对了。提高工资、管控物价就是个错误，他说对了。20世纪70年代美联储以利率为货币政策调控目标，这意味着价格水平再也没有任何锚定物了，他说对了。利率不能衡量货币政策调控效果，他说对了。高通胀仅仅会暂时降低失业率，一旦预期通胀率与实际通胀率一样了，失业率会很快回升，他说对了。控制货币供应增长会给价格水平提供锚定，美联储也可以通过控制货币供应控制通胀，他说对了。预期最终会调整通胀率，一旦工资和价格调整适应了新情况，1982年的失业率最终会回到自然率的数值上，他也说对了。

货币主义多年来在经济学中只是个小角色，1968—1984 年这段时间本可以是货币主义称王加冕的高光时刻。然而，20 世纪 80 年代初之后，货币主义却兵败如山倒，一边被卷土重来的“新”凯恩斯主义挤压（新凯恩斯主义从货币主义这里偷师了不少好点子）；一边自废武功，开始宣扬要在货币主义基础上重新建立一套“新古典”理论，结果放弃了自己的核心原则与立场。我的观点一般会取其精华，去其糟粕，再加点我自己的东西。

前几章我就已经说过，货币主义本质上是原始货币数量理论的复杂版。货币主义经济学家们很清楚，货币流通速度多少会有自然波动，但他们还是更喜欢用一个简单规则来说明货币供应增长率，比如设定一年 3% 或者 4% 的 M1 和 M2 的增长率目标。这个说法背后想表明的是稳定的货币供应增长、稳定的价格、温和的经济周期。弗里德曼和施瓦茨认为他们合写的书《美国货币史》已经充分表明，货币供应（M1 和 M2）的稳定性决定了大部分经济周期。

回想一下，货币主义本不应该如此仰赖所谓稳定的货币流通速度这个概念。他们更应该鼓吹一下通胀率目标或者名义 GDP 增长率。为何弗里德曼和其他货币经济学家那时候想不到呢？

弗里德曼相信（其实也说得通），货币流通速度不稳定源自不稳定的货币政策。因此，30 年代货币紧缩政策鼓励民众囤积货币，造成货币流通速度大幅下降。与之相反，恶性通胀时期货币流通速度会加快。弗里德曼相信，货币供应增长如果稳定，则货币流通速度也会保持相对稳定。

更重要的是，弗里德曼担心政策滞后（policy lags）的影响。他和施瓦茨研究了历史，所以他认为，美联储的行事风格就像老将军玩套路，等到国家经济都要陷进下一轮衰退了，才扭扭捏捏拿出刺激经济的方案，反之亦然。

因为宏观经济数据常常会延迟很久才公布，人们也确实需要多观察一段时间才能觉察出新趋势，所以经济学家们通常对经济衰退后知后觉，直到衰退进行半程了，他们才恍然大悟。对于不懂经济学的普通人来说，这听起来太可怕了。我们不仅无法预测衰退，甚至难以“实时播报”衰退。过去美国发生了三次衰退（新型冠状病毒流行前）。经济衰退已经持续了六个月，经济学家才得以达成唯一一次共识——预测经济要衰退了。

因此，弗里德曼实在很需要担忧一下这个识别滞后问题。幸运的是，对于货币政策而言，执行滞后一般时间不长。美联储每六周开一次会，危机时会议召开得会更频繁。弗里德曼最大的担忧是效果滞后，也就是从货币政策调整到发布和价格改变（政策起效）之间那段时间。弗里德曼认为，这种滞后不仅时间长，还变数多，滞后期常常能持续 6 到 18 个月。

由于政策滞后问题，弗里德曼担心央行们试图调整的间歇会出现不合时宜的举动，结果反而会打破经济周期的稳定性。你可以把这个情形想象成，一个水手头次上船就要他给超级油轮转方向盘，这个水手该有多为难。所以，这名水手很有可能会先转转方向盘，要是这艘大油轮的方向没什么变化，他再接着转大点幅度，直到可以看出船头调的方向对了。这个过程中，必然会偶尔操作过猛，于是水手就得猛一点反打方向盘，才好让这艘油轮回归正轨。

大家可以想象一下，这艘船就这么沿着 S 曲线从水面划过风和波浪就好比经济危机。经济危机会影响货币流通速度的快慢。水手把方向盘定在一个设置上，或者做一些操作抵消风浪的影响，是不是就能让这艘油轮的行驶更稳定呢？

弗里德曼的滞后理论听起来很吸引人，其中不乏真理，也确实很符合弗里德曼的自由主义经济政策风格。但是，最终，弗里德曼似乎还是犯了个错。1982 年后，美联储采取了某种权衡性货币政策（discretionary policy），弗里德曼警告说会让经济失衡，但是接下来的 25 年，经济运行得还不错。直到去世前的最后几年（于 2006 年去世），弗里德曼终于和美联储主席格林斯潘和解了，接受了美联储的通胀率目标制。当然，2007 年后经济很糟糕，政策滞后只能算部分原因。

讽刺的是，20 世纪 80 年代和 90 年代新凯恩斯主义政策的成功，很大程度上要归功于货币主义理论。他们充分认识到了费雪效应的作用——通胀预期会导致名义利率上涨，而实际利率不变。他们的另外一个重要观点是自然率假设，这个假设让美联储得以专注稳定通胀率、熨平就业波动，放弃了通过提高通胀率来一劳永逸地降低失业率这种想法。

有意思的是，在新凯恩斯政策体制下，关于改善货币政策的两条真知灼见，都来自他们更好地理解了长期通胀趋势率的影响。回忆一下，整个世界彻底告别商品货币制度以后，人们才接受了这个观点，央行才认识到自己可以如餐厅点菜一样定制通胀率。比起其他经济学家，弗里德曼早早领悟了此中真谛："正如我们看到的，我们仅仅在两个方面超越了休谟。其一，我们现在手里有了一整套规模庞大的数据；其二，我们终于在休谟发现的基础上向前了一步，多了一个价格水平之外的衍生指标。"弗里德曼其实说的是，比起休谟时代，我们手里的数据更优质，我们如今不仅明白了一次价格水平变化的含义（休谟很懂这套），也懂了价格水平的首个衍生指标变化的含义（价格水平变化的衍生在这里指的是通胀率）。当然了，正是弗里德曼这样的经济学家，让我们发现了通胀率这个价格水平的衍生物对于现代经济的重要意义，从而让整个经济学步入了"后休谟时代"。

弗里德曼说宏观经济学自 1752 年以来毫无建树，这么说不完全对。今天，总算有了些许进步，也要多谢弗里德曼，当然了，还有欧文·费雪。讽刺的是，弗里德曼如此评价的时候，宏观经济学正在经历一场大变革，出现了更多的后休谟时代的衍生指标。

弗里德曼的研究深刻影响了我的市场货币主义观点。接下来，我们来看看这两个孪生理论：效率市场（efficient markets）和理性预期（rational expectations）。二者共同铸就了市场货币主义理论的第二块基石。"旧"货币主义理论、效率市场、理性预期理论，这些理论加起来还不够，最终，还要在新凯恩斯主义基础上做些许改进。最后，我们终于将完整的市场货币主义理论模型与大衰退结合起来，给出了令人信服的解释。

第九章
理性预期和效率市场

在弗里德曼的经济模型中，通胀率预期是核心。当然，弗里德曼必然会有一套理论来解释公众预期是怎么形成的。他相信，通胀预期也是一个公众逐步适应的过程，也就是说，基于近期实际通胀率的变化，民众会慢慢调整自己对于未来通胀率的估计。

大家可以假设自己正在预测超级碗（super bowl）的比赛结果。因为橄榄球运动规则很复杂，要一个个分别评估球队队员的能力水平，基本就做不到。所以，人们一般都是基于一个球队的整体球场表现来预测。近期比赛的成绩自然比早期的成绩要有意义得多，但是，大家也不想仅仅依靠球队最近的比赛成绩来预测，因为这个成绩可能不能反映球队的实际水平。一个方法是，人们会把一个球队过去十年到二十年的比赛成绩算一个加权平均值，时间越近的比赛权重越高。这个例子可以用来说明何谓适应性预期（adaptive expectations）。

弗里德曼相信，民众会在看过去几年的实际通胀数据时，将更高的权重赋予更近期的数据，再据此预测未来的通胀率。要想这个预测不产生偏差，平均算下来，过去数年的权重最后相加应该为 1。

让我们再假设民众确实会根据这个适应性预期模式预测未来通胀率。央行采取扩张性货币政策，过一段时间，实际通胀率上涨，涨到超过预期通胀率。这样一来，一段时间内失业率会降低，这就是弗里德曼对 20 世纪 60 年代美国经济的解读。 与之相反，通胀率下降，则会让实际通胀率低于人们的预期通胀，这样一来，一段时间内失业率会升高。这就是弗里德曼对 1982 年经济衰退的解读。那段时间里，沃尔克的紧缩货币政策让通胀率从 10% 以上降到了大约 4%。

理性预期

上文那个橄榄球比赛的类比，可以帮助我们理解适应性预期模型的不足之处。要最优或“理性”地预测一场比赛，当然需要考虑每个球队的历史成绩，但是这还不够，还有其他可能的相关因素也要考虑在内。这些相关因素可能包括但不限于关键球员受伤、主场优势、天气、真草坪还是人造草坪，还有每只球队的防守是否适合对手球队的比赛策略。

20 世纪 70 年代，经济学家罗伯特·卢卡斯（Robert Lucas）认为，经济模型中应该纳入“理性预期”这个要素。他的意思是，经济模型应该考虑到一个事实，民众会基于公开可获得的所有信息，就通胀这类经济现象做最优预估。可惜，很多人误解了理性预期这个术语的含义。批评者说，支持理性预期的人想当然地以为，民众可以理解那些发表在经济学学术期刊上高度复杂的数学模型。这种说法即便不能斥之为荒唐，也足够让人一听就疑窦丛生。还好，这不是理性预期的实际含义。

卢卡斯提出理性预期理论的时机正好，比起弗里德曼的适应性预期模型（adaptive-expectations model），理性预期理论可以更好地解释自然率假说。想一想，20 世纪 60 年代的前弗里德曼-菲利普斯-曲线模型，该模型的隐含前提就是预期通胀率稳定在零或者某个极低的个位数数值上。要是这个理论是对的，那政策制定者就可以一直采取宽松的财政和货币政策，把通胀率从 20 世纪 60 年代初的 1% 提升到 20 世纪 60 年代末的 5%，以此来降低失业率。

不过，上述政策要想一直有效，前提是工人们永远天真，永远不会理解政策制定者玩的把戏。弗里德曼说过，工人最后总会明白高通胀的真正含义，调整他们的通胀预期，然后开始要求大幅上调工资。这一切确实发生了。20 世纪 70 年代初，工人们完全适应了新变化，失业率（1969 年失业率很低）很快恢复到 5% 左右的自然率水平。

卢卡斯认为，凯恩斯经济学的隐含前提（模型体现了）就是工人们非理性，不会随着经济政策的变化来调整通胀预期。卢卡斯还认为弗里德曼指出了凯恩斯模型的漏洞。卢卡斯并未止步于此，他认为哪怕是弗里德曼也没有研究透彻。适应性预期假说当然要比那种假设通胀率万年不变的理论要好，但是，即便是适应性预期假说，也没有达到完全理性的程度。

假设货币供应量每年增加 1%，再简单些，假设通胀率也会逐年上涨，这样货币数量理论预测就没问题。旧凯恩斯模型隐含的前提是，民众的通胀预期会一直保持不变，可这个假设与事实差距太大。很明显，这些假设都行不通。弗里德曼的适应性预期模型预测，民众会慢慢调整他们的未来通胀预期，但是预期通胀率总会多少滞后于实际通胀率。卢卡斯认为，民众不会犯系统性错误，所以哪怕是适应性预期模型，也不够完美。如果货币供应每年稳步增加，一年又一年，连续数十年，民众不太可能年年都低估通胀率。毫无疑问，人们一定会发现通胀一直在涨，也一定会在预测的时候考虑到这一点。

实践中，央行通常不会头脑发热，连续几十年每年都让通胀率按照 1% 的比例递增。因此，比起适应性预期，理性预期是否会对实际通胀产生不同的影响，这实在很难判断。我喜欢拿牛顿物理学来类比，尽管牛顿物理学后来被爱因斯坦的相对论超过。事实上，牛顿物理学依旧可以准确预测地球环境下速度质量这一类问题。牛顿物理学和爱因斯坦相对论只有在极端情况下，才有细微的差别，而且大部分差别只在遥远的宇宙中才能观察得到。

类似地，大部分时候通胀预期和适应性预期模型预测的结果差别可能也不大，尤其是大家还要把一些短期的影响因子比如石油危机考虑在内。1997 年 5 月，我们就观察到了一次适应性预期模型相比理性预期的完美测试，当时英国的劳工部突然宣布英格兰银行（英国中央银行）将会脱离政府。在此事件发生之前已经有大量的学术研究，这些研究的结论似乎都认为独立的央行可以克服政府监管疏忽和政府干涉这些不足，从而更好地控制通胀，德国中央银行就是此类设想的重要证据。

根据弗里德曼的适应性预期理论，仅仅宣布央行独立的消息，应该不会影响英国民众的通胀预期。毕竟，以前的通胀率没有受此消息影响。可是，一项研究表明，英格兰银行独立的声明确实微弱降低了人们的通胀预期，因为传统债券（conventional bonds）和指数债券（indexed bonds）的实际利率之间的利差在声明发布的那周突然收窄。

这个例子类似 1919 年的著名实验，做实验的时候恰逢日全食，研究表明太阳磁场扭曲了光线。这项自然实验表明，爱因斯坦相对论比传统的牛顿物理学在解释某些问题方面更有优势。类似的，英格兰银行独立宣言也是一个宝贵的机会，通过它，我们得以发现适应性预期和理性预期产生的影响确实不同。

总结起来，无论适应性预期还是理性预期，很多环境下它们的影响非常相似。任何一类最佳通胀预测都会极度依赖距离时间最近的实际通胀。但是，有些情况下，民众还有其他与预测通胀有关的信息，如此一来，理性预期假设相比之下就更优越一些。卢卡斯没有止步于此，他继续向前走了一步，认为理性预期假设对政策评估（policy evaluation）格外重要。

卢卡斯评论

1976 年，卢卡斯发表了一篇论文，标题为《计量经济学政策评估：一则评论》（*Econometric Policy Evaluation: A Critique*）。卢卡斯认为，用没有考虑预期的经济模型指导政策制定，效果一定不好。我们参考菲利普斯曲线争论来理解他的评论，实际上人们多在其他领域应用菲利普斯曲线模型，比如临时税（temporary tax）的变化。我们来看一下简化的失业版菲利普斯曲线模型，这个模型还是在金本位时期开发出来的：

$$U = U_n - \frac{\text{inflation}}{2},$$

这里，U_n 代表失业的自然率。在这个模型里，通胀率为负数，则失业率高，通胀率为正数，则失业率低。这个模型完全没有考虑通胀预期，人们可能会为它辩护说：“理论上，通胀预期可能很重要，但实际生活中，通胀预期接近零，所以我们可以当它不存在。”而事实上，约翰·梅纳德·凯恩斯（John Maynard Keynes）就对欧文·费雪模型区分名义利率与实际利率表达了某种不屑：

现在，与之相反，我的看法是，既然现金与借贷的相对吸引力不变，价格变化的预期就不会影响利率。各位否认这点吗？各位还真以为人们预期未来物价会涨，还真能让利率变化啊？

凯恩斯认为（极端情况比如恶性通胀除外）既然通胀预期通常都是零，那就直接忽略它，实际利率和名义利率类似。

现在，让我们假设，真实的失业率模型更接近弗里德曼的自然率假设。在这个模型里，通胀预期非常重要：

$$U = U_n - \frac{\text{inflation} - \text{expected inflation}}{2}.$$

只有通胀率大于预期通胀率的时候，失业率才会低，反之亦然。不考虑预期的简化模型，看上去好像在暗示政策制定者们能够权衡好通胀与失业率之间的取舍。他们甚至可能靠着计量经济学模型，用着一百年前价格挂钩黄金时代的数据，评估菲利普斯曲线。但是这些模型很不完整，时间一长，实际通胀率一涨，预期通胀率也开始变化。

卢卡斯认为我们需要一个适用各类政策变动的、更具普适性的经济模型。卢卡斯经济模型的美妙之处在于，它适用于任何类型的政策。任何政策，如果想通过愚弄大众来达成某一经济目标，最终总会在某个点掉链子。比起弗里德曼的适应性预期模型，卢卡斯的理性预期模型可以更好地解决了菲利普斯曲线难题，所以也吸引了更年轻的经济学家。就连那些年轻的凯恩斯派经济学家都不由得被卢卡斯模型吸引，这实在是因为年老的（通常也是著名的）哈佛大学和麻省理工的凯恩斯学派经济学家们一直没能找到原版菲利普斯模型的问题所在。相比之下，弗里德曼、卢卡斯，还有其他芝加哥学派（Chicago school）的经济学家们，找准了 20 世纪 70 年代经济问题的症结。

要理解适应性预期和理性预期的差异，要参照后面提出的预测失业率的方程，该模型也更准确。那个方程会是更大的计量经济学模型中的一个部分。如果各位使用适应性预期理论，你必然会给这个模型加第二个方程，以推导出预期通胀率，这个方程要用加权平均算法计算历史通胀率。如果各位使用理性预期假设建构模型，各位的预期通胀变量就要考虑各种不同的变量，即实际引发了通胀的各种变量。

因此，如果你有一个极简版货币主义通胀模型，按照这个模型，来年的实际通胀率等于当年的货币供应增长率，那么这个模型会假设民众也是以同样的方式形成通胀预期，民众的预期通胀率等于 12 个月前的实际货币供应增长率。实践中，各位可能还想再加上更多其他变量，比如劳动力市场条件、财政政策、石油危机等。

卢卡斯之后，大部分复杂的计量经济学模型都把理性预期设定为重要变量。这意味着，一旦你插入宏观经济学数据，这个模型预测某年的通胀率大约为 3%，这个模型也会认为民众的预期应该与模型的预测一致。这也是为何伯纳特·麦卡伦（Bennett McCallum）这样的经济学家们建议这个术语应该是“一致预期”，而不是“理性预期”。

经济学家非常清楚这么说可能不对。但是如果通胀率不是 3%，那应该是多少？要是你的模型预测某年的通胀率是 3%，为什么公众的通胀率预期不是 4.7% 或者 1%，或者任何一个除了 3% 的数字？显然，民众会犯很多错误（专家也一样），但是我们基于什么宣称民众犯的错是系统性的？没有足够的理由让人相信理性预期预测不是民众预期的最好估计。

理性预期到新古典主义经济学

要理解接下来发生了什么，我们需要知道一些宏观经济学思想。如果我们要弄清楚 2008 年到底哪里出了问题，就很有必要聊一下政治。过去 80 年中，各种类型的凯恩斯主义总被人们看作多少有些激进。人们这么看也没什么特别的理由。我们可以想象另外一个世界，右派经济学家们在经济衰退的时候呼吁减税（财政刺激），左派经济学家则更喜欢用货币政策来稳住经济。

和普通人以为的正好相反，宏观经济学的许多争论都和通常意义上的政治理念无关，也不是非得在公平与效率之间站队。没有任何证据可以充分证明某一类货币政策更利好穷人，另一类货币政策更利好富人。凯恩斯经济学和所谓的进步思想也没有什么关系，是大政府（large government）还是有为政府（activist government），他们毫无兴趣。凯恩斯经济学家们仅仅相信，预算赤字（budget deficit）必须要逆经济周期。经济衰退，赤字上升；经济繁荣，赤字下降。无论大政府还是小政府，政策的制定者们都可以一样完成任务。实际上，不少凯恩斯经济学家，比如马丁·费尔德斯坦（Martin Feldstein）和乔治·曼昆（Gregory Mankiw），他们就主张小政府（small government）。回到20世纪20年代，人们认为货币数量理论是激进的左翼，今天人们又说它保守。

宏观经济学争论中还是有一些政治理念的色彩。但是为什么经济学家自己常常会误解模型的内涵，也常会因此而错误地支持某个政策。比如，弗里德曼有一次和罗伯特·曼德尔（Robert Mundell）争论固定汇率好还是浮动汇率好。曼德尔是一位经济学家，他的理念促成了欧元的诞生。弗里德曼（自由派）反对固定汇率，原因也是标准的弗里德曼理念，认为任何政府的价格管控都是低效的。然而，弗里德曼本人却喜欢给货币供应定指标。基础微观经济学理论认为货币供应总量控制和价格管控一样低效，这和积极干预主义派的观点一样。我同意弗里德曼的观点，也认为固定汇率这个主意很糟，只是弗里德曼的论证太单薄了，在我看来，还是曼德尔赢了这场辩论。

还有一个流传甚广的说法：自由派更关心失业率，保守派更关心通胀。就算这个说法属实，这和现代宏观经济学的理论之争也不会有任何关系。保守派不相信自由派（凯恩斯们）的政策可以降低失业率。这个争论仅仅是技术之争，而非理念之争。

旁观这场理念之争，我认为宏观经济学的核心问题就是工资与价格黏性（price stickiness），需求冲击（demand shocks）主要用来解释经济周期。这也算典型的中偏左路线吧。但在其他方面，大多时候我的观点是中偏右。20 世纪 70 年代末，我在芝加哥大学拜师罗伯特·卢卡斯门下，那个时候正是理性预期革命如日中天的时候。我同样也是弗里德曼货币主义的忠实拥护者。我支持小政府，也支持基于规则的货币政策。我不喜欢凯恩斯经济学，也不太喜欢财政稳定政策。

20 世纪 70 年代卢卡斯建立了理性预期理论，看起来这套理论可能成为 2.0 版本的货币主义。可以想象卢卡斯的理性预期理论就要替代弗里德曼的适应性预期理论了。我还真希望这变成现实。我现在试着实现这一梦想，但它没能变成货币主义 2.0。理性预期革命带来了“新古典主义”经济学（new classical），偏离了传统货币主义理论。很多（不能说所有）新古典主义经济学研究，特别是其中凭实际经济周期理论（real-business-cycle theory）出名的一支，几乎抛弃了大部分工资和价格黏性假设。一开始，新古典主义经济学的经济周期模型依赖的是“货币误解”（monetary misperceptions）。他们认为，减少货币供应也会减少商品的名义需求。一开始，工厂主会错误地以为他们产品的需求已经下降了（他们不知道是货币需求下降了），他们的反映是立刻削减生产。

当实证并不支持货币误解观点时，许多中偏右派研究者们立刻转向实际经济周期理论（real-business-cycle theories），技术休克（technology shocks）是其重要观点。好多新古典经济学家试图用弹性价格（flexible prices）建立模型，根据这个模型，总需求冲击不会制造经济周期。确实，在 20 世纪 80 年代、90 年代，越来越多的人以为基于需求冲击的黏性工资模型（sticky wage models）是凯恩斯经济学理论，哪怕这些观点同样是货币主义理论模型中的重要组成部分。不过，对于年轻的右派经济学家们，货币主义只是陈年旧物。

新古典主义经济学犯了一个严重的错误，即高估了理性预期革命对于凯恩斯经济学理论声誉的破坏。卢卡斯的批评只是让凯恩斯模型在 20 世纪 60 年代看起来有点过时。实际上，凯恩斯经济学轻轻松松打赢了这场论战。新古典经济学否认了工资和价格假说，但又从来没有给出过关键证据。工资与价格假说是凯恩斯经济学、货币主义经济学，甚至实际古典主义经济学（actual classical economics）的理论基础，从休谟直到费雪，都绕不过工资与价格假说。

几乎每一个知名经济学家，从休谟、费雪、凯恩斯到弗里德曼，他们都相信工资和价格短期来看是黏性的，也因此相信需求冲击一定会影响经济，也有堆积如山的证据支持以上观点。然而，新古典经济学模型，几乎完全抛弃了这两个假说，或者说不再认为需求冲击在经济周期中扮演重要角色。

各位可能会看出我的偏见，但是考虑到我如此尊重卢卡斯，我希望比起其他实际经济周期理论的批评者们，我的偏见不至于那么严重。我认为，卢卡斯和其他的新古典经济学家们关于工资和价格黏性的观点都不对，他们还低估了工资和价格黏性对经济周期的重要性，但是他们错得不明显。学习传统计量经济学时，要准确“确认”货币冲击难如登天，也很难找到证据来证明这些冲击是影响经济周期的主要原因。卢卡斯自己也曾经很迷恋弗里德曼和施瓦茨写的《美国货币史》，书中详尽描写了美联储是如何引发了一轮轮经济繁荣与萧条，但是卢卡斯后来越来越怀疑，用复杂的技术研究“二战”后经济周期，根本找不出什么货币冲击产生影响的证据。稍后我会和大家解释，为何我认为这些研究有问题。

在我看来，工资和价格黏性不是中偏左派假设，某种程度上说他们甚至恰好相反。想想弗里德曼和施瓦茨写的《美国货币史》，最开始人们认为那是一本政治右倾的书。弗里德曼和施瓦茨在书中说得很清楚，大萧条的爆发并非源自“资本主义经济的固有不稳定性”，而是，大萧条就是美联储的无能造成的。大萧条的罪魁祸首是政府。今天，很多为货币史辩护的名人都是左派。当右派的经济学家们因为黏性工资与价格否认需求冲击时，中偏左派的经济学家们就会搬出《美国货币史》这本书来批评他们。

太讽刺了，要是凯恩斯经济学家和货币主义经济学家们都说错了大萧条的爆发原因，要是大萧条不是以黏性工资和价格为特征的需求冲击引发的话，资本主义就真有麻烦了。在那样的情况下，中偏左翼谴责资本主义，说资本主义具有不稳定性，还真说对了。那些主张国家计划、经济衰退时期政府要搞工作进步管理（works progress administration）再就业项目的，估计会更坚持自己的观点。然而，要是（如我所想的）工资和价格黏性真是问题所在，那么稳定的货币政策可以让这个自由资本主义世界更安全。

早些时候，我说弗里德曼赢了大部分战斗，却输了战争，原因是他选择了货币供应规则。也许他认为货币供应规则更“自由”，从而采取了权衡性货币政策（discretionary monetary policy）。如果他这么想，那可就错了。自由市场不会像它们设定固定价格一样随意设定任何相关商品数量的恒定增长率。实际上，没有人清楚政府制定的货币政策怎么看才会“更自由市场”。类似地，卢卡斯和他的追随者们，在预期模型、定义最优策略规则这些学界竞争上赢了一场又一场战斗的胜利，但是他们忽略了需求冲击对工资和价格黏性为特征的经济体的影响，反而输了最终的战役。

有人可能认为自由派总是胜出的一方，自由主义这个名字就是意识形态的天生赢家。如果禁令时髦，那禁令就是自由主义；如果禁令过时，那和禁令唱反戏的就是自由主义。自由贸易、言论自由、价格管控等，皆是如此。

宏观经济学中的凯恩斯主义就好比政治世界中的自由派，凯恩斯就是天生赢家的代名词。凯恩斯经济学吸收了弗里德曼的许多独到见解。弗里德曼重视费舍效应，认为货币政策优于财政政策，提出了自然率假说，凯恩斯经济学也都一并笑纳。20 世纪 70 年代末，他们开始消化卢卡斯的思想，取其精华（理性预期和系统政策规则）（ systematic policy rules），去其糟粕（工资和价格黏性不重要的观点）。约翰·泰勒（John Taylor）和斯坦利·费雪（Stanley Fischer）那样的凯恩斯经济学家，用黏性工资和价格建立了理性预期模型。和卢卡斯模型不一样的地方在于，这些新凯恩斯主义理性预期模型中，货币政策依旧能够发挥稳定经济的作用。

最终，新凯恩斯主义赢了。在制定政策的高层人物眼里，特别是央行眼里，只有新凯恩斯主义经济学理论派得上用场。但是，这不是什么各位以为的又一次意识形态的胜利。新凯恩斯经济学家们诸如泰勒、费尔德斯坦、曼昆，他们可能和卢卡斯一样，都与保守派（right of center）有距离。更令人吃惊的是，经济学中理论模型背后的政治理念之争，竟然完全没有外溢到政策领域，起码在 1983 年到 2008 年间，就是纯经济理论之争。这 25 年时间里，新凯恩斯主义经济学家和新古典经济学家们似乎都对美联储政策很满意。2% 的年通胀率受到了越来越广泛的支持，哪怕这两派经济学家对这个政策的原因理解也完全不同。既然一切顺利，两派都乐意为自己揽功。

不奇怪，这样的政策共识无法应对 2008 年的经济危机，这场危机最终暴露了两个学派观点上的巨大分歧。2008 年，两派都错失良机。要理解市场货币主义和其他学派思想的差异，我们要再加一个特征变量——市场。

效率市场与无人选择的路

如果真有多元宇宙，我怀疑其他绝大多数可选空间里，理性预期革命也会导向到不同方向。不用否认工资和价格黏性，也不用换成实际经济周期理论（real business-cycle approach），经济学家们要是给模型加进效率市场（efficient markets），就用弗里德曼的货币主义理论，就可以解决问题了。毕竟，卢卡斯的理性预期模型和尤金·法马（Eugene Fama）的效率市场假设（efficient market hypothesis）（EMH）非常相似，两个理论差不多同时被提出，还都出身芝加哥大学。

理性预期模型认为民众在公开可得信息基础上，对通胀率会做出最优预估。效率市场假设则认为资产价格反映了民众在公开可得信息基础上对未来现金流做出的最优预估。在我的职业生涯中，我越来越相信效率市场假设可以也应该在宏观经济学中挑大梁。在弗里德曼货币主义的基础上，效率市场假设可以在如下四个方面改进：

首先，通过研究大萧条，我发现弗里德曼和施瓦茨认错了好几轮货币冲击。我们觉得非常重要的美联储决策，最后结果却是既没有影响资产市场，也没有影响到整体经济。被他们忽略的货币冲击反而对资产价格产生了重大影响。他们的主要错误在于，低估了国际黄金市场的重要性，我相信股票市场的参与者都能深刻理解黄金市场的意义。

其次，弗里德曼和施瓦茨认错了货币冲击，他们也就无法将货币政策的变化和宏观经济整体变化（价格和产出）联系起来。这导致的结果是，由于“漫长又多样的滞后”，他们只关注一个问题，即货币政策影响了经济。尽管货币政策可能对价格和产出的影响会有些滞后，但货币对资产价格的影响也有些滞后，这么说就有点荒谬了。假设1928年货币紧缩政策导致1929年年底美国产出急剧下降，由于预期货币紧缩会带来经济衰退，那1928年股票就应该崩盘了。我发现，20世纪30年代的资产价格（股票和商品）都和更广泛的经济数据紧密关联（通胀和工业生产）。货币政策要么滞后地影响了通胀和工业生产，要么没有滞后地影响通胀和工业生产中任何一个。因为有效市场假设不考虑长期政策滞后对资产价格的影响，更有可能的是，通胀和工业生产都会立刻受到影响。我相信货币政策和整体经济之间没有各种漫长而多样的滞后。货币危机一旦被确认，就会立刻影响到经济。

再次，当我仔细研究这些最易识别的货币冲击记录时，上述猜想立刻得到了证实。最易识别的货币冲击有不少，比如1933年美国总统发布了美元贬值的行政令。这些案例里，价格和产出水平就立刻发生了变化，对货币政策作出了反应。月度工业生产和批发价格指数在美元贬值以后就开始价格飙升，美元贬值的消息随即对资产价格产生了重大的影响。

最后，弗里德曼主张固定的货币供应增长率为每年3%或者4%。但是有效市场假设则认为，最优货币政策应是市场认为最可能让政策目标变量达到目标增长的货币政策。简单起见，我们假设目标是每年2%的通胀率。然后，根据效率市场假设，美联储应该设定的货币政策目标就是市场预期可以达到的通胀率2%这个目标。只要市场认可该货币模型就是该经济体的真实经济模型，2%的通胀目标就意味着稳定的货币供应增长。实际上更有可能的是，货币供应增长率会上下波动，好抵消货币需求变化的影响。

有很多方法来测量市场的通胀预期值。一个办法是创造一个居民消费价格指数期货市场（futures market），另外一个是从通胀保值国债（TIPS）利差看投资者的未来通胀预期。无论选择哪种方式，我们都不再需要大型经济模型（这些大型经济模型试图预测政策将如何影响价格或产出），因为经济如此复杂，怎么可能靠一套方程就可以准确描述出来。新古典经济学家瞧不起早期的凯恩斯经济学家给经济建模的行径，他们自己的模型尽管避开了一些20世纪60年代凯恩斯主义犯下的最严重的错误，但他们也从未找到任何一种对制定政策目标有用的替代方案。

理性预期和效率市场假设革命在某些方面影响了我的世界观，我希望其他经济学家们也会同样关注这些方面。美联储应该以市场预期为目标，这个目标可能是通胀率，或名义GDP增长率。政策杠杆的位置就应该设在市场预期政策可以达到的位置。然而，经济学家几乎完全忽视了效率市场假设的理论意义和政策意义。经济大衰退爆发的时候，很多保守派经济学家还在预测量化宽松会引发高通胀，哪怕资产市场的预期完全相反。芝加哥学派经济学家都不把效率市场假说当回事，也就是市场货币主义学家才会认真看待。

总体来说，弗里德曼的货币主义理论和卢卡斯的理性预期理论，都对现代宏观经济学做出了巨大贡献。弗里德曼和卢卡斯的理论精华在很多方面塑造了我的世界观，其理论精华也被许多新凯恩斯经济学家学习并吸收。但是弗里德曼和卢卡斯的理论都犯了致命的错误，才让新凯恩斯主义经济学在学术和政策领域都占据了上风。因此，为什么我没有信奉新凯恩斯主义？接下来的三章，我们一起来看看主流经济学家们（包括新凯恩斯经济学家）是如何掉进“根据价格变化推理”的陷阱的。

第三部分

别根据价格变化推理

PATR 3

第十章
抢椅子游戏

本书开篇至今一直在说通胀。我们研究了如下问题：货币供需影响价格水平、意料外价格水平变化怎样影响就业率。现在我要告诉各位的是，通胀其实无关紧要，我们真正需要关注的是名义 GDP。

既然名义 GDP 如此重要，我为何要浪费各位这么多时间来讨论价格水平变化呢？为何不直接从名义 GDP 开讲？因为我们讨论过的所有理论，比起通胀，实际上都更适用于名义 GDP 增长。例如，比起通胀，货币数量理论更适用于名义 GDP。再说菲利普斯曲线，通胀率的意外下降常常导致失业率上升，但是名义 GDP 意外下降更可能导致失业率上升。

某种程度上说，比起我们不太熟悉的名义 GDP，用宏观经济学的基础知识解释我们比较熟悉的概念比如通胀，会更容易让人理解。以通胀为主线追溯宏观经济学的发展也更容易操作，因为大部分经济学家都关注通胀。还有，比起名义 GDP 的倒数，价格水平的倒数更符合“货币价值”的自然定义，虽然之后我们会发现名义 GDP 更有用。但是别担心：所有有关通胀的重要理论，都可以拿来用在 GDP 增长上。

通胀概念确实有一些严重的缺陷，现在是时候让我们关注一个更好用的名义总量指标了——名义 GDP。我在本章将会给各位展示：价格水平和名义 GDP 是如何联系到一起的，为何名义 GDP 是一个更有用的名义总量指标。最后我用听音乐抢椅子游戏模型结束本章内容，这个游戏可以帮助我们更好地理解大衰退。

AS-AD 模型表达了什么？

古典经济学无法解释大萧条时期的经济问题，总供给总需求模型（AS-AD model）应运而生，该模型最适合用来描述经济学家眼中的经济周期。但人们普遍误解了这个模型，某种程度上说，甚至经济学家们自己也没搞清该模型的真正内涵。回忆一下，尽管这个模型的名字有供给需求几个字，实际上这个模型和微观经济学中用来分析单个市场的供给需求模型没有任何关系。宏观经济学中的基本错误就源自 AS-AD 模型的误用，他们把 AS-AD 模型当成了一个普通的供需模型。

描述总需求曲线方法很多，可是很多经济学教材用的方法却极其复杂，以至于经济学专业的学生中，只有百分之一的人能真正理解。简单点的办法就是，我们将每一条特定的 AD 曲线看作给定水平的名义 GDP。名义 GDP 等于 $P \times Y$，所有变量都在 AS-AD 图的任一坐标轴上，AD 曲线变成直角双曲线（rectangular hyperbola），P 和 Y 的乘积为常数的一条线。因此，一条 AD 曲线代表总支出为 100 亿，另一条代表总支出为 150 亿，第三条代表总支出为 200 亿（图 10-1）。随着民众支出增加，AD 曲线向外移动；民众支出减少，

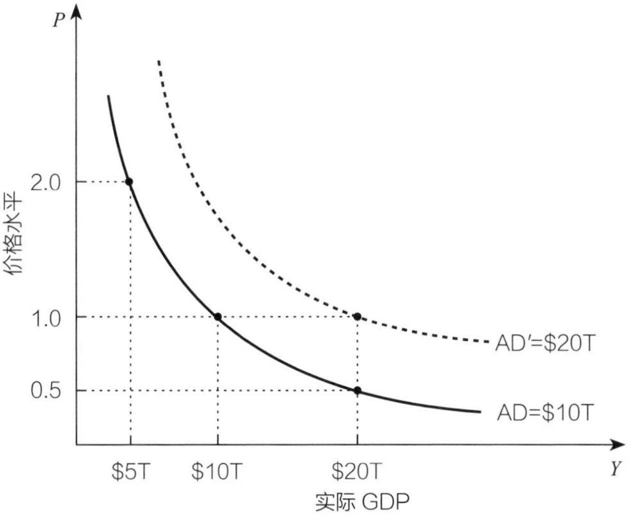

图 10-1　两条总需求曲线

AD 曲线向内移动。因为 $M \times V$ 等于 $P \times Y$，货币供应增加，货币流通速度加快，或者二者同时起作用，都会引起 AD 增加。

假设名义冲击（norminal shocks）长期内没有造成实际影响，则长期 AS 曲线基本是垂直的。因此，一个国家不可能靠多印钞票变富，印钞票只会让物价上涨（图 10–2）。

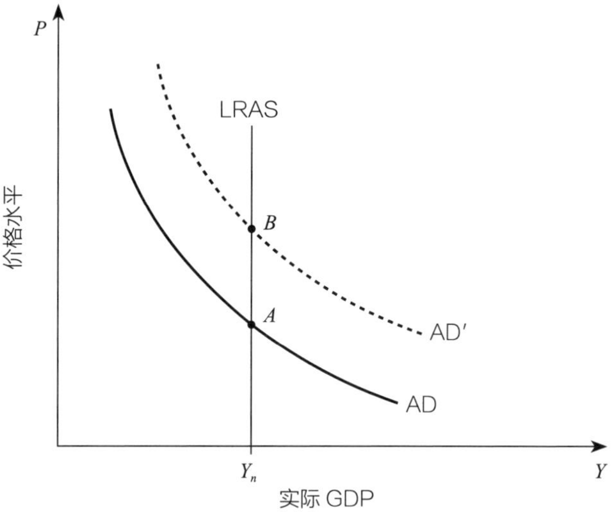

图 10–2　长期增加货币供给的影响

如果图 10–2 就是故事终点，那建 AS–AD 模型也就毫无意义。更具体地说，让我们理一理 AS–AD 模型评估的三个问题：长期实际 GDP（实际 GDP）增长、长期通胀、经济周期。图 10–2 展示的模型看起来很无趣，但它可以展示长期通胀水平。将长期 AS（LRAS）曲线向右偏移，各位也可以用它展示实际 GDP 增长。不过，这些都是小招数，其他模型更好用。所以，AS–AD 模型本就意不在此，创造它是为了解释类似大萧条这样的经济周期。要想解释经济周期，这个模型还要再加上一条短期 AS 曲线（SRAS），如图 10–3 所示。

SRAS 曲线是理解 AS–AD 模型的关键环节。有了 SRAS 曲线，这个模型开始变得有趣起来。为何 SRAS 曲线要画一根向上倾斜的线呢？和微观经济学不同，这条线不是经济学家们基于已知人类行为方式的基础上绘画出来的样子。相反，我们画一根向上倾斜的 SRAS 曲线，仅仅是因为真实世界里画

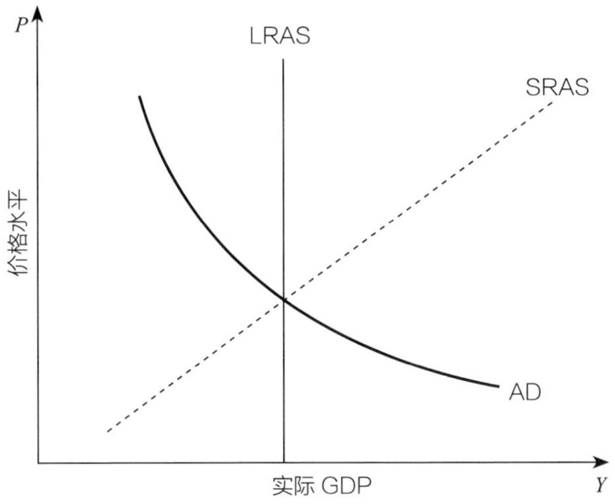

图 10-3　总供给需求模型

出来的短期总供给曲线看起来就是向上倾斜的。

一旦我们理解了名义冲击也会产生短期的实际影响，经济学家们就开始找原因解释 SRAS 曲线向上倾斜。迄今为止，人们用得最多的理由就是“黏性工资和价格”假说，或者是假设工资和价格对名义支出变化调整缓慢，意思是名义支出变化通常不仅仅影响价格（基本经济学原理会让各位这么想），还会影响实际产出，至少一段时间内如此。

有时候人们更喜欢把垂直的 AS 曲线加上完全工资和弹性价格的组合称为“古典模型”（classical model）。这是因为，垂直的 AS 曲线背后的基本经济学原理历史悠久。可另一个意义上说，这对实际的古典经济学家来说是有害的。正如我们已经看到的，甚至连大卫・休谟都明白黏性物价的 AS-AD 模型背后的基本经济学原理。

融合了名义 GDP 冲击的 AS-AD 模型，比依赖通胀的菲利普斯曲线要更优越，要理解为什么，我们还需要简短回顾和反思经济学中的常见谬误。

别根据价格变化推理

我教本科生和工商管理硕士生“经济学入门”这门课有三十多年。每次讲完供需理论，我就会提问下列问题，看看学生们掌握了多少。

假设你们走到影院可以观察到，电影票 6 美元一张的时候看电影的人数和电影票 10 美元一张的时候看电影的人数。你们发现，平均下来，6 美元一张的时候 40 人看电影，10 美元一张的时候 120 人看电影。你们觉得这个结果符合供需规律吗？为什么？

这个临时的现场测试数据如图 10–4 所示。

大多时候，这个问题提出之后，现场鸦雀无声。偶尔，个别学生会知道答案。正确的回答是，这个实地考察的结果完全符合供需规律，其他组均衡点（equilibrium points）也是如此。但大部分学生就是不知道，为什么呢？

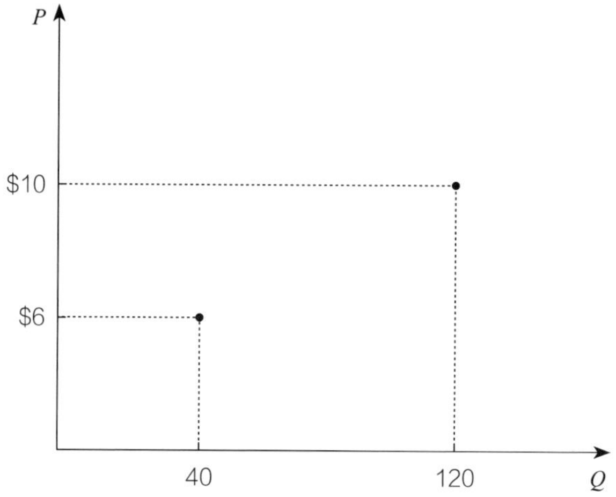

图 10-4　电影院模型

再简化一些来看，我指出，6 美元的票价可能是下午场，下午看电影的人少，需求低，而 10 美元的票价可能是晚场，晚上看电影的人多，需求高。有些学生会反驳，说我没有保证其他条件相同。不过这个反驳没意义，因为我们本来就是在比较两个均衡点，如果 P 和 Q 变了，其他条件也明显不能保证相同。只要价格和数量变了，供需必有一方会变化，甚至供需都会变化。

这才是问题。当我们观察这两个数据点时，学生们下意识地就要它们沿着需求曲线排列，就像图 10–5 所示的那样。问题是，看起来好像是电影院的实地考察发现了这条向上倾斜的需求曲线，实际上是两个点位于给定的供应曲线上，变化的是需求曲线。我举的例子不是什么难解的题目或者吊诡的悖论，这个事非常直白，就是我们直接应用供需理论的样子。

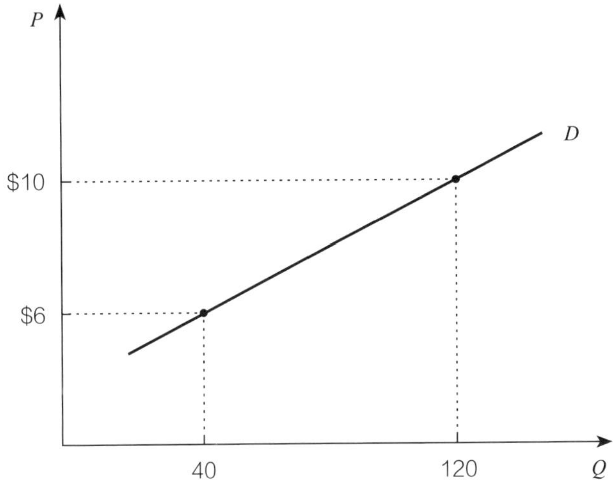

图 10-5　错误解读两个数据点

大家都懂，要是一场飓风干掉了佛罗里达州 90% 的橙子，橙子的价格必涨。这就是一个例子。一旦供应曲线变了，均衡沿着给定的需求曲线就会变动。电影院实验问题把学生们搞糊涂了，学生们模糊地以为价格变化是供应变化导致的，所以应该只沿着给定的需求曲线变化，要是价格涨了（他们推导的错误结果），可以预测到顾客会减少购买。供需模型预测绝对不是这样的。消费者最后是买的多还是买的少，只取决于是供应变化导致了价格变化，还是需求变化导致了价格变化。

20 世纪 70 年代爆发了两次大型石油危机：1973—1974 年一次，1979—1980 年又一次。中东的政治因素让全球的石油需求曲线向左移动。这两次石油危机中，油价暴涨，石油消费却跌了。2006 年到 2008 年，油价又一次狂涨，可微妙的是，这一次石油消费不但没有跌，反而一直在涨。专家写文章暗示油价那么高却不影响石油消费上涨，这事多少违背了供需法则，这是他们没有看清问题本质。

2006 年到 2008 年的石油危机和 20 世纪 70 年代的两次石油危机根本不

是一回事。20 世纪 70 年代，全球的石油需求暴涨，一部分原因是类似中国这样的发展中国家石油需求快速上涨，产油国不可能一夜间就提高石油产量（水力压裂采油技术刚出来），所以是全球的石油需求加大导致油价暴涨的（一直到 2008 年下半年经济衰退加剧油价才开始回落）。

最起码不能这样说，“x 的价格涨了（跌了），因此我们可以等着 x 的均衡量也会涨（或跌）”。我把对这种基本供需模型的误用叫作“根据价格变化推论”。2009 年后，这个词在一些记者、博主中流行起来。我用这个术语作为本书第三部分标题，因为我发现，现代宏观经济学的大部分问题基本都源于对这种供需模型的误用。

这章会重点讲解人们根据价格水平推论时所犯的错误。下一章我会讲解人们犯的更严重的错误，即根据利率变化推导。第十二章，我会讲到根据汇率变化会推论出毫无必要的国家冲突。在前一本书中，我认为根据价格变化推导是大萧条爆发的主要原因，这本书中我们再看看大衰退中它是如何阴魂不散让人们重蹈覆辙的。

我要声明，很多经济学家也意识到了这个问题，毕竟，这讲的可是经济学的基本供需模型内涵。事实上，这个谬论和另外一个问题也紧密关联，经济学家称之为识别问题（identification problem）。识别问题反映了一个现象，即仅仅依靠观察真实世界的均衡价格（equilibrium price）和数量点来确认供需模型形状，困难极大。

公众把均衡点和供应点或（更普遍）需求点混为一谈，常常是经济学家们喜欢说的笑料。各位可能也已经见过这样的时间序列图，即横轴为 2020 年到 2050 年的数据，还有一条向上倾斜的线代表“石油需求”预测。经济学家们觉得这种图很搞笑，因为它的名字也可以是“石油供应”。这些图展示的其实是石油的均衡数量（equilibrium quantity）。还有一个听起来有点傻乎乎的例子。新闻报道常会说，“石油价格今日大幅下跌，华尔街惊现抛售潮”。他们如果说“股价大幅下跌，华尔街惊现买入潮”，其实也一样，毕竟，一天股票的买入和卖出数量完全对等。

但是，经济学家可不能因此就自命不凡。我自己也时不时犯这个错误，那些比我更厉害的、名气更大的经济学家也一样。看看下面这个例子，这可是拿了诺贝尔奖的罗伯特·席勒（Robert Shiller）。

很多国家利率已经变成负数了，但那个时候通胀却纹丝不动，海外经济陷入困境。

然而，负利率并没有激发投资，罗伯特·席勒对此也很困惑，不知道原因何在。

"如果我可以负利率借钱，我应该会用这个钱去干点什么吧。"他对英国的《货币周刊》记者说，"政府应该去借钱啊，多借点，去投资任何可以产生收益的东西。"

然而，"没有，大家都坐着不动，"席勒接着说，"没有国家那么做……甚至公司，大家可能在想，应该会投资啊，干劲十足才对啊。但是没有，肯定有什么地方出了问题。"

是啊，出什么问题了呢？

"我也说不清到底哪里出了问题。这简直是时代难题。"他说。

实际上，这里没什么好神秘的。有什么好吃惊的，低投资和低利率同时发生，这是常态。

席勒犯了两个错误。一个是，他根据价格变化做推论。有时候这么做问题不大，因为背景信息足够明显，人们可以看出哪条曲线变了，也因为这个信息已经隐含在提供的分析内容里了。另一个是，这个例子中席勒也搞错了基本的历史事实。一般来说，投资就是利率低的时候低，利率高的时候高。原因很简单：投资计划（各位可以看作是信用需求）就是不如储蓄计划（各位可以看作是信用供应）稳定。经济衰退期，利率低，投资低；经济繁荣期，利率高，投资高。席勒问的问题压根儿不是什么"时代难题"，甚至根本不是难题，就是简单的供需入门知识。

我拿席勒挑刺，并不是说就他一人犯了这个错误，大家会发现很多其他顶级的经济学家也犯了类似的糊涂。确实如此，这个问题在宏观经济学要比微观经济学更严重。优秀的微观经济学家会很快判断是供应变化问题，还是需求变化问题。大部分微观经济学家都很聪明，知道石油产量上升，并不一定和石油价格上涨有关，但那些宏观经济学家们总是认为，总产出和就业增加了，那自然工资与价格也会上涨。

菲利普斯曲线，根据价格变化推理

早些时候我指出，AS–AD 模型与微观经济学中的简单供需模型完全不同。不过这两个模型还是有一个相似之处：二者都容易受到价格变化的影响。确实，人们认为整个经济周期的菲利普斯曲线理论就是基于价格变化的推理。回想一下，菲利普斯曲线预测通货膨胀上涨与失业率降低关联。这意味着经济繁荣时会发生高通胀，同时经济繁荣时期产出也很高。这可能是真的，但前提是经济受到的是需求冲击的打击，并且经济沿着相对稳定的SRAS曲线移动，如图 10–6 所示。

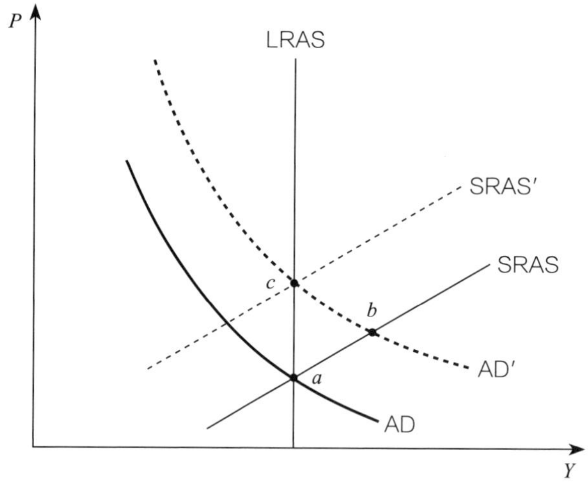

图 10–6　总需求上涨带来的短期和长期影响

从 *a* 到 *c* 点的过渡期内，价格会同时上涨，产出会超过自然率，这意味着失业率也有可能比自然率低。相反，如果发生了供应冲击（supply shocks），更高的通胀率可能关联的是产出下降、失业率升高，如我们 1974 年和 1980 年经历的一样（图 10-7）。

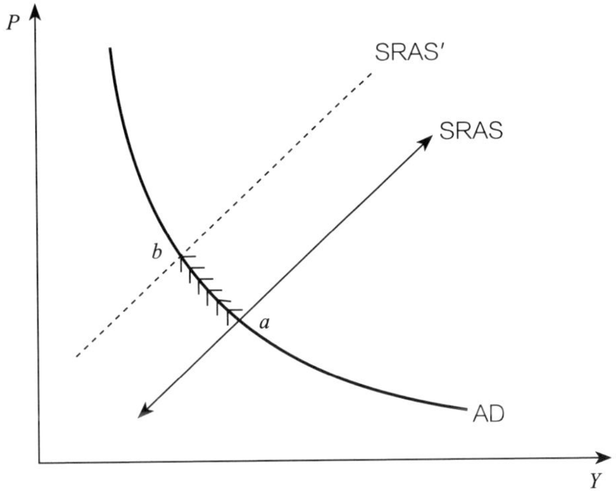

图 10-7　总供应下降带来的短期影响

但是大家认为货币政策可以阻止需求危机的发生。所以，菲利普斯曲线是一个货币政策失效的时候才好用的预测模型，即总需求不稳定的时候运用最合适。所以，想一想，美联储主席竟然依靠菲利普斯曲线来预测通胀，这有多奇怪。公道点说，现代凯恩斯经济学家们其实已经理解了供应冲击问题，但是他们想把供应冲击融入菲利普斯曲线模型，这个尝试并不完全成功，这个模型会继续给大家发送假通胀预警。

事实上，原始的菲利普斯曲线仅仅在极其有限的条件下管用：需求冲击必须远比供应冲击重要、预期通胀率必须稳定、失业的自然率也必须非常稳定。菲利普斯研究的时候，三个条件恰好都满足了。发现菲利普斯曲线之后，这三个条件每一个都满足。美国此后经历了好几次严重的供应冲击，特别是 20 世纪 70 年代。1982 年之后，供应冲击没那么重要了，但美联储也降低了总需求的波动幅度。更糟糕的是，20 世纪 60 年代到 20 世纪 80 年代，预期通胀率也不稳定。最后，自然失业率在 20 世纪 70 年代到 20 世纪 80 年代上升，20 世纪 90 年代下降，2000 年后到 2010 年又下降。结果就是，1984

年后美国通胀率和失业率之间几乎没有太大关联，如图 10-8 所示。

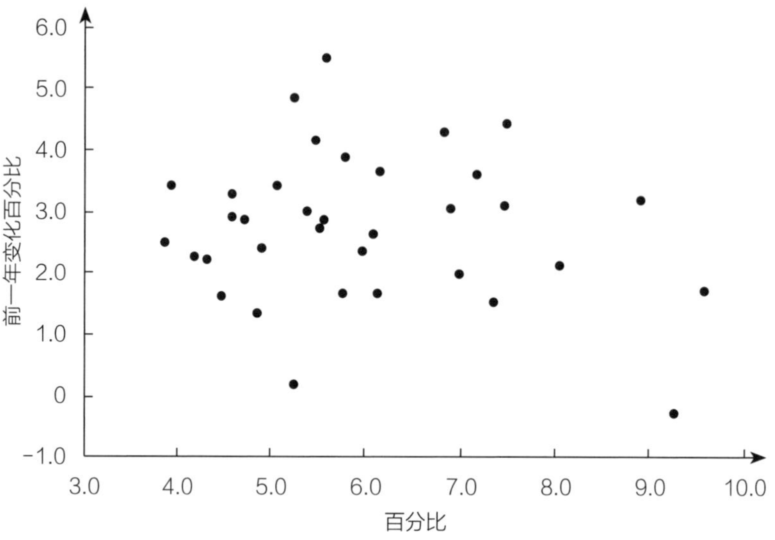

图 10-8　1984 年后的菲利普斯曲线

相比之下，1983 年以后的中国香港满足了产生向下倾斜的菲利普斯曲线所需的所有条件：自由放任的经济政策、稳定的自然失业率、稳定的预期通胀率。因为港币挂钩美元，再加上美国当时的通胀率很稳定，所以当时中国香港的预期通胀率也一直保持稳定。但中国香港的实际通胀率并不稳定，因为汇率经常大幅波动，特别是 1997 年到 1998 年重大经济危机时期。因为中国香港满足了菲利普斯曲线稳定所需条件，所以中国香港的通胀率和失业率之间关联性很大，如图 10-9 所示。

很多凯恩斯经济学家都很痴迷菲利普斯曲线模型。一些保守的经济学家则怀有疑虑。事实是，菲利普斯曲线是一个非常特殊的模型，仅适合于特殊条件下使用。当所有必须条件均满足时，菲利普斯曲线非常好用，但要是条件不满足时，就没有作用了。我认为我本人算是怀疑派，不是说这个模型没效果，而是我们还有更好的选择。

菲利普斯曲线的最大问题是，它把通胀率当成了名义冲击的标志。所以，高通胀代表需求强劲，低通胀暗示需求疲软。在我看来，与其把通胀当成总需求的标志，不如把总需求当作总需求的指标。测量总支出的名义 GDP

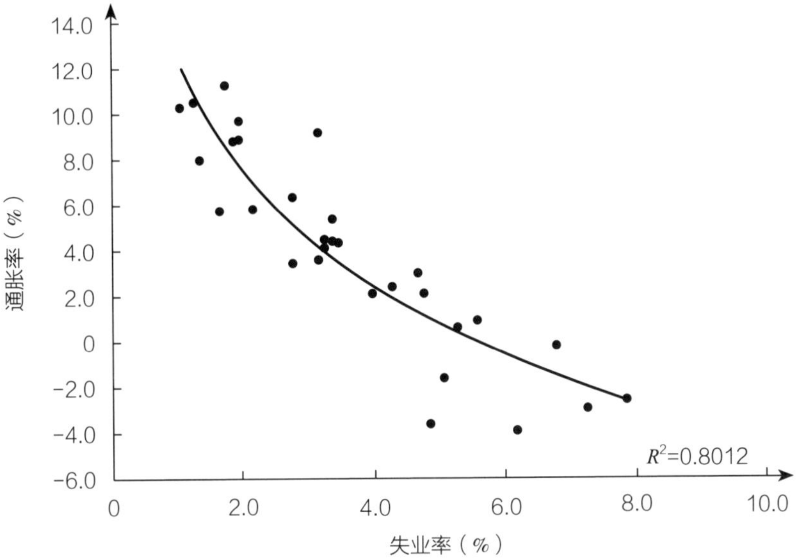

图 10-9　1982—2014 年中国香港菲利普斯曲线

来源：Trading Economics。

才是人们所说的总需求。20 世纪 80 年代，我完成了一段智力之旅，从一名痴迷通胀的经济学家变成一名热爱名义 GDP 的经济学家。

菲利普斯曲线和实际工资周期

最早我的研究（20 世纪 80 年代）集中在两次世界大战中间那段时间，也就是 1919 到 1939 年。我注意到，1920—1921 年、1929—1933 年、1937—1938 年这三个时间段，都发生了剧烈的经济收缩，这三次收缩都和价格下跌、实际工资上涨有关。这些事实看起来似乎支持了经济周期的"黏性工资"理论，经济周期算起来也有几百年历史了。基本思想是价格下跌加上黏性名义工资引起这三个时间段里的实际工资剧烈上涨，而高工资又导致企业裁员，进而导致产出下降和大规模大量失业。

如果黏性工资理论是正确的，那实际工资就是逆周期的，衰退时期工资上涨，繁荣时期工资下跌。事实上，某种程度上说，黏性工资理论认为正是有了逆周期工资，才有了经济周期。在价格下跌时期，比如1929年到1933年，实际工资确实增加了。结果是，企业不能再以同样的名义工资雇佣工人，并从中获利。经济通缩时期，工人们大量下岗，失业率急剧上升。

值得注意的是，自由派和保守派都误解了这个经济周期的黏性工资模型。保守派将劳动力看成问题，认为即使生活成本下降，工人们也拒绝减薪以保住工作。自由派则将黏性工资模型看作“受害者有罪”，青睐类似黏性价格模型的其他替代理论。

但是他们都错了。责怪工人不肯接受降工资，将大范围失业归咎于他们，和把坠机归咎于地球重力又有何差别？黏性工资不过是我们世界的一部分，没有哪个个体有本事解决这个问题。即便个别工人愿意降工资，如果其他工人不愿意降工资，这家公司还是得关门倒闭。一家公司，不会为了哪个工人还特意留着工厂开工，不管这个工人的工资要求有多低。这就是经济学家们说的以偏概全的逻辑谬论（fallacy of composition），即以为适用于总体层面的真理也适用于个人层面的错误观念。

但是，我反对将黏性工资的问题归咎于工人不合作，还有更根本的原因。债券市场同样存在类似问题，程度甚至比劳动力市场严重。纽约债券市场的“宇宙巨人”（masters of the universe）表现出的货币幻觉，那种自以为宇宙全能的膨胀，和普通工人比起来更恶劣、更糟糕。绝大多数债券和其他的借贷合同可没有和通胀挂钩，这意味着意外通货紧缩增加了偿还这些贷款的实际负担。这可不是几年时间的名义黏性（类似劳动力市场），名义债券可是有30年或者更长时间为期的到期偿还。工资、价格、名义债务黏性，都是我们生活的这个世界的一部分，所以货币政策制定者在制定政策的时候，必须考虑这些情况。可一些保守的经济学家似乎不愿面对这个现实。

20世纪80年代，我发现开始有研究对经济周期黏性工资模型提出质疑。这些相关研究都着眼于最近（“二战”后）的经济数据，结果没有找到任何支持逆周期实际工资（countercyclical real wages）的证据。有些人甚至发现了20世纪70年代的顺周期实际工资（procyclical real wages）。可我的研究却是，两次世界大战期间都出现了实际工资强逆周期，这些研究实在让我困惑。

我很快发现，实际工资的周期属性取决于经济冲击的类型。当出现负面需求冲击时，价格通胀（price inflation）比工资通胀（wage inflation）降得更快，结果就是实际工资开始上涨，这和黏性工资模型预测的一样。当出现负面供应冲击时，通胀会比名义工资涨得更快，结果就是实际工资下降。但是负面的供应冲击还增加了失业率。这意味着产出下降的时候，实际工资也在下降，但这不符合黏性工资模型（sticky-wage model）的标准解释，黏性工资模型预测的是逆周期实际工资。

我和我的同事史蒂芬·西弗（Stephen Silver）就这个问题做了一些实证研究。我们将通胀率和失业率成反比的年份标记为“需求冲击年份”（和菲利普斯曲线预测的一样），再将通胀率和失业率成正比的年份标记为“供应冲击年份”（即 1974 年和 1980 年）。我们发现，实际工资水平在供应冲击年份，表现出很强的顺应周期属性，而在需求危机年份，则表现出很强的逆周期属性。因此，只有当经济受到需求冲击的影响时，简单黏性工资模型才可以很好地拟合数据，但当经济被供应冲击破坏时，简单黏性工资模型和数据就会相去甚远。

这项研究让我们越来越怀疑价格水平当名义冲击指标的可靠性。总供给下降导致价格上涨，其含义与总需求增加导致的价格上涨含义差别很大。当 AD 增加时，名义 GDP 上涨。扩张是持续上涨的需求，而非持续上涨的价格。再说一次，永远不要根据价格变化来推理。价格上涨时，大家不知道哪条曲线变化了。但是如果是名义 GDP 上涨，大家就知道是 AD 增加了。

从价格水平到名义 GDP

研究实际工资周期性，让我意识到我需要以新的视角来看待宏观经济学。我开始将名义 GDP 视作关键的名义指标，而将通胀率视为容易被误用的附属。一旦各位以这样的方式看待世界，就会发现越来越多的理由支持名义 GDP 而不是价格水平。在我们深入研究名义 GDP 之前，先看看为什么大多数经济学家更看重通胀，而不是名义 GDP。

大多数经济学家都把名义 GDP 增长率看作两个性质完全不同的变量的相加：实际 GDP 增长和通胀。它们对普通宏观经济学家来说，都是很重要的变量。实际 GDP 增长决定了就业和生活水平，而通胀仅仅会给经济增加“成本”。那通胀的成本是什么？

令人吃惊的是，经济学家并不担心 99% 的民众在听到通胀这个词时会担心的事情：“生活成本”上涨。经济学家用“循环流程图（circular flow diagram）”解释通胀，这个指标告诉我们价格更高，收入更高，因此通胀通常不会让大家变穷，起码不是简单生活成本意义上变穷。相反，经济学家们更在意以下这些隐性的成本。

通胀率上升会带来针对资本的超额征税。随着通胀率的上升，资本的名义回报率（nominal return on capital）也会上升，但税收通常没有指数化，人们实际上也付了更多的利息税、更多的分红税、更多的资本收益税。这减少了人们的储蓄和投资，令经济更加疲弱。我认为这是迄今为止通胀带来的最大成本。

“鞋底成本”。鞋底成本指的是通胀就像对现金余额征税。高通胀时期，人们会更频繁地使用自动取款机取款，这样任何时候手持现金余额才不会太多，以此来节约现金使用的成本。现金和其他货币没什么区别。征收货币税会让人们减少持有的实际现金余额，所以对货币征税效率低下。唯一有效的税收是那些我们希望减少生产的东西，比如污染。

菜单成本。高通胀时，菜单和目录册的价格会更频繁地修改。

借方-贷方财富再分配：当通胀超过预期时，财富就会从贷方向借方转移；当通胀低于预期时，财富又会从借方向贷方转移。如果通胀远低于预期，金融危机可能因此爆发。

以上列出的三类情形中，包括非常重要的资本税，对于通胀的福利成本而言，名义 GDP 实际上是比通胀更好的代理人。至于菜单成本，简直就是左右手互搏。

前面两种通胀成本反映了一个事实：更高的通胀成本会导致更高的名义利

率。确实如此，但在很多情况下，名义 GDP 增长和名义利率的相关性要比通胀本身更好。名义利率由两个部分组成：实际利率和通胀率。由于实际利率和实际 GDP 增长率有关，通胀显然和自身百分百关联，名义 GDP 增长率实际上和名义利率紧密关联。因此，在一个通胀率 2%、实际 GDP 增长率 3% 的经济体中，各位可能预期名义利率为 5% 左右，其中包括了 3% 的实际利率和 2% 的预期通胀率。

如果各位担心过度资本税或者鞋底成本，那么各位真正担心的是名义资本回报率过高。控制名义资本回报率的最佳策略是稳定名义 GDP 增长，而不是通胀。

至于菜单成本，各位可能想，要避免价格变化的菜单成本，最好的办法不就是控制通胀吗？然而，政府的各种价格指数并未给出菜单上价格（产品出厂价格）的平均变化，价格指数反映的是质性变化调整（adjusted for changes in quality）后的价格变化方向或趋势。不止如此，还有其他问题。如果石油价格涨得过快，超出其他商品价格，通胀目标会强制非石油产品降价。相比之下，名义 GDP 目标下，总体的石油支出上涨，不会比石油价格上涨得更快，这意味着各位无须强制其他非石油产品降价。还有，名义 GDP 目标还可能减少重新商讨名义工资合同的需要，这也是一种菜单成本（指的是员工工资也是菜单价格中的一项，不用商讨了，也就是节省了其中成本）。这并不是说从菜单成本节约角度考虑，名义 GDP 目标更好，而是说通胀和名义 GDP 的各自相对优势均不明朗。

最后，在平衡贷款人和借款人利益方面，名义 GDP 要比通胀的稳定性更好，这样两方承担的风险基本对等。乔治·塞尔金（George Selgin）认为，即便意外的通胀上涨让借款人还钱更轻松，意外的实际 GDP 增长也一样。相反，名义 GDP 代表经济总收入。各位可以把名义 GDP 看作个人、企业、政府可用于偿还名义债务的总资源。伊万·凯尼格（Evan Koenig）和凯文·谢迪（Kevin Sheedy）的研究证实了凯尼格的观点。如果各位稳住名义 GDP 增长，那么你就要减少债务危机（debt crisis）发生的频次，而债务危机往往由名义 GDP 急剧下跌引发。

因此，名义 GDP 增长可不仅仅是实际增长和通胀的相加之和那么简单，名义 GDP 才是“真东西”。对于宏观经济学来说，最重要的变量是名义 GDP。名义 GDP 驱动了经济周期（特别是失业），还有偶尔爆发的财务困境。比起通胀本身，名义 GDP 能够更好地衡量通胀的福利成本（welfare costs of inflation）。但是，整个宏观经济学甚至都没有一个词来表达这个概念。理想情况下，我们会用“通货膨胀”和“通货紧缩”这两个术语，但是这两个术语都已经被征用了，所以我们被迫使用“名义 GDP 增长”（rising nominal GDP）和“名义 GDP 下降”（falling nominal GDP）这类笨拙的术语。

各位可能在想，为什么我们不说 GDP，而要说名义 GDP 呢？毕竟，人们谈论利率、房价或者年薪时，他们肯定不会说“名义利率”“我的名义房价”，或者“我的名义工资”。不幸的是，宏观经济学家简单地说“GDP”，大家默认他们说的其实就是实际 GDP。还要注意，（正确测量的）GDP 正好等于 GDI 国内收入总值（gross domestic income）。所以，我们只是指绝对理想世界里的收入增加和收入降低。向民众解释美联储支持国民收入稳定增长 4%，比向民众解释美联储支持名义 GDP 稳定增长 4% 容易多了。

黏性工资和抢椅子模型

我们可以把价格水平换成名义 GDP，这样黏性工资模型就会好很多。因此，实际工资不再是工资和价格的比率（W/P）：现在我们只看工资和名义 GDP 的比率即可，即平均名义小时工资和名义 GDP 总额的比例。图 10–10 比较了大衰退时期工资和名义 GDP 的比率，以及失业率。失业率从 2007 年的 4.5% 左右，上升到了 2009 年 10 月 10.0% 的峰值。为什么失业率会在这段时间上升如此之快？为什么劳动力市场后来能从本次危机中恢复？

另一条线代表了名义小时工资和名义 GDP（人均）的比率。由于小时工资增长在一段时期内趋于稳定（因为黏性工资），该变量的几乎所有变化都来自人均名义 GDP 的波动，后者是工资与名义 GDP 比率的分母。事实上，这主要是由于名义 GDP，因为每年的人口增长非常稳定。2008 年到 2009 年，工资与名义 GDP 的比率大幅上涨，这是因为名义 GDP 增长率下跌了 8% 以上，从平时的 5%（大衰退前）降到负 3% 以下。因为名义 GDP 是工资和名

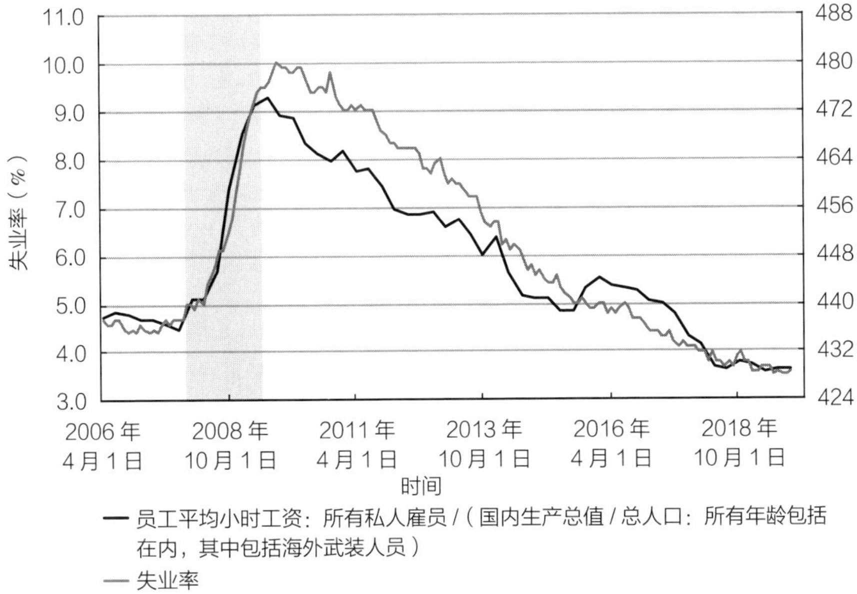

图 10-10　失业率和工资人均名义 GDP 比

注：灰色条纹区域代表衰退期。

来源：FRED，via Bureau of labor Statistics。

义 GDP 比率的分母，所以名义 GDP 增长的剧烈下跌，使得比值上涨得更猛，这进而增加了失业率。

大衰退爆发几年后，名义 GDP 开始以每年 4% 的速度增长。工资增长速度温和放缓，从衰退前的大约 3.5% 到衰退后的 2%，劳动力市场这才得以逐渐复苏，尽管如果名义 GDP 能增长更快一些（或工资增长再慢些），经济复苏还可以再快一些。

在我来看，宏观经济学家们总是喜欢建立一些过于复杂的经济周期模型。模型背后的原理其实可以非常简单。货币政策驱动名义 GDP 增长（$M \times V$），名义 GDP 推动就业。我喜欢用抢椅子游戏来比喻这个过程。回忆一下抢椅子游戏，每次抢完一轮，一些椅子就给搬走了，椅子越来越少，总有一些玩家没椅子坐，最后只能坐在地板上。

以此类推，名义 GDP 代表企业必须付给工人的资金。如果名义 GDP 增长意外放缓，按照预期名义 GDP 增长时候签订的合同，企业可以按照合同约定的名义小时工资少雇佣一些工人。企业减少雇人，失业率上升。可经济要想复苏，我们需要名义 GDP 增长更快，还需要工资需求更节制。通胀变量就是多余的，它对这个模型没有任何助益。

要是我们早知道宏观经济学模型只需要名义 GDP，而不是通胀的话，名义 GDP 一定会被放在 AS-AD 模型的纵坐标轴上。因为真正重要的不是名义 GDP 增长到底是高还是低，而是名义 GDP 增长是高于预期还是低于预期（和菲利普斯曲线一样）。这样的话，我们在纵坐标轴上再加上预期外 GDP 增长，这个模型还可以更简单（图 10-11）。这个简单而优雅的曲线，有时候被称为卢卡斯供给曲线（lucas supply curve）。

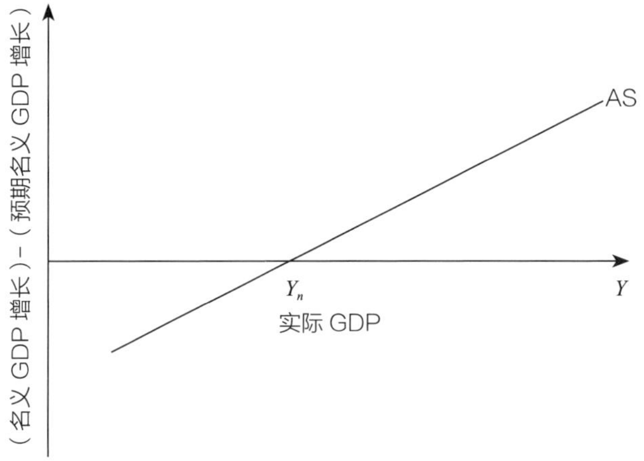

图 10-11　卢卡斯供给曲线

请注意，图 10-11 中的 Y_n 就是自然产出率，这是名义工资适应预期外的名义 GDP 变化调整后的长期均衡点。更妙的是，我们可以用横坐标轴上的工作总时长（total hours worked）代替实际 GDP。毕竟，要降低你模型中的通胀率，为何不将实际 GDP 一起降低？名义 GDP 冲击会导致工作时长围绕着自然就业率的值上下波动。

如此就得到了一个非常简单的模型。更传统的菲利普斯曲线类模型太容易受到“根据价格变化推理”的影响，这个模型好多了。在本书的后半部分，我要分析大衰退，这个框架可是重要依据。

第十一章
何为货币政策？

如果你们经常听新闻，也许会发现所有经济学问题中，人们讨论最多的就是货币政策。媒体上满是权威人士指点江山，说货币过紧或是过松。大多数经济学家对货币政策总有一套自己的观点，和记者、商人、政客一样。但是，有一点你或许不知道：货币政策到底是什么，人们似乎并不太清楚。甚至很多经济学家自己也不清楚，更糟糕的是——经济学家不知道自己其实不知道何为货币政策。

大家都在说货币宽松、货币紧缩，你们可能会想，这些词的定义应该非常清晰——可能不是大家普遍理解的意思。至少在那些有博士学位的经济学家眼里，这些词的意思并不是那么语义明确、毫无异议。正如我们很快会看到的，很多大众引用的术语不说毫无用处，也是极具误导性。真正最有用的定义，只有少数经济学家在用。

利率可能是货币政策评估中最普遍引用的指标，也是最无用的指标。在大众媒体，甚至许多经济学家看来，高利率代表货币紧缩，而低利率代表货币宽松。

这个定义实在太具有误导性了，以至于最近出现了一个新的经济学学派，观点完全相反。“新费雪”派（Neo-Fisherians）宣称，低利率代表货币紧缩，高利率代表货币宽松。

新费雪指的是费雪效应——预期通胀上涨常常和名义利率上涨关联。事实是费雪效应只是货币政策影响利率的四种方法之一。货币和通胀之间复杂的相互关系，很大程度上也解释了为何货币宽松和货币紧缩这两个术语如此困扰大家。我曾经和我的学生们开玩笑说，要是有人问你们，“扩张的货币政策会提高利率还是降低利率？”你们怎么回答？学生们的答案只有一个字：会。

我们要搞清楚的第一件事情就是，货币政策是如何影响利率的，然后才能回答这个问题：什么是货币政策。这个问题就没有明确答案。我是个实干派，稍后我会论证对于货币政策立场而言，我认为最有用的定义。

弹性价格世界中的货币和利率

货币影响利率主要有四个渠道：流动效应、价格水平效应、收入效应、费雪效应。为了简化这个工作，我们先假设一个世界模型。长期来看，价格确实是弹性的（价格水平效应和费雪效应），我们再看看短期效应。

要检验价格水平效应，让我们再复习一下第三章中提到的货币供需图（图 11–1）。回忆一下，要是价格是弹性的，货币供应加倍的话，价格水平也会加倍，因为货币价值会立刻贬值一半。换一张图（图 11–2），纵坐标轴为名义利率，这个思想实验看起来会是什么样子？再简单些，我们继续假设，

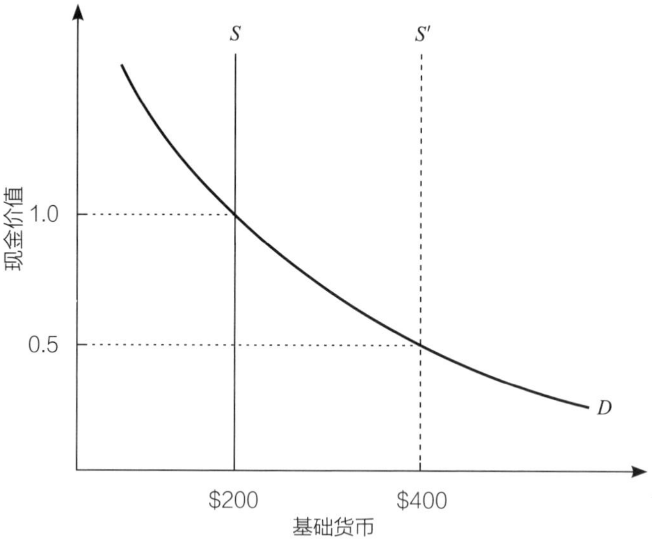

图 11–1　法定货币供给需求

货币等于现金，而现金不产生利息。在这样的情况下，名义利率就等同于持有现金的机会成本，因此货币（现金）需求会立刻向右侧倾斜。但请注意，图 11–2 中现金需求下滑的原因和图 11–1 中现金需求下滑的原因完全不一样。现在的问题只是现金持有的机会成本了。当你们决定持有现金时，你们就相当于放弃了持有其他资产可能带来的名义利率收益（一个不变的前提是，货币供给是美联储决定的一条垂直直线）。

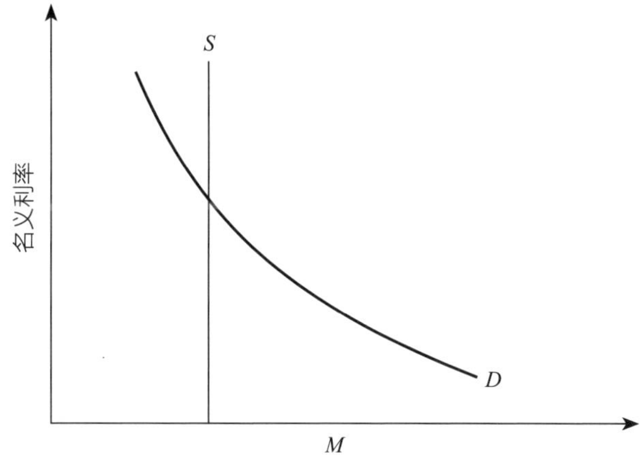

图 11–2　作为利率的函数的货币供给与需求

如果货币供应翻倍，你们可能会认为利率应该会立刻下降。乍一看，二者的关系就是图 11–2 中显示的那样。如果价格真的有弹性，翻倍的货币供应也应该会导致货币需求翻倍才对（图 11–3）。这是因为现在的价格也变成注入货币之前的两倍了（根据价格弹性假设）。因此，无论利率多少，人们都应该希望携带两倍的现金才对。货币需求曲线应该会立刻向右移动，幅度和货币供给曲线的右移幅度应该是一样的，利率还是维持不变。

真是这样的吗？是的，是这样的。因为完全价格弹性下，货币供应只会发生一种变化：货币改革。当墨西哥政府用 1000 旧比索代[①]替 1 新比索，货币供给顷刻之间跌了 99.9%。通常情况下，这种事情会立刻引发经济衰退，

① 截至 2024 年 5 月 23 日，1 比索约等于 0.4347 元人民币。——编者注

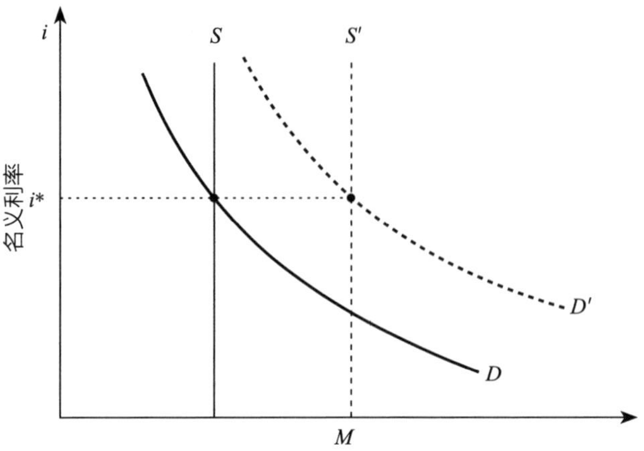

图 11-3　价格弹性下货币供应增长产生的影响

但货币改革期间，所有的工资、价格、债务合约，也都会立刻根据货币供应量的变化开始调整。在价格完全弹性的情况下，利率不会有任何变化。

当货币供应量变化不大时，价格短期内比较黏性，即价格维持不动，但是，不久之后，我们会看到货币确实会影响真实世界的利率。不过我们已经学到了重要的一课：临时货币供应变化不会改变长期利率。一旦工资和价格充分调整到位了，利率会立刻恢复到原来的水平。

事情要真有这么简单就好了。我们要处理其中两个复杂的问题：黏性价格和货币供应增长率。让我们从货币供应增长率开始，并暂时假设价格弹性。根据货币数量论，临时货币供应增加会导致价格（和名义 GDP）成比例地上涨，但通胀不会因此也上涨。然而如果货币供应永久持续地增加呢？如果那样的话，价格的增长率也会增加。换一句话说，我们会经历一个更高的通胀率。一旦大家预期通胀会上涨，结果就是名义利率也会更高。

这就是费雪效应，也是新费雪派认为货币宽松与更高名义利率关联的原因。更快的货币增长意味着更高的通胀，结果是贷款方要求更高的名义利率。同样重要的是，大家预期通胀会更高，于是借款方愿意支付更高的利率。

费雪效应大体可以解释 20 世纪 60 年代和 70 年代的利率上涨。20 世纪 60 年代开始，美联储大幅加快了货币发行的速度（图 11-4）。基础货币增长率从 20 世纪 50 年代的 1% 上涨到 80 年代的 8%，通胀率（GDP 平减指数）也急剧上升。但是，请注意，二者不是同时上涨。这种情况下，高通胀是货币供应增长率变化引起的。稍后我们会看到，货币需求的变化才是大衰退期间通胀下降的主要原因。

图 11-4　1945—1980 年美国基础货币变化和通胀率

注：灰色条纹区域代表经济衰退期。

来源：FRED via Federal Reserve Bank of St. Louis & U.S. Bureau of Economic Analysis。

如图 11-5 所示，通胀上涨最终推高了通胀预期，然后名义利率（国债收益率）也越来越高。这张图给我们的启示是，货币供给增加导致更高的通胀率和名义利率，但不是货币供给增加一定会导致利率上涨。

总之，价格弹性模型中，临时的货币供应变化不会影响利率。相反，货币供给永久性增加，会导致通胀率的永久上涨，从而导致名义利率永久性上涨。

我们已经讲解了一半这个模型——价格水平和费雪效应。现在我们需要看看黏性价格模型中，货币是怎样影响利率的。也就是我们要再加两个附加效应：流动效应和收入效应。

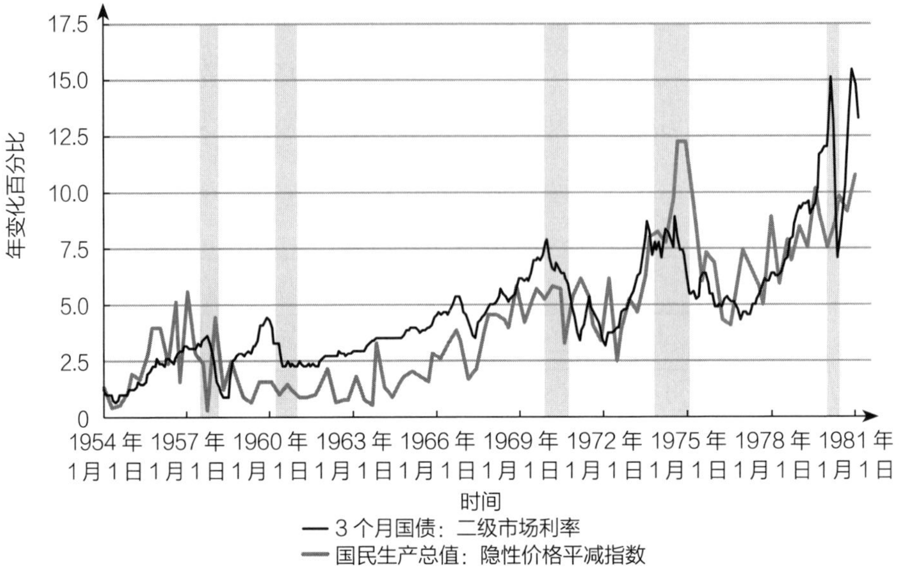

图 11-5　1954—1981 年美国通胀率和名义利率

注：灰色条纹区域代表经济衰退期。

来源：FRED via Board of the Federal Reserve System（US）and U.S. Bureau of Economic Analysis。

黏性价格世界中的货币和利率

我们回到熟悉的货币供需模型，纵坐标轴为货币价值（图 11–6）。要是货币供应翻倍，由于黏性物价，价格水平没有立刻上涨怎么办？如果那样的话，我们就处于 *b* 的位置，而 *b* 并不是均衡点。市场货币主义圈的朋友称为失衡。某种意义上说，他们是对的：人们持有的现金看上去比他们希望的现金要多。但是人们真的是被迫持有比他们希望持有的数量更多的现金吗？不是，银行也不会被迫持有比自己希望持有的数量更多的准备金。

那么，是什么原因让人们愿意在现有价格水平上，持有比他们“需要”的数量更多的基础货币呢？答案很简单：名义利率。持有现金的机会成本，在注入新的基础货币以后会立刻暴跌。名义利率降到了一个很低的点，这个点低到人们愿意持有更多的“流动性”，即更大的实际现金余额。图 11–7 显示了这种流动效应，这就是许多人知道的货币之于名义利率的唯一影响，这基本也是媒体讨论“货币政策”时的内容，尽管这个效应仅仅是四大效应之一。

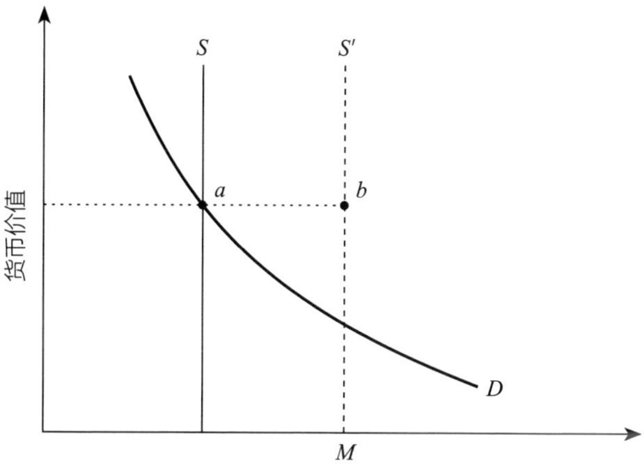

图 11-6　黏性价格下货币增加带来的短期影响

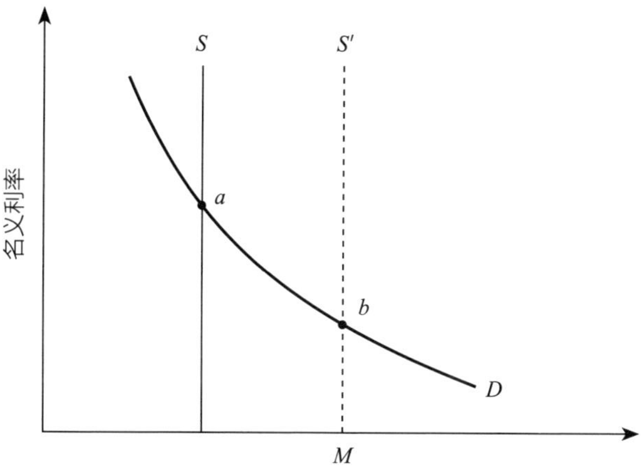

图 11-7　黏性价格下货币增长的影响

更低的名义利率意味着，你把需求曲线移动到图 11–6 中的供需关系图形的 b 点（纵坐标轴为货币价值），同时沿着图 11–7 供需关系图形（纵坐标轴为利率）的需求曲线移动到 *b* 点。短期均衡会在图 11–8 两张图形中标为“*b*”的点上出现。

长远看来，价格水平翻倍，利率图上的货币需求会向右移动［图 11–8

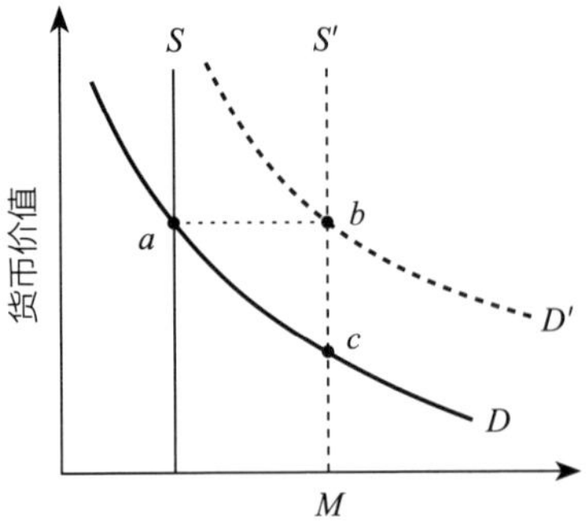

（a）

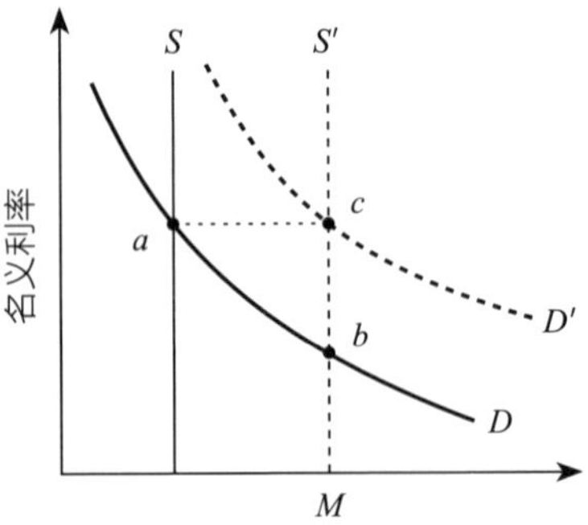

（b）

图 11-8　模拟货币供应增加的两种方式

（b）]，利率回到它们原来的水平（点 c）。在价格水平图上［图 11-8（a）]，一旦利率回到原来的水平，需求曲线会向后移动，随着价格翻倍，货币价值下降一半（点 c）。

c 点，我们就回到了本章一开章提到的案例。在这个案例中，我们表明在完全价格弹性的世界，增加货币供应不会影响利率，价格上涨与货币增加成正比。在黏性价格世界里，因为价格短期黏性长期弹性，c 点成为长期结果。

每当新闻媒体谈论美联储加息或降息，记者们都会以为这个利率的变化反映了流动性效应。2008 年以前，这些调整基本都是通过调整基础货币供应完成。所以，每当记者们说，“美联储今天降息 25 个基点”，他们的真正意思是美联储投票指示其纽约支行向市场注入基础货币，货币注入一直到银行间同业拆解市场利率（联邦基金利率）下跌 0.25%。

你们可能以为，只说利率而不谈货币供应，其实只是偷了一个无伤大雅的小懒。不是的，我们很快就会看到这个所谓偷了个小懒，在大衰退期间引发了多大的误解。那时人们错以为他们看到的利率变化就是美联储货币宽松的证据。美联储可以通过流动效应改变利率，但利率也可以因为其他原因而改变。

不幸的是，2008 年以后，这个世界变得更复杂了，更难懂了，因为美联储采用了一套全新的、花里胡哨的政策工具。从一开始，美联储就有能力通过调整准备金水平来影响基础货币投放，但现在，美联储可以通过调整银行准备金支付的利息来影响货币需求，银行就更可以控制基础货币供应了。这种调整 IRO 政策也产生了流动性效应，不过前文图 11–8 所示的两张图上看起来不太一样。然而，本章讨论的基本原则没有变。流动性效应仍然是价格黏性导致的短期效应，并会随着价格水平适应新的货币供应（或需求）而慢慢消失。

最后一个需要考虑的效应——收入效应。在前几章中，我们已经看到由于工资和价格具有黏性，货币供应变化会影响实际 GDP，即实际收入。由于信贷需求对经济周期非常敏感，即使预期通胀保持在 2% 左右，任何一项导致经济繁荣或者衰退的货币政策都会极大地影响利率。

想想类似 1929—1933 年的货币紧缩政策。政策让美国经济陷入深度萧条。结果就是，公司不再借钱来更新设备，也更没有什么人会去借钱来买房或者买车。由于信贷需求大幅下降，利率也大幅下降。

到底是名义利率下降还是实际利率下降，人们并未达成共识。毕竟，价格在 20 世纪 30 年代初大幅下跌。然而，在我看来，即便 20 世纪 30 年代的实际利率已经很低了，1929—1933 年的货币紧缩也是完全意料之外的。1933 年后，价格开始上涨，但名义利率依旧保持在零附近。当然了，我们在 2008 年大衰退期间看到了类似的现象，实际利率和名义利率当时都极低，哪怕在经济复苏期间也是如此。

现在就是将来

在高通胀和通胀波动时期，费雪效应对利率的影响最大。在通胀率较低且稳定时期（例如，20 世纪 90 年代后），收入效应是最重要的。流动效应和价格水平效应最不重要，基本可以忽略。想象一下，临时增加货币供应后，收入效应或费雪效应均未显现。要是基础货币突然多了 10%，那利率变化路径看起来会是什么样子呢？可能会如图 11–9 所示那样。

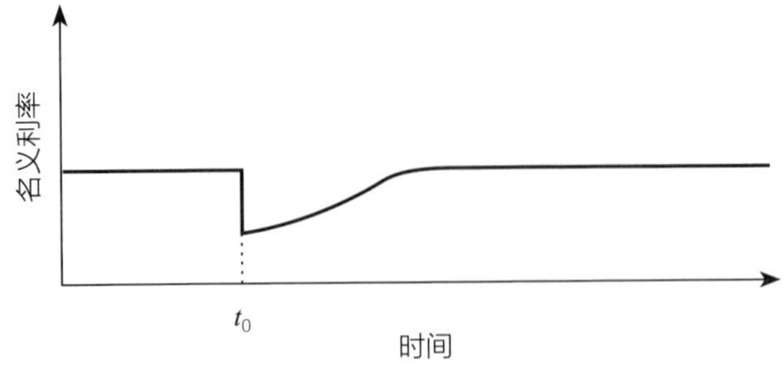

图 11-9　一次性增加货币供应后利率随时间变化的路径

注意利率是如何随着货币增发而下降，然后逐渐回到原来水平的。因此，任何给定利率的变化都有可能既反映了流动性效应，也反映了价格水平效应。它们同等重要。若采取货币宽松政策，利率可能下跌，但是也有可能因为早期货币宽松政策的长期影响，导致当下的利率不降反升。但是，流动性效应与价格水平效应都极弱。加上费雪效应和收入效应，结果就是利率的绝大部分变化根本反映不出“美联储政策”，起码不是大家以为的那样（即流动性效应）。

对于新闻媒体而言，联邦基金目标一降，就代表货币宽松，利率一上升，就代表货币紧缩。一般媒体说起利率，好像利率就是一切，利率就反映了流动性效果。为什么很多人无法理解这一点？在我看来，他们犯了两个错误，这两个错误都如此微妙——人们实在很容易陷入认知幻觉。

第一个错误就是，我们混淆了短期和当下这对术语、长期和稍后这对术语。我自己也犯过这个错误，一直到罗伯特·卢卡斯，我才醍醐灌顶，恍然大悟。当下，这一分钟，我们看到的是美联储好几个月甚至好几年前行为产生的长期反映。别忽视长远影响，以为后果未来才发生就不用忧虑。知名经济学家约翰·梅纳德·凯恩斯曾经说过，“长远来看，我们都死了”，许多凯恩斯主义派却不把长远影响当回事。

你们可能已经注意到了，过于关注流动性效应恰恰反映了人们根据价格变化来推理的习惯。正如很多人认为的那样，名义利率的下降可能代表了货币政策更宽松。但是更有可能因为其他因素，“信贷价格”才下降，这些其他因素包括但不限于通胀下降或者实际产出下降。仅仅依据利率上升下降来推理，结论会非常不可靠，除非你知道利率为何变了。

还有另外一个原因可以解释人们过于看重流动性效应。美联储以短期利率为目标，给人的感觉是利率处于他们这些货币政策制定者的控制之下。看起来，美联储调节利率高低毫不费力，随心所欲。如此一来，要动摇人们根深蒂固的想法，即利率变化恰恰说明美联储政策在起效（更具体地说，人们正在旁观流动性效应生效），这可实在太难了。更重要的原因是，任何一天，无论什么时候，美联储制定调低利率这个政策，都比制定调高利率的政策要容易点儿。那么，把利率当作货币政策的指标，出了什么问题呢？

问题就在于人们忘记了美联储更根本的使命。尽管看上去美联储每天的工作就是在日常利率基础上设定利率目标，但美联储更根本的使命其实是抑制通胀和保障就业。看看下面这个例子，欧洲央行（ECB）于 2008 年 7 月通过提升利率目标实行货币紧缩政策。迄今为止，传统观点没什么问题。但假设这种货币紧缩政策是一个错误，这个紧缩政策只导致欧元区经济因通胀下降而陷入深度衰退，那这个政策还有什么意义？我们已经看到货币紧缩政策的长期影响可能是收入降低、通胀降低，最后是名义利率降低。

这就是让大家困惑的地方。当这些欧元区利率降低最终成为现实的时候（2008 年底），几乎没有人认为这个结果就是当年 7 月央行的货币紧缩政策的长期影响的结果。相反，没人这么想，大家只是将这个结果当作欧洲央行新的短期措施，即货币宽松政策。事实上，2008 年年底欧洲央行只是顺应了市场力量，当时市场预期经济将进入深度衰退，公众呼吁大幅调低利率。市场预期欧洲央行会调低利率，利率甚至在欧洲央行 2008 年年底采取行动前就已经开始下跌了。

我猜你们可能会辩驳说，欧洲央行当时在想办法降低利率啊，毕竟，他们完全不需要非得在 2008 年底的时候调低利率吧，不是吗？我想说的是，基于很现实的理由，欧洲央行的任务是让通胀率维持在接近 2% 的水平，所以欧洲央行当时确实必须降息。如果央行以通胀为目标，假设央行犯了错，那让通胀水平哪怕只是暂时低于目标，它们也必须赶紧削减利率好避免通胀进一步偏离目标。

稍后我们会看到，如果不把2008年底利率下降看作货币宽松政策，而是看作更早期的货币紧缩政策产生的长期影响，2008年大衰退是否会给予我们更多的意义。时间序列图可能可以帮我们更好地理解这一点。在图11–10中，我们可以看到货币紧缩政策带来的短期和长期影响：利率最初由于流动性效应是上升的，然后随着其他三种效应的显现，开始下降。如果利率最终永久走低，那么名义利率也会按照永久走低的路径发展。当我们审视货币宽松政策的时候，一切都反过来了（图11–11）。

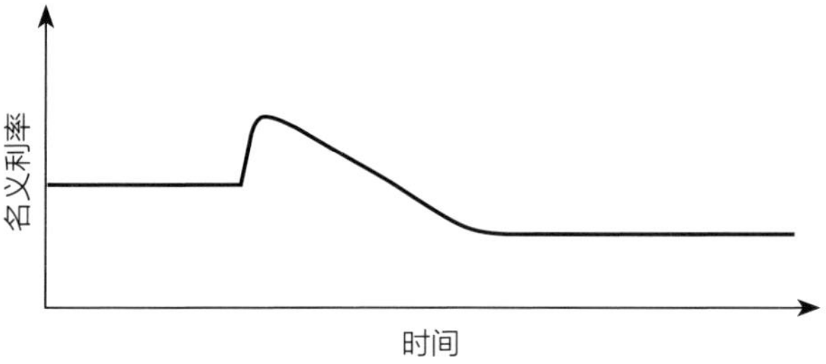

图 11–10　货币紧缩政策的短期和长期影响

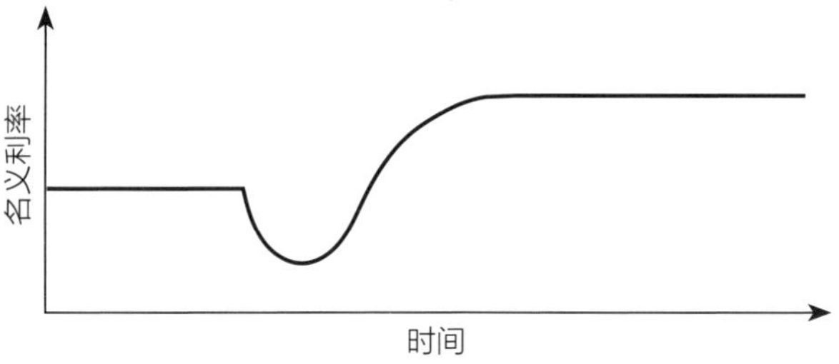

图 11–11　货币宽松政策的短期和长期影响

请注意，利率的最初变动（流动性效应）是新闻媒体关注的焦点。但是当你们观察真实世界的利率变化，也许你们10%的时间里看到的是流动效应，90%的时间里看到的是价格水平效应、收入效应和费雪效应。

如果不看利率，货币政策看什么？

我讲了一些关于货币政策的非主流观点，现在我想引用一些著名经济学家的观点来为之背书。先从米尔顿·弗里德曼开始：

低利率通常表明资金紧张，就像日本；高利率，则代表资金宽松……

美国经历了大萧条、20 世纪 70 年代的通货膨胀和利率上升、20 世纪 80 年代的通货紧缩和利率下降。经历了这么多，我想以前的利率高资金紧、利率低资金松这个观点早就过时了。很明显，利率的幽灵依然在人间游荡。

请注意，弗里德曼说低利率代表货币“一直”紧缩——的意思是，过去某个时间点货币就开始紧缩了。他不是新费雪派。事实上，他仅仅同意传统观点，即紧缩的货币政策因为流动性效应最初会让利率提高（我也这样认为）。相反，弗里德曼告诉我们，我们所能观察到的大多数利率变化，都反映了长期因素，例如费雪效应。我们还要注意他曾经表示过沮丧（1997 年），他认为好多人依然没有从历史中吸取教训，即货币松紧并不等于利率高低。弗里德曼于 2006 年去世，但今天情况也不曾好转——人们依旧执迷不悟。

弗里德曼更喜欢用更广义的货币供应定义货币政策，比如 M1 或 M2，其中包括了各类银行存款。到了 1980 年初，货币流通速度越来越起伏不定，经济学界才慢慢摆脱了货币供应反映货币政策立场的观点。

回忆一下，我在绪论中引用了弗雷德里克·米希金（Frederic Mishkin）教材中的三条箴言：

- “将货币政策松紧与短期名义利率升降关联，这么做很危险。”
- “除了短期债务工具，其他资产价格包含了有关货币政策立场的重要信息，因为它们是各类货币政策传导机制的重要组成部分。”
- “即使短期利率已经接近零，货币政策依然能够极其有效地重振疲软经济。”

数十年来，我把这些道理教给我的学生，天真地以为其他经济学家也和我一样秉持同样的理念。我为何会这么认为？部分原因是这些观点是对的，部分原因是米希金的教材可是货币经济学教科书中最畅销的。米希金在美联储董事会中任职至2008年，而他的书是全美国大学的标杆。

然后到了2008年底，我发现几乎就没什么人相信这些观点了。我甚至不清楚米希金自己是不是还相信。在米希金教材的最新版中，我上述引言的第三条中“极其有效”中的极其二字已经被删掉了，也许是因为其他教师的施压。你们现在明白了为何这套观点如此有争议了吧？正如我在绪论中指出的，如果我们真认同这些观点，那就清楚表明了美联储当时确实采取了货币紧缩政策，从而引发了几乎所有资产市场的急剧下跌，而零利率约束并没有阻止美联储采用更加宽松的货币政策。我在2008年底相信这就是当时发生的事情。我今天依然相信。可是，几乎没有人同意我的观点，而这些观点不正是基于原来的主流理论假设吗？

迄今为止，我们已经考虑了货币政策中三大可能的政策指标：利率、货币供应量、“其他市场指标”。在我看来，头两个指标已经问题很严重了。伯南克赞同这一观点。2003年，也就是加入美联储那一年他说了如下的话：

> 仅仅因为我们没有其他更好的可选项，就用稳定性并不完美的货币增长率作为货币政策的指标，实在很不应该。正如弗里德曼强调过的……名义利率不算非常合适的货币政策立场指标……实际短期利率……也同样不是太好……
>
> 最后，人们似乎只要看看名义GDP增长和通胀等宏观经济指标，就可以判断一个经济体的货币政策是否稳定了。

由此来看，伯南克也发现，货币供应量不算是很好的货币政策指标，而利率也好不到哪去，甚至实际利率也不算很好的指标，因为货币紧缩政策会导致经济萧条，而经济萧条又会随着时间让利率慢慢降低。因此，实际利率下降，真的不能算是货币宽松的指标。最后，伯南克指出两个或可一用的指标：通胀和名义GDP增长。

我认为名义GDP增长更有意义，这是因为通胀容易受到“根据价格变化推理”毛病的影响。如果是因为总需求上涨，则通胀率或许意味着货币宽松，但是，它同样可能反映了逆向供应冲击。此刻，让我们暂时接受伯南克判断货币政策立场的双重标准——通胀和名义GDP增长。在此假设下，我们如何描述大衰退头五年的货币政策立场呢？平均通胀率为1.37%，平均名义GDP增长率为2.23%。如果我们把这两个数据平均一下，得到1.8%，这恰好是20世纪30年代初胡佛担任美国总统以来五年期的最低利率。

想想，这有多讽刺。伯南克是一位杰出的大萧条学者，他关于20世纪30年代初期货币政策失败的看法和我非常接近。他指责美联储采取了过度紧缩的货币政策，导致价格下跌和名义GDP下跌。到了20世纪90年代后期，伯南克批评日本在利率困在零的情况下，还不肯大胆货币刺激。然而，大萧条以来，正是他，用自己的标准，实行了大萧条时期以来美国历史上最严格的货币紧缩政策。

我们已经不再清楚，弗德里克·米希金是否认为货币政策在利率为零的时候依旧“极其有效”；我们也不清楚，伯南克是否相信通胀和名义GDP增长是衡量货币政策立场的更好指标。我依旧赞同使用名义GDP增长，但在伯南克成为美联储主席后，他又反复暗示美联储正在采取非常“宽松”的货币政策，帮助经济从大衰退中复苏。可是我没有看到任何证据表明伯南克真那么说过。他当然不可能针对低利率或扩大基础货币的量化宽松计划，因为他早已经正确指出这些指标，远不如通胀和名义GDP增长指标好。而且当日本央行将低利率作为他们货币扩张政策的证据时，他还批评了日本央行。这是1999年伯南克说过的话：

> 日本目前的货币政策实际上相当宽松，这个观点主要基于利率处于极低水平的观察。我希望读者们再读一读货币历史，读熟了就会发现，任何基于名义利率水平的判断都不要太当真。大家只要回忆一下，整个大萧条期间，许多国家的名义利率接近零，但这个时期也是大规模银根紧缩、货币通缩的时期。简而言之，低名义利率可能是预期通缩和货币收紧的信号，也同样可能是货币宽松的信号。

最后，没有什么客观的方法来确定货币政策立场。作为旁观者，我们可以自由查看利率、货币供应、价格水平、外汇价格（即汇率）、金价、锌价，或者一千种以上的其他指标。但是，我是个实干派，所以我认为最有用的定义就是最好的方法。对我来说，这个定义就是回答一个问题：政策太松或太紧，是否达到了央行制定的目标?

在美联储的双重使命中，既有低通胀，也有高就业，名义 GDP 增长可能是货币政策立场的唯一最佳指标。当名义 GDP 增长较高时，美联储往往超额达成目标，货币政策就是过度扩张。当名义 GDP 增长较低时，美联储往往很难达到双重使命，那货币政策就是过度紧缩。因此，绝对意义层面上谈货币宽松还是紧缩完全没有意义，只有参考了央行目标才有意义。为了达成目标，当下货币政策是太松还是太紧？这才是我们要关注的问题。

我们还需要记住一点，货币政策具有前瞻性。对于过去的通胀或者名义 GDP 增长，我们无能为力；我们的目标应该是制定政策，定好目标，期待我们的政策可以达成未来的通胀目标和名义 GDP 增长目标。在那样的情况下，衡量货币政策立场的最佳指标可能不是近期的名义 GDP 增长，而是未来的名义 GDP 的预期增长。我曾经帮着建立了一个名义 GDP 预测市场，部分原因就是给当前货币政策立场提供实时指标。我认为，要是 2008 年我们采用了这个更加灵活版本的市场指标，美联储那个时候也许会收到更清晰的信号，他们就会意识到他们当时采取的货币政策可能过于紧缩，无法实现其预定的通胀和就业指标了。

如果我对美联储政策的分析听起来好像是批评伯南克，请记住，比起欧洲央行，伯南克领导的美联储做得好太多了。还有，伯南克顶着美联储内部的强烈反对努力干活。更不用说，伯南克领导下的美联储处理了一系列大型银行危机，其表现比起 20 世纪 30 年代的美联储，已经好太多了。尽管如此，美联储实在不应该让名义 GDP 预期在 2008 年跌得那么惨烈。

名义 GDP 在本书接下来的部分都会是中心角色。名义 GDP 增长就是货币政策立场的最佳指标，也是美联储瞄准的最佳变量。不稳定的名义 GDP 增长，会招致经济周期和金融危机。我们迫切需要更加准确的工具来预测名义

GDP 增长，比如高度流动的名义 GDP 期货市场。

我们已经介绍完了所有需要理解美国大衰退的工具。但是，大衰退是一次全球事件，因此国际性视野将有助于我们阐明大衰退发生的根本原因。最后的理论章节考查了另一个根据价格变化来推理的案例，这一次说的是外币的价格——汇率。

第十二章 汇率的名实之争

我们已经看到，实际 GDP 和名义 GDP 是两个完全不同的概念，可因为工资和价格黏性，这两种 GDP 短期内的关系却又颇为微妙，可谓剪不断理还乱。汇率也是如此。不幸的是，大多数人总会混淆名义汇率（机场公告牌上的数字）和实际汇率（对国际贸易和投资很重要）。

宏观经济学中有四大重要名义变量：价格水平、名义 GDP、名义利率、名义汇率。无论分析哪一种变量，都需要从三大经典货币模型入手：货币数量论（针对价格水平和名义 GDP）、费雪效应（针对名义利率）、购买力平价（purchasing power parity，缩写为 PPP）（针对名义汇率）。我们已经看到，当实际货币需求稳定的时候，货币数量论可以很好地解释通胀。当货币流通速度稳定时候，货币数量论还可以很好地解释名义 GDP。类似的，当实际利率稳定的时候，费雪效应可以很好地解释名义利率。现在我们将看到，当实际汇率稳定的时候，购买力平价也可以很好地解释名义汇率（nominal exchange rate）。

实践中，这三大经典理论没有一个绝对正确，因为实际货币需求、实际利率、实际汇率随时在变化。一般规律是，只有在通胀率极高时，三大经典理论才运行良好，这是因为通胀决定了实际利率、实际汇率和实际货币需求的变化。

本章中，关于名义汇率，我们将了解购买力平价能告诉我们什么、不能告诉我们什么。然后，我们再看看货币冲击是如何影响到实际汇率和名义汇率的。最后，我们会进一步完善实际汇率理论，并明白为何面对"汇率操纵"（currency manipulation）的指控，我们应该多一分保留和怀疑。

购买力平价有什么用?

购买力平价理论基于一个非常简单的概念——一价定律（the law of one price）。如果商品可以自由买卖，忽略运输成本，任何一种商品的价格（税后净值）应该全世界都一样。看看下面的例子。两个邻国都生产原油，其中一个国家石油储备大，生产成本低，而它的邻国，石油储备小，生产成本高。请问，哪一个国家的油价会更高？

让人吃惊的是，倘若购买力平价成立，则两个国家的石油价格应该大致相当。类比一下，两湖相邻，其中一个湖有一条大河入湖，另一个湖则没有。如果这两个湖中有自由流通的水渠连通（好像密歇根湖和休伦湖那样），这两个湖的水位完全一样高，哪怕其中一个湖根本没有外来的河水注入。另外一个情况是，如果这两个湖被物理屏障隔开（类似伊利湖和安大略湖中间隔了一个尼亚加拉瀑布），两个湖的水位可能就很不一样。类似的，一种商品的价格，只有某种原因阻止了套利行为，令两个市场的价格无法对等，该商品的相对价格才由当地供需决定。

如果购买力平价理论适用所有商品，则商品价格应该全世界都一样。游客不会发现有什么商品在一些国家很贵，而在另外一些国家很便宜。这样的情况下，所有实际汇率都将是 1。实际汇率就是以同一货币为单位，本国价格相对外国价格的比率。因此，如果瑞士的平均价格比美国的高出 50%，那么瑞士法郎对美元的汇率就是 1.5。

这个概念也可以用来解释通胀的差异。如果购买力平价成立，那么货币的升值率应该是外国通货膨胀率减去国内通货膨胀率。

本国升值率 = 外国通货膨胀率–本国通货膨胀率

因此，如果美国的通货膨胀率是 3%，而瑞典的通货膨胀率是 1%，那么瑞士法郎（本案例中为本国货币）应该每年升值大约 2%，预计美元将每年贬值 2%。

任何对汇率和通胀率差别稍有了解的人都知道，购买力平价大部分情况下不成立，甚至边都不靠上。例如，自 1999 年创建欧元以来，欧元的价值

（兑美元）一直在 0.85 美元到 1.65 美元的区间波动。这是一个很大的波动幅度，特别是考虑到欧元区的通胀率和美国的通胀率非常接近的情况下。如果购买力平价成立，那欧元兑美元的汇率应该一直相当稳定才对。

那么，如果购买力平价不成立，我们为什么还要花力气学这个概念呢？为什么我们还说购买力平价很重要呢？让我们回到货币价值的概念。定义货币价值有三种比较合理的方法：通过可购买的商品和服务数量（例如，CPI、GDP 平减指数）、根据 1 美元可买的产出份额（名义 GDP）、外汇数量（汇率）。因此，很明显，汇率本身是一种货币现象，他们实际上是“货币价格”，或者是其概念的一个版本。现在我们已经看到，其他货币理论比如货币数量论很有用，尽管其有用性取决于一些特定条件。所以，即使 2008 年后基础货币大幅增加，也并未导致价格或名义 GDP 的成比例上涨，货币数量论依旧是货币分析的重要起点。同样，购买力平价就是路标，有了它，我们就能够头脑清楚地开始汇率分析。

还记得吗？我们说过货币数量论在高通胀国家分析很灵验，正如图 12-1

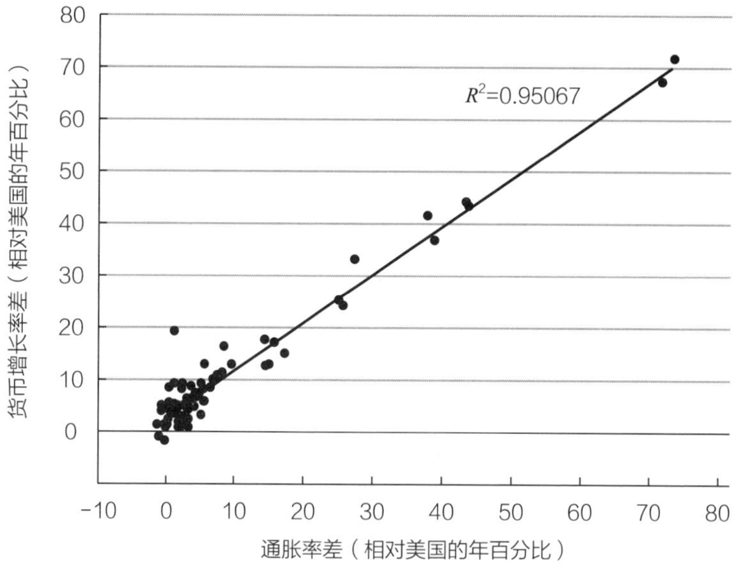

图 12-1　1975—2005 年通胀率差与货币增长率差

来源：Worth PUblishers，International Economics, Feenstra/Taylor。

所示。那是因为，长期来看，货币的实际需求每年变化的比例不到 10%。这意味着如果货币增长率每年为 30% 至 50%，它最终会表现为更高的通货膨胀率，而不是更高的实际货币需求。

购买力平价也是如此。实际汇率每年不一样，上下浮动，但是长远来看，实际汇率的年度变化往往是个位数。因此，如果通胀率差异连续数十年都是每年 30% 至 50%，它将主要表现为货币的快速贬值，而不是更高的实际汇率。如图 12-2 所示，高通胀国家的通胀差异和货币贬值之间具有相关性。如果购买力平价完全成立，那么所有的点都会位于 45° 线上。

当然，利率也是如此。实际利率尽管会随着时间的推移而波动，但变化通常维持在个位数上。因此，很高的通胀率通常导致很高的名义利率。总而言之，如果一个国家连续几十年每年增加 50% 货币供应量，其结果将是通胀率大约 50%、名义利率大约 50%，还有大约每年 50% 外国货币价格上涨（另一个国家的通胀率接近零）。这意味着本国货币迅速贬值。

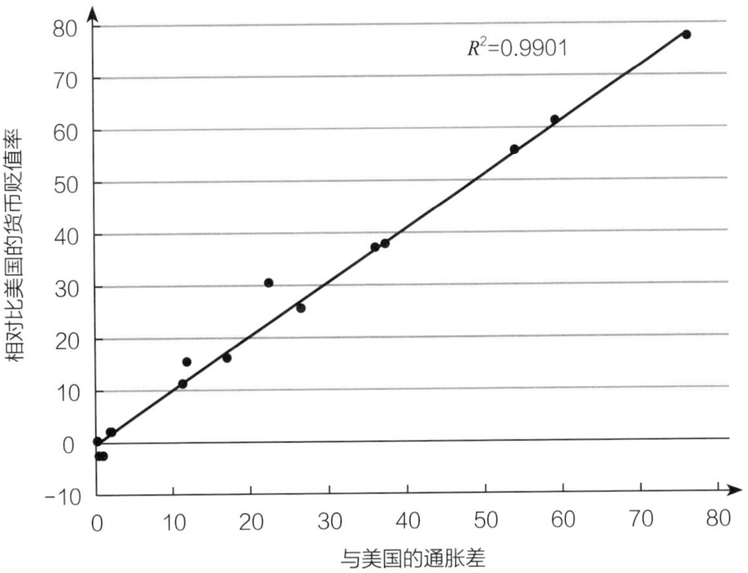

图 12-2　1975—2005 年货币贬值率与通胀差

来源：Worth Publishers，International Economics, Feenstra/Taylor，p.26 of 98。

这是否意味着，购买力平价概念对那些低通胀国家不适用呢？当然不是了。即使购买力平价不成立，通胀差异总会对汇率产生压力。例如，日元的汇率和二十年前相比，似乎变化不大，尽管美元的平均通胀率为跌 2% 左右，而日元的通胀率接近零。这其实意味着，实际日元汇率已经在过去二十年里急剧下跌，差不多一年跌 2%。看起来，购买力平价理论糟糕透了。可是，如果日本的通胀率和美国相当，日元会通过名义汇率贬值实现实际汇率贬值。相反，日本通胀率远低于美国，这样一来，明面上，名义汇率没有什么太大变化，但实际汇率已经贬值了。

购买力平价最适合在易于自由套价的商品，比如大宗商品上使用。不幸的是，对于购买力平价的支持者来说，大宗商品在我们的经济活动中占据的份额，甚至比一百年前理论首次提出时还要低。还有一个领域，那就是在金融市场，套利也很吃得开。通过公开资本市场在不同国家之间转移资金很容易，所以大多数发达国家的安全资产预期回报率都很接近。结果就是，金融市场等价于购买力平价，我们称为利息平价条件（interest parity condition）。

预期本币升值 = 外国利率–本国利率

因此，如果美国的利率为 3%，而瑞士的利率为 1%，那么瑞士法郎预计将以每年 2% 的速度升值。如果那样的话，美国的投资回报率和瑞典的投资回报率会趋同（以美元计价），均为 3%。或者你也许会说，投资回报率按照瑞士法郎计算，也是完全一样的，那就是 1%。利率平价理论（interest parity）不完全成立，因为国内资产和国外资产不能完全对等替换，但是比起购买力平价，它可精确多了。

货币冲击与多恩布什超调模型

回想一下第一章中的维恩图（venn diagram），它展现了宏观经济学中实际和名义变量的关系（图 12–3）。左侧是长期增长问题，由供给侧要素决定。右侧是货币中性概念，因为名义冲击通常不会对经济产生长期的实际影响。中间则是名义变量和实际变量的相互作用。

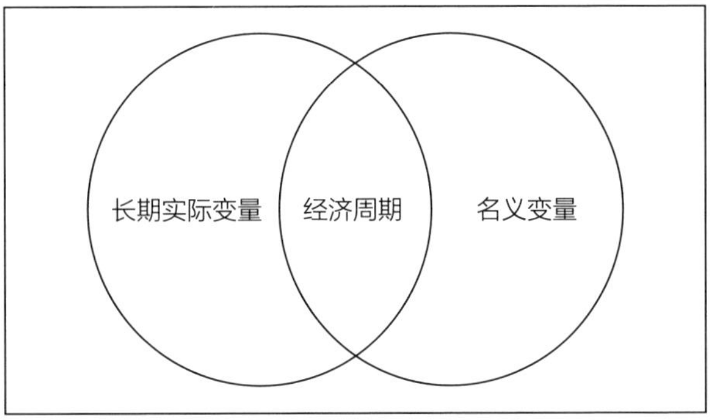

图 12-3　宏观经济学要素

名义汇率和实际汇率也有类似的二分法。迄今为止，我们已经研究了货币政策是如何影响相对通胀率，进而影响名义汇率的。现在我们来看看工资和价格都黏性的世界里，货币冲击的短期影响。结果发现，情况出人意料的复杂，因为货币政策产生了三个看似不相容的效应：货币刺激导致利率短期内下降（流动性效应），利率下降导致货币预期增值（利息平价条件），货币刺激导致货币贬值（货币数量论＋购买力平价）。这三种情况真的都发生了吗？令人吃惊的是，真的都发生了。1976 年，经济学家鲁迪·多恩布什（RudiDornbusch）在他著名的"超调模型"（overshooting model）中，研究了工资和价格黏性对汇率的影响。这回不直接告诉你们原因，让我给一点提示，看看你们能否自己解开谜题。

提示如下：给你一张包含九个点的网格图，排成三行，每行三个点（图 12-4）。现在试着一条接一条地画出四条直线来连接所有九个点，笔不要

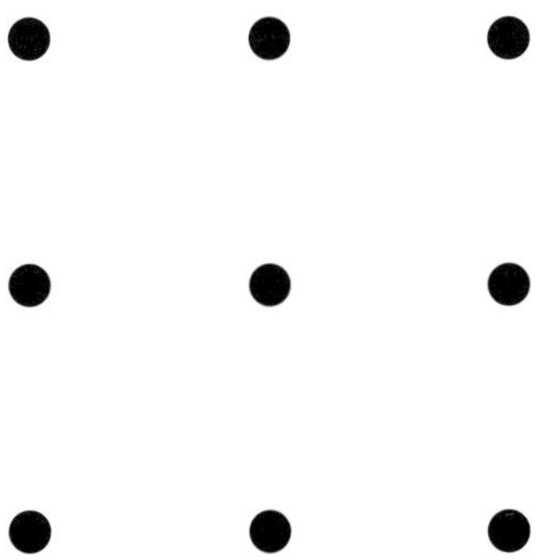

图 12-4　九点四线谜题

从线条之间的纸上离开（你可能需要一点逆向思维，跳出框框想一想）。

多恩布什模型有如下内容：

- 长远来看，货币是中性的。因此，长期来看，意外的、外生的、永久的 10% 的货币供应增加，应该会引起价格水平和外汇价格上涨 10%。当然了，从长远来看，外汇价格上涨 10% 意味着本币贬值。
- 由于工资和价格短期内具有黏性，突然货币注入不会让价格立刻同比例上涨；相反，名义利率在短期内会下降。
- 由于利息平价条件（interest-parity condition），较低的名义利率意味着本币预计会随着时间的推移而增值（简单起见，假设货币冲击前国内和国外利率相等）。

你们找到解决办法了吗？首先，让我们看看图 12-5 中九点四线的解法。注意，你们一定要跳出框框才能找到解决方案。货币政策和汇率也是如此。

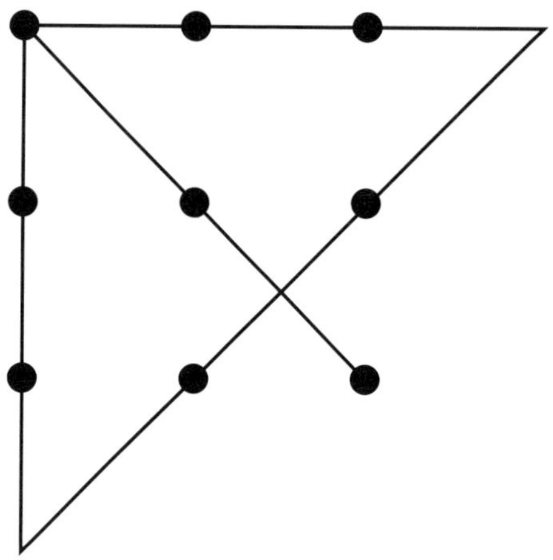

图 12-5　九点四线谜题的解决方案

多恩布什研究表明，如果汇率预计长期内会相对危机前贬值 10%，货币冲击降低利率后预计货币还会升值，那么 10% 的货币注入会直接带来汇率下跌超过 10%，也就是说，“超调”长期平衡。因此，汇率可能会在其上升前，先贬值 15% 甚至 20%，然后随着时间的推移上涨，最终汇率会比之前贬值 10%（图 12–6）。长远来看，物价上涨 10%，则汇率贬值 10%。

意外货币冲击发生时，因为价格黏性，整体价格水平几乎没有变化。购买力平价短期看并不成立，因为尽管相对价格水平没有变化，名义利率却会剧烈下降。事实上，这个例子里的汇率立刻贬值了 10% 还多。这意味着货币刺激可能导致实际和名义汇率短期内贬值。最好的例子就是 2009 年 3 月 18 日那天发生的事情，美联储当天宣布开始第一轮大型量化宽松。公告发布后，美元兑欧元贬值 0.06 美元（超过 4%），单日跌幅异常大。由于美国和欧元区价格水平一天内几乎没有变化，这种名义贬值伴随着几乎同等幅度的美元兑欧元的实际贬值。

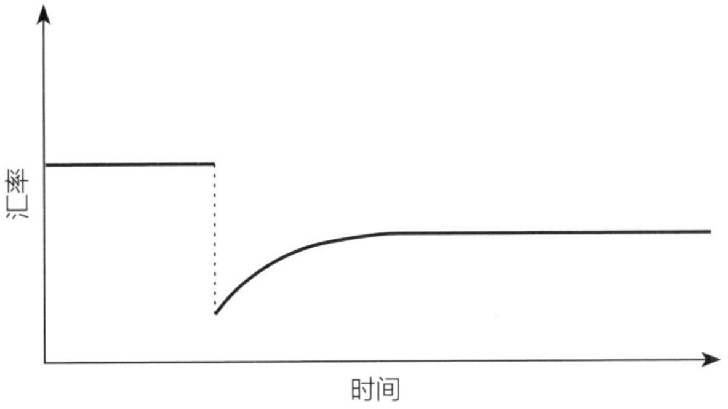

图 12–6　多恩布什超调模型

总而言之，货币政策可以对名义汇率产生短期和长期的影响。标准模型仅仅预测货币长期是中性的，但在短期内会影响实际利率、实际产出和实际汇率。相反，实际变量会对实际汇率产生长期影响。我们开始就货币操纵辩论时，会发现，有关汇率变化会带来何种影响的看法很多，甄别它们彼此的差异就非常重要。

别根据汇率变化推理

我们已经看到许多权威人士会错误地根据价格变化或零利率变化进行

推理。不幸的是，在汇率变化上他们也会重蹈覆辙。人们常常自信满满地谈论汇率变化对贸易的影响如何如何，完全不知道自己犯了价格变化推理的错误。

我要反复强调，毫无根据地探讨汇率变化原因没有任何意义。例如，出口业强劲增长，汇率升值，有可能是油田勘探有了重大突破。在此情况下，汇率升值更多是因为出口增加。另外一种情况是，紧缩货币政策也有可能导致汇率升值，如 2015 年瑞士法郎的升值。这种情况下，汇率升值更可能与出口下降有关。

不考虑具体背景，盲目谈论通货膨胀或加息毫无意义。汇率本身对经济没有影响，汇率的变化更多来自深层次的原因，而这些原因不仅会影响汇率，也会影响许多其他变量。

将汇率分成两类会有助于我们后面的理解。名义汇率可能因为如下两个原因发生变化：两个国家之间的通货膨胀率差异（购买力平价起效）和实际汇率变化。我们已经讨论过货币政策会如何影响名义汇率的持续变化，这反映了货币数量论和购买力平价。现在，我们将更多关注实际汇率，这才是大多数人（过度）关注的问题。

人们对汇率变化的原因和后果误解极多。早在 18 世纪，休谟就写过“猜忌贸易”，即担心对外出口会从国内企业手中抢生意。本章接下来的部分，我会试着分析其中一些问题，并揭露有关汇率众多谬误中的一部分。

博弈并非零和

人们常常听到这样的说法，某某国家“操纵”（或压制）货币好让自己国家在国际贸易中获得“优势”。我在这里特地使用了双引号以示怀疑，因为根本没人能说清货币疲软在国际贸易中到底算是占便宜，还是被占便宜。20 世纪 60 年代到 80 年代全球大通胀，许多发展中国家试着通过贬值来促进外贸出口。大部分情况下，这么做的国家贬值本国货币后，只会导致通胀更高（由于购买力平价的原因），实际汇率最终会回归长期均衡。我们清楚国家是不可能通过贬值实现经济繁荣的，大部分央行都放弃了这一策略，转而采用通胀目标。

20 世纪 80 年代和 20 世纪 90 年代的欧洲也采用了固定汇率制（fixed-exchange-rate regime），目的是防止汇率操纵。欧盟成员国担心各国会通过货币贬值来获得国际贸易优势，于是建立了欧洲货币体系（European Monetary System）。这个系统就是固定汇率。那固定汇率到底算哪一个？“操纵”要靠固定汇率还是浮动汇率？

和许多被误解的经济学概念一样，央行可以操纵汇率的说法有一点道理。正如我们在多恩布什超调模型中看到的，扩张性货币政策确实能够引起汇率在短期内大幅贬值。但是因为工资和物价短期内具有黏性，当央行突然宣布将执行更改为扩张的货币政策时，未来的实际汇率还真会贬值。

不过，即便是短期内，所谓货币贬值到底有多少人们以为的效果，其实也并不清楚。经济衰退期间，各国经常贬值本国货币以促进出口，从而实现增加就业的目的。这么做，确实可以让出口业更有竞争力，也确实可能会帮助一国的经常账户实现平衡（例如，从赤字到盈余）。但是，批评者忘了，贬值的货币政策会让本国商品产生替代效应（substitution effect），还会产生收入效应（income effect），即货币刺激后实际 GDP 会增长。

1933 年 4 月，美元大幅贬值后，贸易顺差实际变小了，而不是变大。这是因为，更便宜的美元让美国出口变得更有竞争力，而货币更宽松政策也大幅促进了产出，结果吸引了更多进口。无论何时，只要实际 GDP 大幅上涨，进口都会上涨，因为消费者们会增加消费，而公司会购买更多进口商品来投入生产流程。因此，美元贬值并没有成为“以邻为壑”的政策，也就是说，贬值并不会导致外国贸易逆差。1971 年 8 月美元贬值后，类似的事情又发生了：美国经济恢复了景气，美国的经常账户并没有得到“改善”。相反，美国进口了更多商品。

国际股票与回报之间的关系一直是正相关，这一点也让众人疑虑汇率操纵是否是一个问题。如果货币操纵伤害了贸易合作方的利益，那么 2009 年 3 月 18 日美国宣布量化宽松政策，欧元价格上涨 0.06 美元之后，欧洲股指会立刻下跌。事实上，欧洲股指次日高开。确实如此，人们经常会观察到一个现象，一个国家宣布重大货币刺激政策后，全球股票会随之反弹（即使在零区间）。2015 年 12 月 2 日的一个典型标题是：“欧洲央行令全球股市重挫，欧洲股市自 2009 年以来最大跳水”。美国的经常账户没有得到“改善”。相反，美国进口了更多商品。

人们可能会说是欧洲央行“操纵”了欧元，让欧元走高，美元、日元、英镑走低的。如果欧元真被操纵了，那欧洲央行行为的效果就是欧洲货币紧缩，世界其他地区扩张，那欧洲岂不是为他人作嫁衣裳。实际上，非欧洲市场股市也出现了下跌。为什么？全球股市反映的唯一合理解释是收入效应（由于全球经济增长放缓，美国、日本和英国的出口降低）影响了替代效应（美元、日元、英镑贬值导致净出口增加）。国际经济不是零和博弈。收缩性经济行为会让世界变穷，伤害所有国家，即使这些做法看上去好像是提高了某个国家的“竞争力”。

总而言之，货币刺激对实际汇率没有长期影响，它只会导致更高的通货膨胀率，而这会抵消出口商品从汇率走弱中获得的任何优势。短期内，货币刺激可能会让实际汇率贬值（由于价格黏性），但汇率上涨会吸引更多进口，人们转向国内商品的替代效应被收入效应抵消。货币政策对经常账户收支平衡影响不大。

即便货币刺激能短期内改善一国的经常账户盈余状况，这个改善效果也是暂时的。因此，这种所谓的“操纵”不能解释东亚和北欧国家经常看到的持续性经常账户盈余情况。我的意思是，汇率操纵不是没有，只是权威人士担心的经常账户持续失衡不能用汇率操纵来解释，而是要看看货币政策之外的其他原因。

所有货币都被操纵了

人们常常忽视一个事实，那就是所有的货币都是人为操纵的。事实上，央行的职责就是操控本国货币好实现政策目标。以日本为例，假设日本定下了年通胀 2% 的目标，为了达到这个目标，他们需要采取扩张性货币政策。一种选择是大幅贬值日元，让通胀迅速上升到 2%；另外一个选择是以量化宽松政策达成 2% 的通胀目标。这些政策本质上都一样。假设日元需要贬值到 140 日元兑换 1 美元才能达到 2% 的通胀目标，日本的政策制定者们就会选择采用量化宽松政策，这样的话，他们就必须购买足够的资产，使日元兑美元贬值到 140 才好达成其通胀目标。

2000 年后最初几年，美国对日本批评得很厉害。美国财政部、许多权威人士和政客抨击日本，认为日本涉嫌采取了弱势日元政策。相反，学术界的经济学家们，比如伯南克则谴责日本，指出他们的价格水平下降是因为采取了过度强势的日元政策。很少有人注意到，这两派观点的矛盾之处，也许是因为它们反映了截然不同的政策目标、模型，甚至语言。财政部从贸易角度看汇率，学术界从总需求和通胀（以日本的例子来说，或者也可以是通缩）角度看汇率。学术界盯着名义汇率，而财政部盯着实际汇率。

从 1994 年到 2013 年，日本经历了近二十年的通缩。包括拉尔斯·斯文松（Lars Svensson）、本奈特·麦卡伦（Bennett McCallum）在内的一些知名学者，建议日本采取货币贬值的方法来重振经济。斯文松甚至说这是“万无一失”的法子，因为（与利率不同）汇率就没有零下限。那么，如果货币贬值真是什么万无一失的好法子，日本推出通缩怎么会如此困难重重？要回答这个问题，我们需要看看在日本实际发生了什么。

日本的长期通缩是宏观经济学领域最被普遍误解的问题之一。媒体报道经常暗示日本央行努力阻止通缩，但因为零利率约束问题没能成功。早在 2004 年，伯南克和他的合作者文森特·莱恩哈特（Vincent Reinhart）及布莱恩·萨克（Brian Sack）认为事情要复杂得多：

近期有关条件约定的一个重要例子，是日本央行的零利率政策。日本央行调低货期贷款利率到“尽可能低”的水平。1999 年 4 月，日本央行前行长速水优（MasaruHayami）宣布日本央行将维持零利率“直到通缩的担忧消失”，显然这个政策是有条件的。然而，在这个我们称为承诺中断的例子中，日本央行随后在2000年8月宣布利率上调25个基点。2001年2月，随着经济状况恶化，日本央行又撤回加息。

伯南克和他的合作者们那个时候不知道，日本在2006年会再次重复这个错误。当通胀率刚刚升到零以上时，日本央行再次提升利率。一次政策紧缩可能算是个无心之错，两次事态重演肯定就是一个有意识的政策选择。日本的官方政策是稳定物价，他们的政策制定者似乎将之解读为零通胀。每次在通胀升到零的时候，日本央行就收紧货币。看来，日本央行是将零通胀看作天花板上限，而不是地板下限，这也说明日本央行的行为和目的是一致的。

当日本在2000年后最初几年重新陷入通缩时，日本央行采用了量化宽松政策以支撑价格水平。如此一来，日本央行要大量购买政府债券和美国国债等美元资产。到2004年，购买美元资产已引起人们高度争议。2010年，约翰·泰勒（John Taylor）写了一篇博文，回忆了他2003年到2004年担任美国财政部官员时的一些做法。泰勒提了几点意见。首先，他指出财政部通常反对日本贬值日元。其次，他解释说，2004年初日本用新增的日元购买国外资产，当时日本极为激进，他曾表示反对：

但是美元也并没有走弱，3月5日那天，日本买了112亿美元，如大家所料，当天美元升值了，而非贬值了。日本人不是在平稳市场，他们在和市场对着干。沟口善兵卫（Zembei Mizoguchi，日本财务省副部长）告诉我，他们在减少干预前将干预更多，这可实在是过分了。他做的事情违背了市场基本面。周末我给他打电话，抱怨这种干预毫无根据，作为朋友和盟友，我非常咄咄逼人。沟口善兵卫承认他们仍在大力干预，但3月5日的美元买入是退出计划的一部分。我反驳他说这个退出的时间已经拉得太长了。

注意，泰勒引用的是日本改进过的数据，这让他认为这种类型的特殊干涉实在已无必要。即便如此，美国为什么还会反对？难道日本央行的工作不就是确定日本经济是否过热，是否需要干涉？我们现在知道泰勒说得不对：

日本其实没能从通缩陷阱中持久退出。

在泰勒埋怨日本人的时候，美国正在从2001年经济衰退中复苏。美联储将利率下调至1%，但就业率的回升速度甚至比前面复苏时的数据还要缓慢。财政部的看法是，日元贬值会加剧美国的经常账户赤字，从而威胁到美国经济。后来，日本结束了他们的货币干涉计划。日本官员那个时候可能担心美国的报复，也许是又想起了20世纪80年代美国实施的各种贸易壁垒。20世纪80年代日本"威胁"首次成为一个重大的政治问题。

总而言之，造成日本漫长的温和通缩可能有两个原因：第一，日本央行官员对于各种货币刺激计划都极为谨慎，常常在日本还没彻底摆脱通缩之前就叫停货币刺激。第二，日本似乎不太愿意日元贬值过大，也许是害怕美国报复。回到2001年，保罗·克鲁曼（Paul Krugman）就这种情况给了类似诊断，认为日本落到今天的境地有两个原因：日本央行的过度谨慎和美国财政部的压力。

真正的悲剧在于，无论日本首相小泉多么开明、多么有创新力，他都没法成功，除非让其他重要的参与者（主要是日本央行，还有美国财政部），能够从安德鲁·梅隆（Andrew Mellon）的错误中吸取教训。现有证据表明，他们都没能学聪明。日本央行的行长坚称日本经济的持续低迷是因为改革不够，也就是腐败清理得还不够。尽管个中细节存有争议，美国财政部部长保罗·奥尼尔（Paul O' Neill）看起来也确实警告过日本，让日本不要过度贬值日元。

在我看来，对中央银行操纵货币的指控实在没有什么道理。第一，长远来看，货币刺激仅仅会带来通胀，不会对实际汇率产生长期影响。第二，货币操纵的短期效应既有替代效应，也有收入效应，二者基本可以互相抵消。最后，被我们指责货币操纵的国家，通常都是那些货币政策已经过度紧缩到无法达成政策目标的国家。换句话说，被指控"低估"货币的国家实际上往往高估了货币。

非货币主义的货币操纵

一些知名经济学家其实已经意识到了我说的问题，但他们依旧担心货币操纵。这些担忧更加复杂，与影响实际汇率的非货币因素有关。我来解释他们的观点，然后说明为何他们的担忧有些杞人忧天。

综合来说，国家贸易永远是平衡的。外国并不只是简简单单地把车卖给美国，他们还要一些回报。实际上，当人们提及“经常账户赤字”（2019 年约占 GDP 的 2.4%），他们说的是商品和服务贸易。美国经常账户赤字的反面就是资本账户盈余，也约占 GDP 的 2.4%。想想美国进口日本的本田和宝马，然后以股票和债券的方式向德国和日本支付购车款，如果只看经常账户，美国是赤字的，但整体来看，美国的商品、服务和资产的贸易是平衡的，这是因为美国的金融资产出口抵消了美国的商品进口。毕竟，一个人总要给点什么出去，才能换点什么回来。

很多人以为经常账户赤字会导致资本外流，但情况可能恰恰相反。美国作为一个整体，投资比储蓄多，吸引了大量外国储蓄。这意味着，如果美国进口额比出口额多 5 000 亿美元，那就说明有 5 000 亿美元的外国储蓄净流入来支付这些进口费用。在这样的情况下，美国国内投资比美国国内储蓄多 5 000 亿美元。

国内投资 = 国内储蓄 + 经常账户赤字（即国外储蓄）

一般来说，高储蓄国家的经常账户往往会有盈余，而低储蓄国家的经常账户往往会赤字。更重要的是，因果关系可能要从资本账户转到经常账户。因此，我们不会因为经常账户赤字而吸收外国储蓄；相反，我们的账户赤字是因为吸收了外国储蓄。当外国人对在美国存钱特别有兴趣的时候（比如 20 世纪 90 年代后期的科技繁荣期和 2004—2006 年的房产热期），外国资金的流入会推高美元，结果会导致美国的经常账户赤字扩大。

一些人容易被著名的国民收入核算方程（national-income accounting equation）蒙蔽。

GDP= 消费 + 投资 + 政府产出 +（出口–进口）[①]

他们看到方程中经常账户赤字变成负数，就会错误地假设因果关系。但是，如果进口比出口多 5 000 亿美元，我们同样可以说投资比国内储蓄多 5 000 亿美元。经常账户赤字对 GDP 没有直接影响。进口商品（出口–进口）虽然显示为负数，但在消费加投资中会显示为正数。事实上，如果进口确实减少了 GDP，那么美联储只要扩大货币供应，就足以抵消任何负面影响。

那么关于货币操纵更复杂的观点是什么呢？为什么一些著名的经济学家们也会抱怨人民币被低估，或者德国经常账户盈余巨大？对此，有两派复杂的观点：一派是普遍派，另一派是特指零利率派。

第一，说说普遍派：有些人担心，经常账户盈余会提高全球储蓄率，从而降低总需求。当没有零约束时，储蓄增加的收缩效应很容易被其他央行的扩张性举措抵消。但是凯恩斯（还有类似保罗·克鲁格曼的现代凯恩斯经济学家）担忧的是，当经济已经处于零下限时，央行将无法抵消更多储蓄的影响。凯恩斯学者们看到了一种“节约悖论”，意思是当全球都在努力存钱的时候，结果反而会适得其反。这样非但不会增加全球储蓄，还会抑制全球总需求和总产出，将紧缩蔓延至全世界。

第二，特指零利率派的观点：其他人担心经常账户赤字可能会给特定的经济部门制造麻烦，哪怕美国的总需求还不是什么大问题。

这些反货币操纵的复杂观点集中在一个问题上，即储蓄率和经常账户盈余到底扮演了什么角色。不过这些观点根本和汇率没有关系，实际上和“储蓄操纵”有关。例如，德国的经常账户盈余位居世界首位，但它甚至没有自己的货币可以操纵。即便如此，德国的高储蓄率还是会压低其实际汇率。

如果德国的储蓄多于投资，那它确实需要保持经常账户盈余。但是，发生这种情况的机制是什么？如果德国和其他 18 个欧元区成员国共用一种货币，到底是什么导致汇率上升，让德国的经常账户可以大量盈余的？

这里，我们真的需要好好回想一下名义汇率和实际汇率的差别。尽管德

---

① 即：$Y=C+I+G\,(X-M)$——作者注

国没有操纵名义汇率（除了通过其在欧洲央行的间接影响），但它可以通过降低国内价格水平来压低其实际汇率。21 世纪前 20 年中，德国的高储蓄率给德国的价格水平（还有工资）带来了下行压力，导致欧元区德国的实际汇率贬值。这个过程一直持续到德国的工业竞争力日益强大，直到德国的经常账户盈余大到德国民众希望将大量的私人储蓄转移到国外经济体。

对于大多数人来说，高储蓄率看起来和货币操纵完全没有关系，甚至我们只能通过储蓄操控来理解这个概念。相反，货币操纵被视作一种政府行为，一种人为压低汇率来促进出口的企图。那么，这两个概念是如何关联到一起的？

假设一个国家认为任何货币刺激带来的收益都只是昙花一现。该国的政策制定者认为拉丁美洲国家在反复贬值他们的货币，但是长期看又没有什么证据（除了他们的通货膨胀率）。假设这个国家想要自己的经常账户保持盈余，那它该怎么做？答案很简单：抑制国内投资，鼓励国内储蓄。实际上，没有什么国家会想抑制国内投资（投资是经济发展的引擎），他们通常会选择增加国内储蓄。

但是什么样的政府政策能够提高国内储蓄呢？事实证明有很多此类政策（远比大家想的要多）。最直接的方法就是增加政府储蓄，也就是预算盈余。事实上，很少有国家可以坚持不懈地增加预算盈余，但那些成功做到了的国家（想一想挪威、新加坡，它们拥有庞大的主权财富基金），它们的经常账户盈余规模巨大。政府还可以试着把个人所得税换成消费税，或以相对较低的税率对投资收益征税来增加私人储蓄。

实际上，确实有一种政府储蓄会招致世人的普遍批评：购买外国资产。从这些国家角度来说，他们并没有人为贬值本国货币的愿望；相反这至少是一种防范措施，如果又来一次类似 1997 年到 1998 年的东南亚金融危机，政府需要保证手里握有足够的外汇储备以防止动乱。

尽管如此，西方政客们指责这些积累了大量储备的国家（比如中国）操纵汇率。有意思的是，这些指控通常不会针对挪威、新加坡、瑞典这些国家，尽管这些国家的经常账户盈余占 GDP 的比例要大得多，尽管这些盈余也可能和政府鼓励储蓄的政策有关。一个国家的储蓄政策如果包括了积累外汇储备，这个国家就尤其容易招来指责。如果常规定义的汇率操纵（购买外汇）被国际条约禁止，那各国完全可以通过管理预算盈余达到类似的效果。

我们了解的所有货币操纵知识都是错的

就这些货币操控的错误观点，让我用以下一些评论来作总结：

- 没有证据表明，经常账户失衡和失业率有关系。赤字国家（特别是说英语的国家）的失业率常常低于欧元区，欧元区的经常账户大量盈余。
- 日本长期通缩，人们常常指责他们“低估货币”，仅仅因为日本有大量的贸易顺差，尽管其名义汇率明显被高估。实际汇率被低估而名义汇率被高估，这两种情况有可能同时发生。
- 美国经常账户赤字占 GDP 的比重低于 33 年前。因此，1987 年以来美国贸易失衡并未导致美国去工业化。
- 当失业率最低时，美国经常账户赤字往往最大。
- 批评汇率操纵只有一种情况下有意义，那就是将汇率操纵理解为储蓄操纵。然而，在我看来，那些指责经常账户盈余国家的人，即使是最老练的批评者，其实也掩盖了一个问题，那就是定义清楚何种储蓄操纵是可以接受的、何种是不可接受的，这可太难了。他们也没能解释清楚为什么要特别针对一些国家，而对另一些国家却视而不见。
- 德国在加入欧元区后可以操纵他们的实际汇率，就像它可以操纵自己没有废除的货币（德国马克）一样。
- 中国在 2008 年底停止重估人民币，这个决定支持了中国的名义 GDP 增长，由此产生的 2009 年经济快速增长，帮助全球经济躲开了大萧条（即收入效应似乎超过了替代效应）。然而，世界竟然还为此批评中国。
- 国家之间的经常账户失衡不是“问题”，就像得克萨斯州和加利福利亚洲之间的经常账户失衡，都算问题，但不大。然而，类似希腊这样的国家的经常账户失衡，其原因可能就是个问题，尤其是其经常账户失衡可能反映了过度借贷。

- 经常账户赤字的国家一般被视作“债务国”。对于希腊这样的国家，这个标签很准确。但是，经常账户赤字并不能衡量债务增长。以澳大利亚为例，这个国家的经常账户赤字已经好几十年了。如果澳大利亚从亚洲购买汽车然后用债券支付，那么它的净债务就会增加。但如果澳大利亚已经用黄金海岸的房产交换亚洲的新车，那这笔交易将显示为“贸易失衡”，仅仅因为公寓被视为资本出口而不是商品出口。然而，澳大利亚没有积累债务，对澳大利亚人来说，黄金海岸建房子反倒给澳大利亚人创造了就业机会。

显然，所谓汇率实在还有很多需要解释。我只希望，这一章能够让你们意识到大多数媒体关于汇率的分析实在太不可靠了。例如，人们对名义汇率和实际汇率之间的区别知之甚少。货币政策也许会涉及短期和长期的名义汇率操纵，但仅在短期内涉及实际汇率操纵。然而，人们抱怨的许多贸易失衡是长期的问题，而不是周期性问题。

人们也忽视了对于贸易而言实际汇率操纵才重要，忽视了实际汇率操纵的本质是储蓄操纵，还忽视了某些类型的储蓄操纵其实极具争议性，而其他类型哪怕效果几乎相同，却可以逃脱质疑与抨击。

那些反对汇率操纵的更为“复杂”的观点（上述讨论过）也很让人怀疑。稍后我们将看到，零下限并不能阻止央行抵消贸易对于总需求的影响，至于奥托、多恩和汉森所说的部分区域影响，恰恰是我们想要从国际贸易中获得的收益，即创造性破坏。如果各国专注于将自己的国家治理好，而不是将错误的货币和储蓄政策导致的问题归咎于其他国家，这个世界会变得更美好。

第四部分

何为宏观经济学?

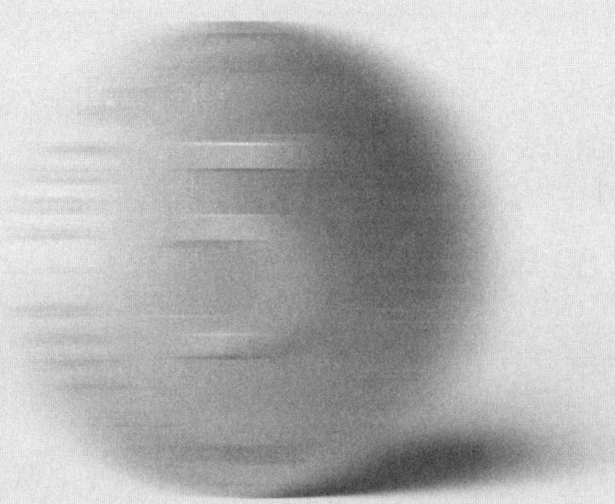

PATR 4

第十三章
市场货币经济学之路

2008 年底，2009 年初，有几位经济学家认为是美联储的政策引发（或者至少是恶化了经济）了大衰退，我是其中之一。提一下这段经历，会有助于大家理解我何以改弦更张。

回首过往，我想，我今天的观点主要来自曾经研究的三个领域：期货市场价格指导下的货币政策研究、大萧条期间货币政策研究、日本的流动性陷阱研究。研究过这三个主题的学者，并非只有我一个人，但当经济开始衰退后，我可能是唯一一个花了大量时间对这三个领域都有研究的人。这一章，我会给大家展示，这些领域的研究是如何让我看到其他人忽视的内容（过度紧缩的货币政策导致了大衰退的）。

20 世纪 80 年代的新货币经济学

1973 年到 1977 年，我在威斯康星大学修经济学专业。1977 年到 1980 年，我在芝加哥大学攻读经济学博士学位。那几年，我旁观了货币经济学两派的“龙虎斗”。威斯康星的凯恩斯经济学家支持利率导向的货币政策，他们声称货币租借成本（名义利率）才是货币政策立场的重要指标。他们的主要对手是当时的芝加哥派货币经济学家，他们依据货币数量论，认为货币数量才是货币政策立场的重要指标。那时，我特别认同这些货币经济学家。当时经济滞涨，凯恩斯学派的办法几乎没有效果，这在很大程度上削弱了凯恩斯学派的力量，从而让货币经济学家渐渐占了上风。

但是，这些货币经济学家们也没能春风得意多久，因为货币流通速度很不稳定，人们越来越觉得货币数量也不是多可靠的货币政策立场指标。有一派经济学家（包括但不限于供给派）开始推广货币政策的第三个观点，声称货币价格（price of money）才是货币政策立场的最好指标。20 世纪 80 年代，我就这么慢慢从传统货币主义倒向了货币价格派。

货币租借成本派和货币数量派测量货币价格的方法可太多了。诺贝尔奖经济学奖获得者罗伯特·孟德尔（Robert Mundell）专门研究基于外汇的货币价格。其他的供给派则由经济学家阿瑟·拉夫尔（Arthur Laffer）带领，他专门研究基于黄金的货币价格，有些情况下也会基于“一篮子”商品（basket of commodities）做研究。

可叹的是，无论是基于外汇还是商品，货币价格稳定并不一定会产生稳定的宏观经济环境。实际汇率可能因为各种原因而波动。如果不允许调整名义汇率，那所有的调整就只能通过价格水平来实现，这样就会破坏经济的稳定性。我们会发现这就是欧元区两大顽疾之一。

商品标准也好不到哪里去。黄金的实际价值或者一篮子商品价格，也会时不时变一变。若货币与黄金挂钩，则该货币的购买力会跟着黄金的实际价值变化上下波动。想象一下，倘若瑞典 2001 年采用金本位，当时 1 盎司黄金兑美元还不到 300 美元。到了 2011 年，中国和印度等新兴经济体对黄金产生了大量需求，金价一路暴涨到 1 盎司 1800 美元，那么挂钩黄金的瑞士法郎可就要跟着金价一路上涨了。结果瑞士法郎兑其他货币，比如美元，升值了不止 6 倍。

对于商品而言，美元价格未变，但按照挂钩黄金的瑞士法郎计价，商品价格很可能会在 2001 年到 2011 年下降到原来的 1/6 左右。如果 2001 年瑞士法郎兑美元汇率为 2.40，到了 2011 年，瑞士法郎兑美元就只有 0.40 了。想象一下，1 吨钢 2001 年值 100 美元（即 240 瑞士法郎），2011 年值 120 美元，按照瑞士法郎计价，随着瑞士法郎升值 6 倍，钢的价格下降大约 80%，从 240 瑞士法郎 1 吨跌到 48 瑞士法郎 1 吨。真是这样的话，瑞士会立刻陷入严重的通缩，导致经济大萧条。

货币政策的核心问题是，央行可以每天轻松控制的变量，比如联邦基金利率、基础货币、金价，和我们真正关心的指标，例如 CPI、失业率、名义 GDP，虽有关联但却不太可靠。当我思考这个问题的时候，我突然想到，我们需要稳定的是和目标变量关联最紧密的目标价格。

就在我得出这个结论的时候，纽约开启第一份消费价格指数期货合约（consumer price index futures contract）的交易。我知道芝加哥大学提出了有效市场假设（efficient-market hypothesis）。金融市场会将大量的个人预测汇总为有效的市场预测。这样来看，CPI 期货合约价格与来年的 CPI 的相关性，应该比传统货币政策指标，例如利率、货币供应、金价都更紧密。

我把这些想法写成了一篇论文，论文中有我关于价格和群体智慧等方面的思考，后来我在 1987 年美国经济学会会议上提交了这篇论文。到 1989 年论文发表时，我更青睐名义 GDP 目标而不是通胀目标，因此该论文提倡新的政策机制，认为该机制下央行要稳定的是名义 GDP 期货合约价格。

论文的基本思想是，央行应将政策工具（利率或基础货币）设定在期货市场交易员们一致认可的符合央行预定增长目标的名义 GDP 增长率上。如果交易员预期名义 GDP 会增长过快，他们就会从央行手里购买名义 GDP 期货合约。这代表了公开市场买卖会自动削减货币供应量。这个过程会一直持续到名义 GDP 增长预期同目标预期一致才会停止。如果交易员预期名义 GDP 会增长过慢，他们会将名义 GDP 期货合约卖给央行。这样一来，货币供应会自动增加。

我现在依旧认为这是个不错的政策选择，尽管我现在更青睐一个修订过的版本（参见第二十一章），以更好地回应针对该提议的一些批评。回到 20 世纪 80 年代，我觉得我可能是第一个提出此类政策的经济学家、第一个提出此类具体建议的人。不过“新货币经济学”在我之前已经提出了利用市场力量来指导货币政策的观点，这些学者有厄尔·汤姆森（Earl Thompson）、罗伯特·霍尔（Robert Hall）、大卫·格兰斯勒（David Glasner）和罗伯特·黑泽尔（Robert Hetzel）。

为何不盯着预期？

21 世纪初，拉尔斯·斯文松（Lars Svensson）（当时他是本·伯南克和保罗·克鲁格曼在普林斯顿的同事）主张采用“预期目标”（targeting the forecast）政策。这意味着，他们认为央行应该永远将自己的政策位置，设定在可以引领其经济预测团队估计能够达到的通胀目标（或名义 GDP 增长目标）位置上。如果央行的通胀目标是 2%，那么预测团队设定的 1% 或 3% 的通胀目标就没有意义。如果你想要一两年内达到 2% 的通胀目标，但你的通胀目标预测却不是 2%，那你就需要调整政策工具。

我们可以和航海类比一下。你现在在一艘从巴黎前往纽约的游轮上。一天你在甲板上遇到船长，问船多久可以抵达纽约。船长告诉你，他估计 48 小时左右就可以到达波士顿。你肯定会惊呼：“可这艘船是去纽约啊！”船长回答说：“是的，但是因为风浪的原因，我们偏离了航线，现在我们会去波士顿，而不是纽约了。”我不知道你会怎么想，但是我一定会问这个船长，怎么不调整一下方向好抵消风浪的影响，这样我们还是可以抵达原来预定的目的地啊。预期的目标才应该是我们瞄准的目标。

听起来这好像是常识，对全球远洋班轮而言，我肯定这就是他们做事的方式，但这不是央行的做事方式。例如，2008 年底，货币杠杆就被设定在央行预计无法达成的目标位置上。零利率约束（zero-rate bound）时尤其如此。2008 年 10 月，美国利率已经到了接近零的位置（12 月中），此时距离问题出现都过了几个月了。

拉尔斯·斯文松希望央行以他们自己对通胀或名义 GDP 的内部预测为目标，而我提出了名义 GDP 期货目标，希望央行以市场预测为目标。回想起来，我针对市场预测的研究让我比大多数同行更早看出货币政策出了问题。2008 年 9 月 16 日，就在雷曼兄弟破产两天后，联邦公开市场委员会召开会议。美联储发表声明，利率目标仍将保持在 2%。它指出经济衰退和高通胀风险大致相当，所以他们不采取行动是合理的。衰退风险存在吗？确实存在。事实上，美国此时已经陷入衰退 9 个月了。

但是美联储更担忧的是通胀。可是2008年9月，高通胀的风险是完全不存在的，真正的问题是未来通胀过低。美联储召开会议那天，五年期国债的通胀保值债券价差已经只有1.23%，这意味着预期通胀率已经远低于美联储2%的通胀目标了。市场暗示赶紧采取更扩张性的货币政策，好让通胀接近目标值，并让经济衰退更温和——这是双赢的局面。

诚然，在市场动荡期，一旦有安全通道，通胀保值债券价差确实可能会被扭曲。在这种情况下，流动性略弱的指数型国债可能比交易更便利的常规国债会获得更多的预期回报，这可能会让通胀保值债券价差降低到低于公众预期的通胀率。然而，这不能算作不实行货币宽松政策的理由，因为这种市场动荡呈现的是非对称风险，其中深度衰退的风险要远高于高通胀的风险。除了国债，如果所有资产类别（甚至包括相对安全的国债通胀指数债券），都因为急于寻求安全保障而贬值，那我们可以很有把握地说，现下通胀一定不是最大风险。

货币政策调整应该基于市场预期，持有该观点的经济学家不多，我是其中之一。我因此得以在2008年9月发现货币政策过于紧缩。在我的职业生涯中，我第一次感到自己和其他人格格不入。那个时候，经济学博客刚刚开始流行，我决定写博客。这个方法也许能让我的想法进入政策辩论。

大萧条

我的大部分职业生涯都致力于研究大萧条。货币历史一直让我感到很着迷，也许是因为我童年时喜欢收集硬币。当年，作为一个十几岁的孩子，我被弗里德曼和施瓦茨的《美国货币史》深深地迷住了。货币理论如此美丽，如此优雅，使我对它欲罢不能。通过货币发展史，我得以从一个完全不同的角度看待这个世界。

我从20世纪80年代开始系统研究大萧条，那时弗里德曼和施瓦茨的《美国货币史》发行已逾二十载。有研究者批评弗里德曼和施瓦茨，说他们忽视了金本位对当时决策者的束缚。巴里·艾肯格林（Barry Eichengreen）1992年写了一本关于大萧条的书，这本书影响力很大，标题用了一个隐喻“黄金脚镣”。

该书关注的是金本位制度如何约束两次世界大战期间的央行手脚。

我发表了多篇学术论文，有关于大萧条时期的国际金本位制度的内容，也有关于罗斯福新政各种干预措施对于劳动力市场的影响的内容。并非所有这个阶段的研究都和2007—2009年的大衰退直接相关，因为美国的货币政策已经不再受制于黄金。但是，2008年经济陷入严重衰退时，我的一些研究还是很有价值的。以下是一些例子：

- 影响预期未来政策路径的冲击最重要。
- 货币政策、资产价格、工业生产三者之间密切相关。
- 货币政策的价格论比凯恩斯的利率论或货币主义的货币数量论更有用。
- 20世纪30年代、20世纪40年代和20世纪50年代的大萧条，几乎所有人都没看懂，误解之处和我认为我们误解的大衰退（还有目前）几乎相同。

这个研究让我读了大量当时的新闻出版物，比如《商业和金融编年史》（*Commercial and Financial Chronicle*）、《华尔街日报》，还有《经济学人》。整整一年，我读了《纽约时报》从1929年到1938年期间几乎全部重要的政治金融报道。我对有些内容极其感兴趣，比如政治危机影响下的资产价格数据，或政治危机没有影响资产价格的数据，还有那些我认为很重要的政策冲击事件。

我很快发现，资产价格对许多美联储政策的反映并不像弗里德曼和施瓦茨对大萧条的描述。这并不是说弗里德曼和施瓦茨就错了；我依旧接受弗里德曼和施瓦茨书中的基本观点，即过度紧缩的货币政策在1929—1933年爆发的大通缩和1937—1938年的经济二次探底中扮演了重要角色。我只是对紧缩货币政策的描述略有不同看法，我更关注金本位决策，而不是货币政策工具，比如公开市场操作、贴现率变化、准备金要求。

大萧条期间的资产市场参与者似乎对可能改变未来政策路径的决策极其敏感。1933年4月发生的事就是个很好的例子，当时罗斯福总统开始贬值与黄金挂钩的美元。这个行为对传统政策指标例如利率或货币供应几乎没有影响。但是，金价的上涨极大影响了人们对于货币政策未来路径的预期。金价从1盎司20.67美元上升到1盎司35美元，这让人们觉得未来货币供应会增加，物价会上涨。确实，这个影响如此显著，以至于美国在1933年至1934年发生了严重的通货膨胀。尽管美国当时已经有25%的失业率，批发价格指数依旧在短短12个月间上涨了大约20%。

2005年左右，我开始和高提·埃格尔森（Gauti Eggertsson）通信，他当时和迈克尔·伍德福德（Michael Woodford）在普林斯顿大学共事。他认为，我的一些实证研究支持了他和伍德福德一起提出的（新凯恩斯主义）理论，研究表明当时的货币政策设定远远没有货币政策未来路径的预期重要。后来大衰退证明了这个研究的巨大价值，美国利率降到了零，人们于是开始认为传统政策基本失效。

我研究过大萧条，这让我得以更好地理解，为何胡佛总统的量化宽松政策当年没能起效。由于金本位的限制，人们认为1932年开启的量化宽松计划不会持续太长时间。第六章中，我们已经明白临时货币注入并不会有太大效果。相比之下，罗斯福新政的美元贬值策略，却能够有效提振价格，这是因为金价上涨给了大众一个可靠的信号，那就是货币政策将在未来数年甚至数十年内更加扩张。在美元贬值的情况下，货币供应甚至没有立刻增加（没有量化宽松）。这一切的发生都是依靠预期完成的。有些怀疑论者嗤笑这是“预期仙女”。

弗里德曼和施瓦茨的研究让他们得出结论：货币政策调整和经济变化之间存在着长期且可变的滞后。滞后当然是有的，特别是黏性价格。但是整体来说，我认为他们在这点上说得不对。弗里德曼和施瓦茨的研究过于依赖货币供应这个指标来判断货币政策立场，他们最终看到的是货币冲击，而货币冲击并不会立刻影响经济。例如，他们声称美联储的货币紧缩政策始于1928年，但是经济直到1929年夏天还是景气的。

在我看来，弗里德曼和施瓦茨过于依赖货币供应指标，这让他们误判了很多重要的货币冲击（凯恩斯经济学家也犯了类似错误，他们过于依赖利率作为货币政策立场指标）。结果，直到今天，经济学家的共识竟然依旧是，货币政策冲击对经济的影响具有长期且可变的滞后性。

我在大萧条研究中，注意到了按月统计的工业生产指数和资产价格高度关联（见图13–1）。回想一下，当时我发现20世纪30年代货币政策也与资产价格高度关联。这意味着货币政策既与资产价格高度相关，又与工业生产高度相关。按照标准来看，如果在货币政策和产出之间，真的有长期而可变的滞后存在，这些应该都不存在才是。毕竟，货币政策显然没有因为滞后影响到资产价格。

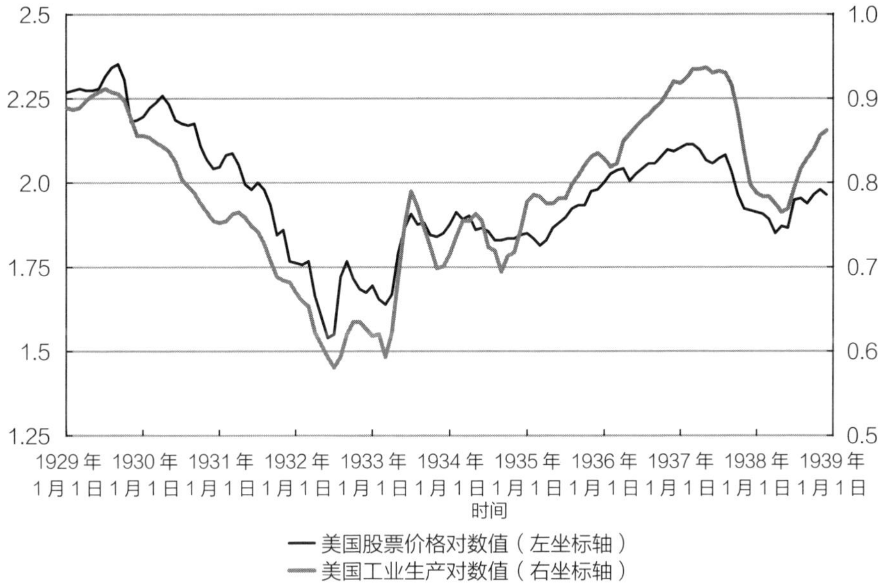

图 13-1　1929—1938 年美国股票价格与工业生产

我还注意到，货币冲击越明显就越容易识别，货币政策之间也就越没有所谓的长期而可变的滞后。1920—1921 年和 1929—1939 年的急剧货币紧缩政策，几乎立刻就抑制了经济，而美元贬值这种极度强大的货币刺激，几乎立刻带来了美国历史上最快的经济增长。工业生产在 1933 年 3 月到 7 月间飙升了 57%，其间，货币供应或利率几乎没有变化，可人们对于未来货币政策立场的预期，却立刻发生了变化。确实，谈论长期和可变的线索可能更有意义，因为人们对于未来货币宽松的预期，能够让今天的价格和产出立刻上涨。

为何经济思想史如此重要？

我对大萧条了解得越多，就越对经济思想史感兴趣。我发现，那些经济学大家们，比如欧文·费雪、古斯塔夫·卡塞尔（Gustav Cassel），特别是拉尔夫·霍夫特里（Ralph Hawtrey）都曾经预见过我关于大萧条书里面的一些想法。结果，现在我对如何教宏观经济学的看法，已经和我的大多数同事们背道而驰了。我认为，宏观经济学博士课程应该安排三分之一的时间让学生学习经济史、三分之一的时间学习经济学思想、三分之一的时间学习现代宏观经济学理论。大衰退期间，我们看到很多著名经济学家"发现"了什么新观点，其实那些观点在两次世界大战期间广为人知，如今只是被人遗忘了而已。

我知道20世纪30年代关于货币负利率的提议，我是最早发布此类提议的人之一。由于金本位制度的限制（而不是因为流动性陷阱），胡佛总统的量化宽松政策未能奏效。这点我早已知道。在我看来，同样的政策，如果是法定货币制度，是很有可能起效的。（哪怕是法定货币制度，如果只是临时政策，也不会有效。）我非常了解美联储在1936—1937年犯下的错误，他们那个时候竟然提出提高银行准备金的要求。后来美联储在2008年10月又一次重蹈覆辙，犯下了悲惨的错误——那时美联储开始给银行支付准备金利息了。这项政策和提高准备金的要求效果一样，都具有紧缩性。可惜，当时几乎没有什么经济学家批评美联储的政策。

通过阅读经济学思想史，我发现，货币价格理论在两次世界大战期间也曾风靡一时。经济学们，比如费雪和乔治·华伦（George Warren）都建议每月调整金价以抵消价格水平的变化。凯恩斯经济学家推荐利率，货币经济学家推荐货币供应，这场争论好比一场战斗，最后总有一方胜出。那么到底哪个指标更好用？有时候，可能是利率；有时候，可能是货币供应；有时候，是金价（或外汇）。不管是哪一个，总得有一个常数不变，这个常数非名义GDP莫属。名义GDP上涨意味着货币宽松，名义GDP下跌意味着货币紧缩。

2008—2013年我读新闻的时候，常常感觉自己在读20世纪30年代的新闻。读早期报道时，我还可以事后诸葛亮地点评当时的解读，马后炮一般说，历史早就演绎过了，经济理论多少还是进步了，我们终于得以更好地理解预期的重要性，如此云云。举一个经济学以外的例子，我不难猜测1930年《纽约时报》的某篇报道会这样说：专家们一致认为，赫尔·希特勒（Herr

Hitler）离权力越来越近了，他必会采取更温和的政策。

20 世纪 30 年代，经济学界惯以低估货币政策的重要性。当时，很少有人认为货币紧缩会加剧经济萧条（尽管卡塞尔和霍特蕾等少数敏锐的经济学家们已经意识到了货币政策的影响）。大部分经济学家依旧觉得货币并没有紧缩，因为利率已经降到了很低的位置，而且美联储也已经通过了量化宽松计划。听起来是不是很耳熟？2003 年，伯南克都公开承认是美联储导致了大萧条。这本书的目的之一，就是让人们重新评估美联储在大衰退中的作用，正如弗里德曼和施瓦茨让人们重新评估美联储在大萧条中的作用一样。

如果 20 世纪 30 年代人们不认为大萧条是中央银行的问题，那他们会觉得是什么原因造成了大萧条呢？答案很简单：金融风暴（financial turmoil）。股市崩盘、银行倒闭、汇率危机、债务违约，听起来是不是也很耳熟？事实上，除了 1929 年的股市崩盘，大部分上述问题都是因为大萧条本身造成的。即便是 1929 年的股市崩盘，部分原因也是人们估计到经济已经开始进入深度衰退期。即便股市崩盘完全是外生冲击，股市对经济的影响也可能很小。以 1987 年 10 月股市崩溃的规模，经济运行几乎连个水花都不会冒——里根繁荣持续了好几年。股市崩盘并没有引发大衰退。

我还可以用我大萧条研究中的发现来重新评估凯恩斯经济学理论。我在一篇论文中提到，凯恩斯模型本质上就是金本位模型。凯恩斯一生中，从来没有想到还会有 4% 通胀率目标这样的政策，即便设定适当水平的通胀目标可以避开流动性陷阱。不过这么一来，央行就完全不需要采取财政刺激了（哪怕是凯恩斯模型）。这一盲点反映了一个事实：凯恩斯经济学家从来就不喜欢货币制度，因为货币制度和黄金一点关系都没有。

事实上，凯恩斯曾把纯粹的（不受约束的）法定货币制度也就是当下所有国家采用的制度，称为最糟糕的货币制度，甚至比严格的金本位制度还要糟糕（他也反对金本位制度）。相反，正如我在第八章中指出的，凯恩斯更支持的是布雷顿森林体系：该体系以商品为锚，但具有更多的调整空间。然而，如果实行固定金本位制度，央行就无法以通胀为目标。

20 世纪 30 年代真正的激进分子是类似费雪这样的人，他们比凯恩斯更支持罗斯福的美元贬值政策。同样，大衰退期间，和恩斯经济学家比起来，市场货币主义经济学家更积极地推行货币刺激政策。确实，很多凯恩斯经济学家认为，美联储已经做得很好了，关注点应该转移到财政刺激了。

日本流动陷阱

我越研究凯恩斯的著作，越发现他的著名作品《就业、利息与货币通论》（*The General Theory of Employment, Interest and Money*）有两个关键错误：第一，凯恩斯错以为 1932 年胡佛总统的量化宽松计划失败的原因是美国利率接近零，造成了流动性陷阱，而实际可能是受当时国际上普遍实行的金本位制度约束，量化宽松政策才失效的。第二，凯恩斯错以为大萧条后经济迟迟难以复苏，是因为资本主义经济自身的局限所致，即总需求不足而导致高失业率，实际是美联储错误的劳动力市场政策减少了总供给。

这个分析也有一个问题：如果 20 世纪 30 年代的真正问题是受金本位约束，那么到了法定货币制度下，流动性陷阱就不应该还是问题。然而，到了 20 世纪 90 年代，日本陷入了零利率约束的泥潭，流动性陷阱发生在非金本位制度国家，完全出乎我的意料。自然地，我开始对日本的情况感兴趣。我开始研究其他学者关于日本经济问题的看法。保罗·克鲁格曼、本·伯南克、拉尔斯·斯文松、本纳特·麦卡伦、艾伦·梅尔泽，还有很多其他经济学家都认为，日本的问题不是流动性陷阱，而是日本央行采取了过度紧缩的货币政策立场。美国经济学家们的态度各异，既有屈尊俯就，也有焦灼愤怒。不用说，2009 年美联储遇到了类似的难题，经济学界的态度立刻 180 度大转弯。伯南克后来告诉记者，他很后悔当年不该那么苛责日本央行。作为美联储主席，伯南克发现真实世界中的问题，要比他作为一名学者所想象的要复杂得多。

但是到底经济学家们发现了什么，能够让他们整个圈子在 2008 年后重估日本案例？我认为美联储犯了和日本央行一样的错误。毕竟，日本央行确实采用了超低利率和量化宽松政策，然而，它依旧深陷通缩的泥潭。直到 2013 年，日本采取了 2% 的通胀率目标，情况才略有改善。美联储可以选择提高通胀目标（这就是伯南克建议日本央行做的），也可以选择坚持下去，不改初衷。我们不知道央行在零利率这个位置就无能为力。我们知道央行是保守的机构，他们不愿采纳伯南克等学者提出的建议。

许多经济学家对于日本的长期通缩只有很肤浅的了解。一直以来，日本都没有采取 2% 的通胀目标。他们的实际目标非常模糊（价格稳定），只能理解为价格涨幅接近零。而实际通胀率也确实非常接近零，因此日本事实上差不多达成所愿了，尽管这个通胀目标很模糊，并且不明确。更重要的是，日本央行表现得好似他们正在努力实现通胀目标。2000 年和 2006 年，日本央行都提高了利率以防止通胀率上升到零以上。大多数西方经济学家认为，日本央行虽然努力摆脱通缩，但失败了，所以日本让我们觉得在零利率的情况下提振通胀十分艰难。可真实情况并非如此。日本在 2000 年和 2006 年实施货币紧缩政策，仅仅因为他们对 0% 的通胀非常满意。

再进一步说，我认为在世界货币史上，和其他国家相比，日本在实现通胀目标方面成绩是最好的。1993 年 1 月日本的 CPI 是 96.1，2013 年 1 月是 95.9。近二十年中，还有哪个国家能够做到如此稳定的物价。起码在法定货币世界里，日本是独一份（图 13–2）。

第六章中，我们看到了克鲁格曼在 1998 年的论文中解释了为何临时注入几乎不会影响价格水平。这篇论文真是有先见之明，因为日本终于在 2006 年取消了其 2001—2003 年的大部分货币宽松计划。日本民众心甘情愿地持有这些额外的基础货币，认为日本央行永远不会制造通货膨胀。2006 年，日本央行大幅削减基础货币（并提高利率），这证实了他们的假想，而那个时候日本的通胀率才刚刚有点超过零的苗头（见图 13–3）。

我的研究兴趣让我得以充分理解货币在大萧条中的作用，也能充分理解当时为何人们对这些危机会产生一些误解。我在余下的章节中会反复讨论这个主题。以资产价格为指导研究货币政策，这些研究促使我密切关注金融危机时期 TIPS 利差等信息。正如我们在绪论中看到的，资产市场清晰地发出信号，表明 2008 年货币过于紧缩。对日本流动性陷阱的研究，让我得以避开犯类似的错误，比如，以为货币政策在零利率下会失效。

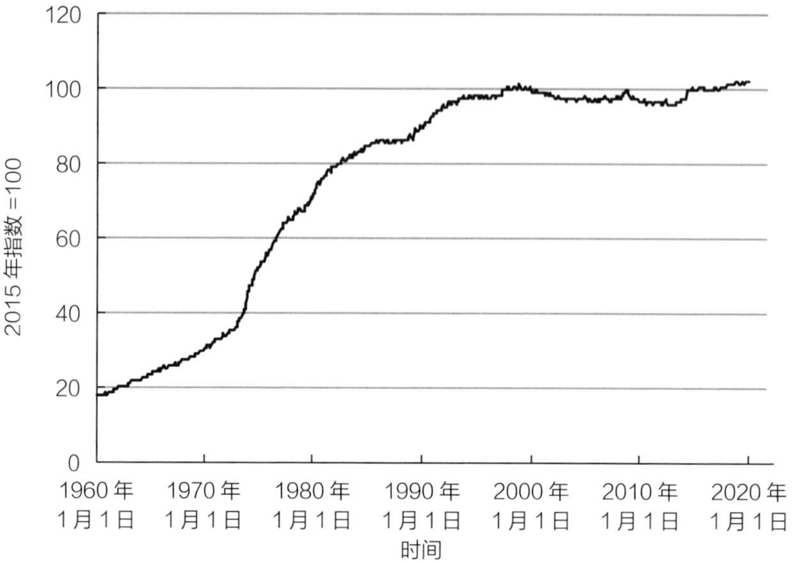

图 13-2　1960—2019 年日本 CPI

来源：FRED via Organization for Economic Co-operation and Development。

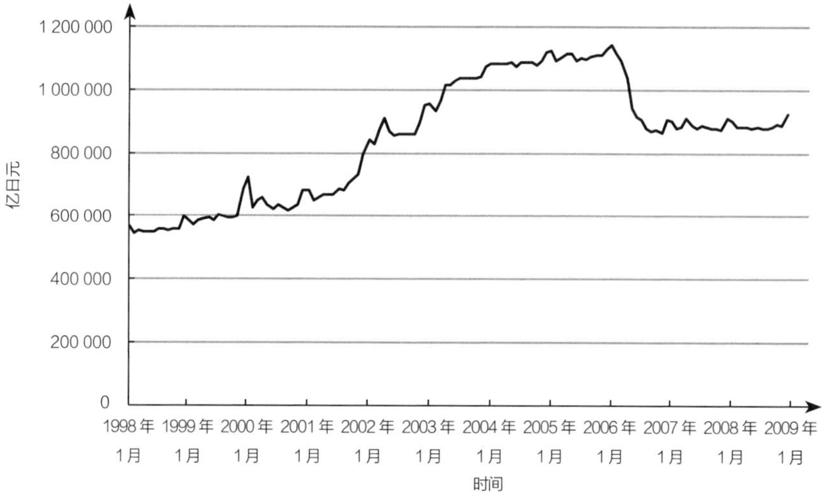

图 13-3　日本基础货币

来源：Bank of Japan。

在余下的几章中，我将开始讲述大衰退。我认为，我们误读了导致大衰退的事件（我还要向大家展示，这个误读在引发衰退中发挥了重要作用）。我们将从著名的 2001—2006 年房产泡沫开始（其实泡沫也许根本不是泡沫）。

第十四章
模式已死

像我这样的市场货币主义经济学家很难说服大家接受这个观点——美联储和其他央行的货币紧缩政策引发了大衰退。一开始，大多数人不认为当年货币紧缩是引发经济衰退的原因。更糟糕的是，那些在历次衰退中把美联储视作“恶人”的人，并不觉得 2008 年货币很紧缩。最后，大多数人看到了另外一个醒目的替代理论：非理性繁荣（irrational exuberance）（可能还有糟糕的政府政策），导致后来房地产泡沫破灭，经济不景气，引发金融危机。现在我想要让你们相信，这种所谓的标准理论是错的。

美国真有房地产泡沫吗?

我们先从房地产泡沫说起，毕竟它出现在银行危机和经济衰退之前。我从不相信泡沫理论这种说法，不认为这种理论在帮助人们看清世界方面有什么用处。更准确地说，我觉得根本没有泡沫这个东西存在。

定义术语泡沫有好几种方式。对有些人来说，泡沫就是资产价格的陡增陡降。显然，市场价格经常会疯狂地旋转运动，这里让我们用更常见也更有用的方式定义：以未来现金流为标准，当资产价格明显脱离类似基本面，则价格明显被高估，人们会预计未来某个时间点价格可能会回落至更合理的水平，如发生此类事件，人们就会判断资产价格产生了泡沫。要是能够稳妥地识别出资产价格泡沫，我们就可以避开估值过高的投资（或通过卖空从中获利）。但是，可能吗?

从2000年到2006年，美国房产价格急剧上涨，2006年后同样急剧下跌。到了2010年，在大多数人看来，这不就是一次经典的资产价格泡沫吗？想想古希腊神话中的伊卡洛斯（Icarus），展翅高飞，结果因为离太阳太近，他的蜂蜡翅膀被熔解了，最终从天上掉下来摔死了。我有各种论据来反驳这个观点，但身为一个经济学家，我还是恪守本职，摆数据讲道理。回到绪论章节的图1-6，这会让说服工作容易些，这张图展示了1999年至2014年6个说英语国家的实际房产价格变化。

2000年至2006年，美国的实际房产价格确实涨得厉害，然后到了2011年年底，这些涨势悉数吐回。爱尔兰的房价也遵循类似模式。对于大多数人来说，这就是典型的资产泡沫。但是，我们要问一个更重要的问题——2005年和2006年的房价真的明显被高估了吗？这个说法如今看来实在可疑。

英国、加拿大、澳大利亚、新西兰全都在2000年后几年内经历了类似的房价上涨，和美国的经历非常相似。如果2006年美国房价已经“明显”被高估了，房价未来必定下跌，那其他四个国家不也一样很明显吗？但是，尽管这几个国家的房价在2008—2009年全球经济衰退中（这是意料之中的），曾短暂地下跌了一阵，但截至2019年，英国的实际房价还略高于其2006年的房价水平，更远超澳大利亚、加拿大和新西兰2006年的房价。其他一些国家也经历了美国式房产繁荣与萧条（如西班牙），但大部分没有照着美国的模式来一遍。

一个购房者在2006年忍住了没买房，要是他待在美国，可能就算侥幸躲过一劫，但要是他待在其他国家，可就亏大了，因为其他国家2006年之后的实际房价都比2006年高。哪怕在美国，泡沫理论的证据也是参差不齐。那些容易建房子的美国腹地州，比如得克萨斯的房价就没有暴涨。加利福尼亚州和东北部的沿海城市，房价已经收复失地。如图14-1所示，美国全国范围内，实际房价正在快速上涨，现在的房价已经接近2006年的峰值水平了，距离2012年的房价低谷则远得很。

任何对资产价格的评估都是临时的。市场具有前瞻性，随着新信息的出现，价格就会随之变化。因此，根据新消息，看起来像资产泡沫可能完全合

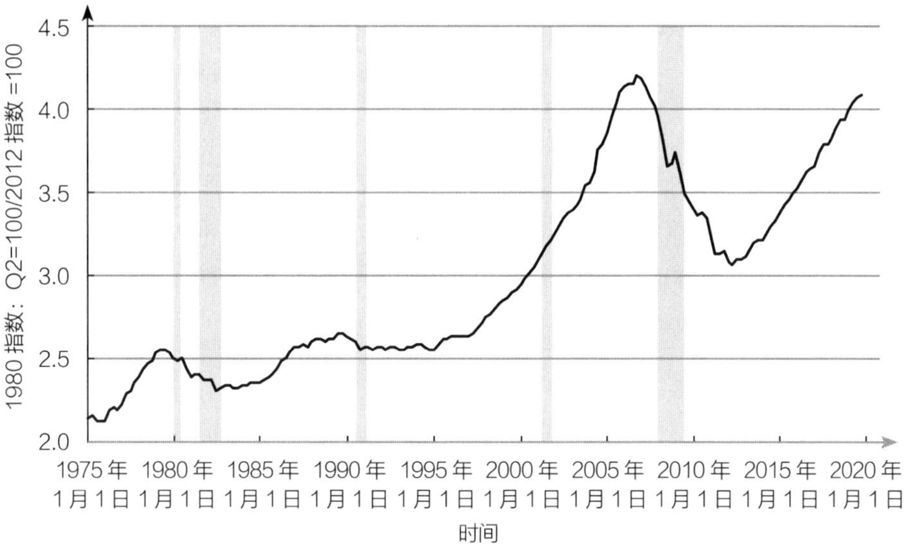

图 14-1　1974—2019 年美国实际房价

注：灰色条纹区域代表衰退期。
来源：FRED via US Federal Housing Finance Agency。

理。以科技股为主的纳斯达克指数 2000 年高峰时达到 5 000 多点，2002 年跌破 1 200 点。站在 2002 年，5 000 点看起来绝对是个大泡沫。但是，现在纳斯达克指数已经涨过了 10 000 点，当年的判断似乎也不那么准确了。有人甚至可能会争辩说，2002 年的指数水平现在看起来“不理性”（这回是太低了）。回到 2002 年，几乎所有人都认为，2000 年市场对于亚马逊类的互联网公司的前景过于乐观。今天再看，20 世纪 90 年代人们对于科技股上涨的绝对乐观，如今看来也没那么不理性。

基于今天的知识去解释房地产繁荣、萧条与局部复苏，这样可以吗？也许这样做不完美，但我想还是可以用“基本面”来解释的。先从繁荣讲起，房地产繁荣，在我看来，有以下四个因素的驱动：实际利率长期下降，实际始于 20 世纪 80 年代；1984 年至 2007 年的经济大稳健时期（great moderation），大家预期未来经济会一直稳定发展；大家认为会有更多移民，特别是美国的阳光地带城市（sunbelt cities）（部分因为乔治 · W. 布什总统发布了移民促进改革计划，该计划将有效提高本已很高的移民率，未来会有更多的拉丁美洲移民）；“邻避效应”问题恶化，或者当地政府对新基建实施了更严格的分区规划。很多公共措施或政策鼓励大家自置房屋，包括政府对房利美（Fannie Mae）和房地美（Freddie Mac）[①]的支持、让民众感到银行大而不能倒、联邦存款保险公司（Federal Deposit Insurance Corporation）对小额存款提供保险、财产税减免、房贷按揭利息抵税、监管施压银行给低收入群体放贷等。然而，2000 年至 2006 年，以上这些措施或政策没有太显著的变化，所以它们能在多大程度上抬高房产价格，效果也未可知。

低利率很可能是近几十年来资产价格抬升的最大推手。其他条件相当的话，实际利率越低，随着时间的推移，可以提供稳定现金流或服务的资产价值就越高。所以，低利率是房地产繁荣的一个重要因素。不过，我们还是要改掉依赖价格变化来推理的坏毛病。经济衰退时资产价格下跌，那时候利率也低。因此，低利率还要和住宅流动联系起来看。2000 年后，买房的人期望未来住宅可以带来高回报，他们的想法理性吗？

凯文·厄德曼（Kevin Erdmann）对这个问题进行了广泛研究，发现在所谓房地产泡沫时期，没有证据表明当时建房过度。房地产泡沫时期，美国的房屋建造量略多于 200 万套，这个数据和美国早年领土扩张期数据对比（即便在经济危机严重时也没停下），也没有多到哪儿去。突出的反而是 2008 年以来低水平房屋的开工率，如图 14-2 所示。

如果在“泡沫”期有过度建房，那人们就预期日后租金会降。但是，无论是繁荣期还是萧条期，美国的住房租赁成本都将一路上扬。除了 2010—2011 年中间很短的一年，房租每年都稳定地以 3% 到 4% 的比例上涨，快于整体 CPI。厄德曼的研究表明，从低利率和预期快速上涨的房租两个因素来看，繁荣期的房价大多是合理的。厄德曼在房地产泡沫破裂时提出了这一结论，随后的房价复苏支持了他的假设。

在我看来，持续的低利率意味着资产价格相对现金流持续上涨（不限于

---

① 房利美和房地美简称“两房”，是政府支持企业，名义上是公司，实际受美国政府的保护。——编者注

图 14-2　1970—2020 年美国新屋开工趋势图

注：灰色条纹区域代表衰退期。
来源：FRED via US Census Bureau。

房地产，还包括股票、债券和很多其他类别资产），这就是“新常态”。但是那样的话，我们如何解释 2006 年后的房价暴跌？

尽管大家普遍认为 2006 年房价过高，随后的崩盘代表了回归正常，可是崩盘比“泡沫”更难解释。最初的触发因素可能是 2006 年移民政策转向（从布什总统的特赦计划转向更严格的边境管控）和银行温和收紧了贷款标准。但更大的原因可能是：在 2007 年 12 月的严重经济衰退，还有银行危机期间和危机后，美国实行了更严格的贷款标准。2011 年以来房价回升，人们认为要归功于经济复苏和意外的持续低利率（这些因素也可以解释这段时间股价的强劲上涨）。

泡沫是认知幻觉吗？

我算是怀疑泡沫论的少数派。大多数人都认为，资产泡沫显然是我们生活的世界的一个特征。为什么要说服大家相信如下说法是如此困难：市场是有效的，资产价值反映了我们对于未来租金、股息等的理性预期。首先，这个理论违背了大家以为的基本常识，资产价格波动确实很难理解。其次，和其他社会科学模型一样，有效市场理论也不是百分百正确，甚至那些推崇有效市场理论的人，比如我，都很难解释清楚为什么股票投资者会理性地评估1987年10月19日晚上美国的股票总值（当日的股价比头一天的估值低了足足20%）。市场有时候就是会发发疯。

但即便有效市场理论不完美，我依旧认为，比起泡沫理论和其他市场“异常”论，有效市场理论更有用。哪怕市场有时候会发发疯，大部分人还是高估了泡沫的普遍性，低估了识别泡沫本身的难度。简单来说，泡沫理论不切实际。想一想，人们可能会在泡沫不存在的地方看到泡沫：过度模式识别（excessive pattern recognition）、数据挖掘、统计学的显著性滥用、确认偏差（confirmation bias）、低估“群体的智慧”（wisdom of crowds）、盲信正常价格（normal price）。人类大脑似乎天生就会注意到模式，大约是因为这个能力赋予了人类在复杂不可预测的世界中获得最大的生存优势的能力。可是，过度使用这项技能就成了迷信，就好像一名运动员认为他自身的表现不错，是穿了幸运袜子的缘故。

和其他人一样，我也免不了受过度模式识别的影响。我查看股价走势图时，注意的肯定也是牛市和熊市期间那剧烈向上或向下的趋势。所以，我对那些有认知偏见的人并不会一味排斥。实际上，有研究表明，股价看起来就好像随机漫步，这个意思是，任何一天，股价上升和下降的可能性都是五五分。任何一天所谓股价的走势和前一天发生了什么都没有任何关系。你以为你发现了股票市场的运行模式，其实哪有什么模式，都是“死模式”。这些模式未来不太可能重复。

我们换一个角度再看看。你可以画一张统计学家们说的随机漫步图，丢一枚硬币，画一条线，每次得到正面，就画一个向上的点，得到背面，就画一个向下的点。偶尔，上下点的分布可能会不平衡（也许你抛了20次，向上的点画了16个）。这样的情况下，画出来的线看起来就是向上的走势，就像牛市。还有些时候，你可能抛了20次，向下点了15次，画出来就是向下的走势，看起来就像熊市，我来看也一样。但我们知道，对于抛硬币来说，没有所谓趋势，每一次的结果都和上一次抛硬币的结果无关。

对于金融经济学家来说，相信幸运袜子就是迷信，但是当他们自己在寻找市场异常的时候，他们的行为和相信幸运袜子的行为惊人的相似。异常不过是一种异于常态的市场模式，人们却认为这可以用来预测未来的资产价格走势。比如，一项已发表的研究声称，纽约的股票交易雨天比晴天表现更差，可能是因为交易员看到天气不好，心情也不太好的缘故。这个所谓的模式发生的概率大概也就是二十分之一不到，也就是这个研究员偶然发现的罢了。有时这种研究还声称具有“统计学的显著性”。实际上，他们根本没有，这些研究完全滥用了“显著检验”这个概念。

真正的科学实验中，研究人员首先可能会发表一篇论文，声称发现了市场异常，然后解释他或她为什么认为异常可能会发生，接着再来一个研究人员收集数据，检验该理论。用赌博来类比，我来说说为什么经济学家，事实上还有很多社会学家和自然科学家都错了。想一下，针对拉斯维加斯赌轮游戏中的红黑偏差做两个测试：

- 一个研究员研究了拉斯维加斯赌场的所有权，发现其中一个赌场有某个赌球，比如，幸运 7 号这个赌球，似乎和黑社会有关联。她怀疑幸运 7 号的赌轮被操纵了，用来洗黑钱。为了验证这个假设，她开始研究，看赌球落在红色数字的次数多于还是少于黑色数字。
- 一个研究员前往 37 家拉斯维加斯赌场，收集了赌桌上红色和黑色落球的频次数据。他发现最大的频次差发生在赌场威尼斯人，它家的红色落球比黑色落球更多。他写了一份报告，暗示威尼斯人赌场的赌轮已经被操纵了，那里的机制更利于下注红色的赌客。

我希望你们已经看出来问题所在。如果你查看 37 家赌场，至少一家很有可能表现异常，即便这一家如此异常，你还是需要观察 20 次才会发现 1 次异常。也就是说，哪怕没有所谓的异常，所有的赌场都绝对诚实，你也会发现异常。这种寻求统计学显著性的模式，就是数据挖掘或者 p 值操纵（*p-hacking*），是经济学和其他学科研究中的大问题。因为这个问题的存在，你们一定要对媒体上的报道格外小心，这些媒体报道可能是在说经济关系，也有可能说的是其他领域的研究，比如营养学、环境健康风险、社会心理学。

一个研究此类的问题的小组提议将标准检测阈值从 $p = 0.05$，即该事件随机发生的概率为 1/20，提升到 $p = 0.005$，即该事件的随机发生概率为 1/200，如此才能说该发现具有显著性。简单调高统计学显著性检验阈值并不能够支持该结论。

一个问题是，很多科学家自己也低估了异常事件发生的频率。以下是我个人的经历。我在美国中西部长大，后来搬到了波士顿的城区。1991 年，我买了一幢房子，位置在马萨诸塞州牛顿市亨利维尔区。10 年后，我堂兄开始研究家谱，发现原来我们的祖先竟然是牛顿市的第三位住民，大约在 1637 年定居于该地。这位先祖住在哪里呢？就在亨利维尔区大约 0.01 平方千米的地界上。波士顿城区大约住了有 500 万人，发生这事儿的可能性有多大？

在我们漫长的一生中，会经历数以百万计的事件，有些就是非常反常（百万分之一的概率）。我们会注意到这些事件，忽视其他没那么有趣的事件。科学家在研究非常复杂的领域（比如经济学、社会学、心理学、医学、生物学、营养学）的时候，找到这种统计学显著的关系再发表论文，这一点也不难。但是，除非我们对这种关系有非常确凿的理论解释，否则当有人想复制这个研究时，他的结论基本是不成立的。所以，这些科学家们做的事情就是不停地发现一些有趣的巧合，比如运动员的“幸运袜子”。

人们不仅特别关注反常的巧合，还免不了确认偏差的俗。他们会记住自己预测对了多少次泡沫破裂，忘记自己所有错误的预测。回到 2006 年，美国人往往对准确预测了房地产崩盘的记忆格外清晰，而英国、加拿大、澳大利亚、新西兰，大约不会记得他们预测房市崩溃失败的事情。

还有更糟的。人们常常错误地回忆自己曾经做过的预测，相信他们精准地预测了泡沫，事实上，他们的预测就是镜花水月。我最喜欢的一个例子是 2010 年,《经济学人》杂志当时看起来好像准确预测了房产泡沫:“泡沫就是脱离了基本面的价格不可持续性地上涨。”这个基本面多少可以观察得到。那些认为有房产泡沫的人的依据是房价和租金比例的异常增长。很多人还真的在泡沫破裂前几年就准确认出了房产泡沫,包括《经济学人》的一些作者。美国还没有完全从 2001 年大衰退中挣扎出来时,他们就已经开始担心房价上涨太快。他们的说法和 2003 年 9 月 11 日这期《经济学人》印刷版杂志上的一个广告图片联系到了一起:“《经济学人》5 月的调查预测,未来 4 年美国房价将下降 10%,澳大利亚、英国、爱尔兰、荷兰、西班牙则会下跌 20% 到 30%。但是,此后房价却在继续上涨,我们改变主意了吗?”讽刺之处在于,这个预测就是错的。它不是小小的偏离,而是大错特错。

再看看下面一个例子来类比一下。人们以前常常赞誉托马斯·马尔萨斯(Thomas Malthus)和保罗·埃尔利希(Paul Ehrlich),这两位准确预测了“人口爆炸”。事实上,这两个人预测的正好相反——因为“增长极限”定律,地球人口上限是 75 亿。类似地,《经济学人》并未预测出 2003 年到 2007 年的美国房地产泡沫。他们预测的是,美国房市泡沫不会出现;美国房价会在未来 4 年大幅下跌。听了这个建议的人亏了不少钱。然而,《经济学人》对这个错误预测非常自豪,以至于还在广告中使用它。

有的人可能会争辩说,《经济学人》没有把握好时机,但它确实指出了房地产市场中的一些过度行为。实际上,并没有。哪怕我们把标准放宽点,不看这个所谓四年的预测窗口期,这个预测依旧是错的。实际上,只有爱尔兰的房价在 2003 年的基础上下跌了 30%,而且只是在《经济学人》预测后的 8 年里的某个时间点有了一次短暂下跌。至于另外 4 个国家,房价要不就是小幅上涨,要不就是大幅上涨,如图 14-3 所示。这可是《经济学人》的数据。

这类确认偏差一直有。人们常常看到大家引用迪恩·贝克(Dean Baker)对 2003 年房产泡沫的预测和罗伯特·席勒(Robert Shiller)1996 年声称股票市场是“非理性繁荣”的观点。我们相信这些预言会有成真的一日,但事实是,从 2020 年角度看,2003 年的房价和 1996 年的股市看起来一点也不高。2003 年买房或者 1996 年买股票,都还不错。还有多少人记得席勒 2011 年说

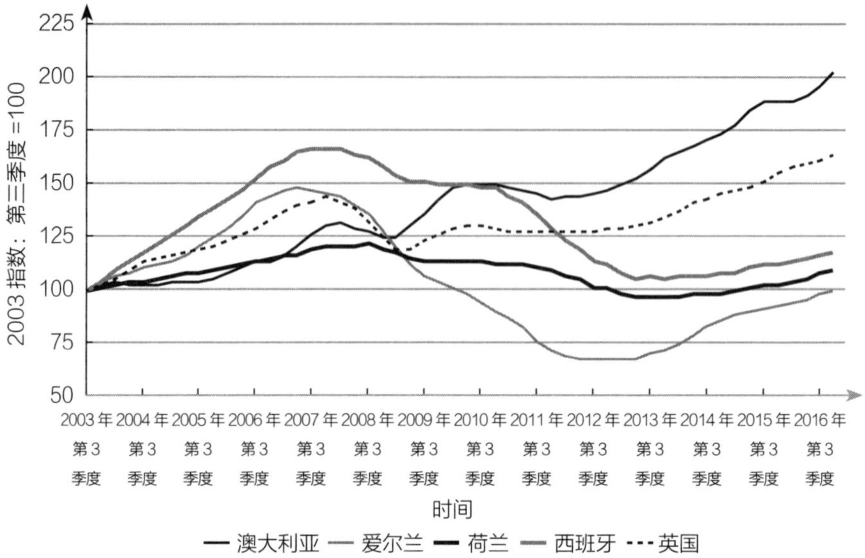

图 14-3　2003—2006 年五国房价走势图

来源：The Economist via OECD;ONS;Reserve Bank of New Zealand; Standard & Poor' s; Teranet——National Bank。

美国股市被高估了？

也许我们接受泡沫理论，还有一个原因，那就是我们对人类自身的所谓“理性”没有太大信心。每次我问班上学生，他们是否认为广告操纵了消费者，让他们买了自己根本不需要的东西，大多数人都举手了。但当我问，多少人觉得自己被广告商操纵了，买了自己不需要的东西，举手的人要少得多。

个人层面上，人们表现得都有些判断力欠佳。我当然也是。但是在市场上，重要的不是单个个体的预测，而是“群体的智慧”，汇聚了成千上万人的预测往往是极其准确的。进一步来说，即便一群不明智的投资者们将价格推得多高，市场的“聪明钱”也能反向下注。

诚然，做空单户住宅类非流动性资产不容易。然而，如果房价暴跌30%，几乎可以肯定的是，卖空其他各类价值几乎一定会暴跌的资产很容易。2008 年，约翰·保尔森（John Paulson）靠这个赚了约十亿美元：做空在房地产崩盘中表现不佳的资产。然而，华伦·巴菲特和其他精明的华尔街投资人在 2008 年亏了一大笔钱——因为预测资产市场崩盘真的很难很难。

人们执着地相信，市场最终会回到一个“正常价格”水平。抱着这样的信念，人们时不时就会误入歧途。泡沫就是异常现象，正如疯狂过后总会停下来。可是如果资产价格来个随机漫步，我们就不能假设价格最终会回归常态。这种正常价格的概念也能够解释，为何人们如此厌恶“哄抬物价”(price gouging)(哪怕哄抬物价其实对消费者有利)，因为它可以在紧急情况下更高效地分配稀缺资源。

也许，信仰泡沫最主要的来源还是我们关于生活的直觉。生活中有很多领域确实都有类似泡沫的现象。想一下，某个晚上人们狂欢滥饮，第二天会如何？头一晚宿醉，第二天早上起床的滋味绝对难受。这样一想，人们会本能地觉得，还是要自律才是。由此来看，经济衰退正是前面经济过热的一种代价。例如，奥地利有一派经济学家，他们将大衰退归咎于美联储 2000 年后的“货币宽松”政策。据推测，宽松货币导致了房地产过度繁荣，这叫作不当投资(malinvestment)。泡沫破裂后，房地产及相关产业工人失业，失业率飙升。可数据支持这种观点吗？

让我们从资产价格暴跌可能导致经济衰退的说法开始。看起来 1929 年的股市崩盘引发了大萧条，实际呢，并没有。大萧条是因为大幅降低了名义 GDP 的货币紧缩政策引发的。我们怎么知道事情是这样的呢？1987 年，我们对这个假设进行了完美的检验，如图 14-4 所示。正如我在十三章中解释的那样，1987 年股市繁荣萧条的规模和 1929 年一模一样，不仅没有萧条，经济甚至都没有轻微的发展放缓。美国继续在 1988 年至 1989 年繁荣发展。当然，货币政策是不同之处，20 世纪 80 年代的货币政策保持名义 GDP 强劲上涨。

真正的问题是名义 GDP 这个东西

早些时候我们看到，房地产繁荣时期，房产基建确实要高于平均水平，但是比起美国历史上其他的扩张期并不突出。可是，即便房地产并没有过度繁荣，后来房地产危机的时候，无论是房价还是基建数量都跌得很惨烈。经

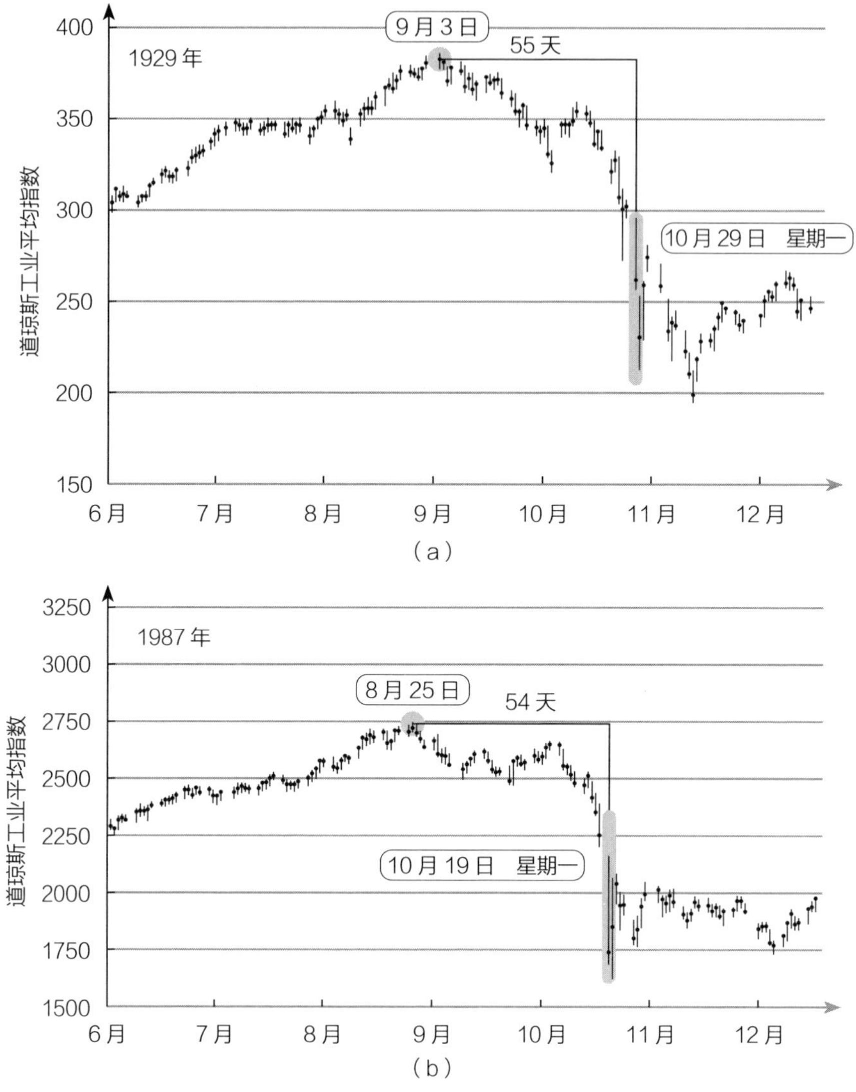

图 14-4　1929 年（a）和 1987 年（b）道琼斯工业平均指数

来源：JP Koning 博客“Fama vs. Shiller on the 1987 Stock Market Crash”。

济衰退期，包括大萧条时期，房价断崖式下跌是非常普遍的。但是我们是否可以就此判断，房产崩盘是大衰退的幕后推手呢？我们再看看本书绪论中提到的数据。表 14-1 显示了房地产繁荣时的高峰值到失业率高峰期的房屋开工、房屋完工、失业率三个数据。

表 14-1 美国房屋数据与失业率

月和年	开工数	完工数	平均数	失业率
2006 年 1 月	2 273 000	2 036 000	2 154 500	4.7%
2008 年 4 月	1 013 000	1 022 000	1 017 500	5.0%
2009 年 10 月	534 000	746 000	640 000	10.0%

来源：Federal Reserve Economic Data。

从开工和完工的平均值中，我们可以了解正在进行的施工率。注意，2006 年 1 月到 2008 年 4 月，施工率跌了 50% 还多。但是失业率几乎没有什么变化，仅仅上升了 0.3 个百分点，在统计学上微不足道。美国有史以来规模最大的房地产崩盘了，经济要如何保持“充分就业”？答案很简单：其他经济部门情况还好，商业基建依然强劲，实体制造业、出口和服务业也是如此。

这就是经济运行的方式。如果一个经济部门收缩了，那么劳动力和资本这些资源应该会更快地转移分配到其他经济部门。2000 年科技行业过度扩张，这个过程没能完美地发挥作用，但是 2008—2009 年效果就好多了。美联储努力让名义 GDP 保持增长，科技行业的资源就转移到了类似房地产和服务业的其他行业。失业率上升了，但最高峰时，也只是 2001 年经济衰退和缓慢复苏期间 6.3%，这意味着经济虽然不景气，但也还算温和。如果实施了恰当的货币政策，房地产行业崩溃以后，类似的事情也很有可能再次发生。

但是，古怪的事情发生了。2008 年 4 月后，几乎所有经济部门都开始下滑。到了 2008 年夏天，名义 GDP 下降，失业率开始迅速上升——2009 年 10 月达到了 10% 的峰值。某种程度上说，这个数据都没有完全描述出当时情况的惨烈，事实是，当时数百万工人失去了工作，也完全不找工作。毫不意外，房产基建也持续下跌，但这第二次的下跌比 2006 年 1 月到 2008 年 4 月的房产崩盘期间的下跌要更温和一些。更重要的是，这次是内生性的，是对疲软经济和银行系统在压力下实施了更严格的贷款标准的反映。

几乎每个人都认为 2008 年的真正问题是房地产行业崩溃，和随后的银行危机对经济造成的严重冲击。这就是“常识”的观点。但证据表明，真正的问题出在名义 GDP 上——名义 GDP 下跌导致了经济全行业产出下降、失业率飙升和收入下降。这反过来又加剧了房地产崩盘，并导致危机进一步向其他 2008 年前表现尚好的行业扩散，比如商业基建。名义 GDP 下降，于是 2008 年末出现了严重的银行危机。可是，哪怕银行危机，这也只是大衰退的果，而不是因。真正的原因是当时美联储采取了货币紧缩政策，抑制了名义 GDP。

2008 年 10 月，美联储终于意识到经济正在陷入衰退，即便如此，政策制定者们还是误解了根本原因。美联储最初认为真正的问题是银行危机，他们立刻试图帮助银行，完全不管名义 GDP 的下滑。这是为何雷曼兄弟破产后，美联储在第一次会议上依然坚持不降利率的原因。事实上，真正的问题在于名义 GDP 不断下滑，美联储的诸多挽救银行的措施自然全然无效，经济也没有任何起色。美联储在一艘漏水的船上忙着往外舀水，却不堵上船体的漏洞，这能有什么用。直到 2009 年 3 月，美联储才后知后觉地意识到，真正的问题出在不断下降的名义支出，才开始在货币端发力了。而到了那个时候，经济已经陷入严重衰退，实在太迟了。

值得称赞的是，美联储的表现比 20 世纪 30 年代类似情况下的表现好多了，也比欧洲央行好多了。即便如此，美联储的失策失误还是这次大衰退的直接原因。只能说当时的运气不够好，又恰好撞上了错误的决策，大部分错误，如果经济正常的话，也就只会制造一点小麻烦。这些错误列举如下：

- 过多关注通胀，过少关注名义 GDP 增长。
- 坚持增长率目标，而不是水平目标。
- 过多关注前期数据，过少关注市场对于未来经济路径的预测。
- 拒绝“以预期为目标”。
- 零利率约束条件下操作不熟，包括拿不出破釜沉舟的勇气解决问题。
- 误判当下货币政策立场——过多强调利率水平。
- 对货币实验采取了观望的态度，而不是立刻承认市场认可了其策略可能有效。

- 高估货币政策滞后期的时间长度。
- 认为实际变量问题才是真正的问题（即银行和房地产）。
- 依赖错误的通胀测量指标。

在余下的章节里，我们会更详细地探讨这些错误。我们将会看到，以往关于大衰退的分析充满了认知幻觉。真正意义上说，正是这些认知幻觉导致了经济衰退。但是在讨论这个问题之前，我想要解释一下，为何我喜欢思考类似泡沫这样的模糊概念。

泡沫理论对不对？

大多数人喜欢区分主观信念和客观真理。我实在有些怀疑这个必要性。当纳斯达克指数在 2000 年 3 月达到 5000 点时，市场形成泡沫，这句话是什么意思呢？这是关于宇宙的什么客观事实吗？或者这只是某种主观描述，就好像我们说意大利的马特峰（the Matterhorn）很美？我们怎么检验泡沫存在的假设呢？

在我看来，关于泡沫的争论都没抓住要点。证明某种资产价格上涨是泡沫还是不是泡沫，这根本不可能。这是因为，一个假设是公众有某个理性的后来被证明是错误的信念，另外一个假设是公众有明显非理性信念，区别这两种假设根本不可能。

因此，我鼓励人们少花点时间想到底泡沫理论对不对的问题，多花点时间想这个理论是否有用。对我来说，泡沫理论只有在我将其看作和有效市场理论相矛盾的理论的时候才有用，它不能用来解释资产价格的上下大幅波动。因此，我支持有效市场理论（EMH），也就是隐晦地反对泡沫理论。那么为什么我认为市场有效理论比起其他市场非理性理论更有用呢？

对我来说，有效市场理论至少对三种人很有用：投资人、学者、选民。每种情况下有效市场理论对于我的启发，都是泡沫理论难以相提并论的。例如，拿投资来说，我对有效市场理论的信念指引我投资指数基金，避免白花钱给那些声称可以打败市场平均水平的专家。如果我相信泡沫的存在，我会投资共同基金（mutual funds），他们擅长卖空泡沫资产，买入“负泡沫”（negative bubbles）——就是那些明显定价不合理的资产。

作为学者，有效市场理论对我非常有用。我用这个理论研究了大萧条，发现资产市场会立刻对公共负泡沫政策作出反应，这会影响到名义 GDP 的预期增长率。与之相对，泡沫理论对我的研究毫无用处。

现在让我们戴上选民的帽子。那些喜欢任命监管机构防止泡沫的政客，我应该给他们投票吗？毕竟，更强有力的监管也许可以阻止次贷危机的发生，真的吗？当然不是了。人们可以从理论角度或者经验角度反思当年的次贷危机，但是人们不能拿理想的监管方案和实际的银行业务来对比。如果时光可以倒流回 2004 年，政府能颁布一项禁止次级贷的法规，那当然很不错。问题是，如果 2004 年的监管机构看到了未来，银行家们也会知道将发生什么，那他们首先就不会在 2004 年发放这种高风险贷款。

反有效市场理论而赞成监管的潜台词就是银行家们毫无理性，放了许多不明智的贷款。监管机构都是理性的，能够看出这些贷款风险太大。这样来看，监管机构本身就是敏锐的未来预测大师，他们能够保护这些银行家做出伤害自己的事。理论上说，这似乎不太可能。政府监管机构都能看出哪些贷款有违约风险，那些渴望成功还拿着超高薪水的银行家反而看不出其中的风险？

更重要的是，实践中发生了什么事情？在这些危机中，监管机构采取了什么立场？首先，我们要记住，监管机构嵌入的是一个非常复杂的政治系统（和银行家一样），也会对激励作出反应。我们来想一想看守人、看守看守人的人、看守看守看守人的人。换一句话说，总统、国会、美联储、媒体、学术界，这些人中多少人预警了次贷危机呢？我们政治系统的不同层级都在鼓励银行去做更冒险的事情。

现实世界的银行家们没有预见到次贷危机的到来，他们因此损失了很多钱。现实世界的监管机构没有预见到次贷危机，他们因此发布了条例鼓励发放更多按揭贷款，而不是更少。这不是说次贷危机不需要加强监管。甚至，任何从次贷危机中衍生出来的监管条例，都应该基于市场低效以外的理由，例如，基于减少道德风险（moral hazard）的理由（除非你能说服我，未来的监管人比未来的银行家能更好地预测市场）。

是时候请出我最欣赏的一位哲学家了——理查德·罗蒂（Richard Rorty）。在他的一本书中，罗蒂引用了一条古老的实用主义格言："没有现实意义的，也没有哲学意义。"我想把这句话用在当下的讨论中："没有现实意义的，也没有经济理论意义。"泡沫理论根本没用。作为一个投资人、学者、公共政策制定者，它们对我没用。资产价格的波动可能感觉像泡沫，但除非这个感觉有实用意义，否则它根本不会对这个世界有任何科学的解释。

2009 年 2 月我开始写博客时，博客的评论区被各种反对有效市场理论的观点轰炸：

- 1987 年 8 月（崩盘前）股票市场看起来很高了。
- 纳斯达克在 2000 年 3 月达到 5 000 点，这个位置明显过高。
- 2006 年房价明显过高。
- 对冲基金（hedge funds）和大学捐赠基金（college endowments）的表现优于指数基金。
- 比特币从 2 美元飙升到 30 美元，然后回落到 12 美元，这说明比特币就是泡沫。

今天这些观点看来都有些站不住脚。1987 年 8 月崩盘前的股票市场看起来也不算太高。2000 年纳斯达克指数看起来可能太高了，但是现在它都过一万点了，这个高位还那么显眼吗？美国房价正在强劲复苏，许多其他类似特征的市场房价还从未真正崩盘。对冲基金最近表现不佳，证据就是华伦·巴菲特 2017 年赢了他的赌约。大学捐赠基金同样如此。中国也没有如许多空头预测的那样崩溃。现在比特币的价格远远高于它当初的 30 美元"泡沫"价格了。检验一个理论就是看看这个理论"样本外"运行如何，或者在理论提出后检验得如何，而不是检验以前的数据如何。

在我的博客里，我用这些论点抨击经济领域的认知幻觉现象。同时，我也知道此战必败。人们的直觉认为，泡沫就是存在，很有可能在你读这本书的时候，至少我提过的某个资产价格将出现某种价格变化，让人们感觉那就是泡沫破裂的前兆。的确，你可能说我够幸运了，还能够在过去 8 年不停地在我的博客里为我的有效市场理论呐喊助威，我博客里那些观点对泡沫理论极不友好。要是我在 2000 年到 2008 年发表这些观点，我为有效市场理论的所有辩护看起来都会是个荒谬的笑话。

这也是为什么我不停地回顾前文提及的有用标准。孤立地分析资产价格的某个反常变动没有意义。反常的事情年年发生、月月发生。要判断泡沫理论是否有用，要看它是否能提供一系列证据，对你的学术、投资、选票有用。实际上，这些是泡沫理论根本做不到的。

我恳请诸位，努力克服自己的确认偏差。是的，如果你在一个高波动的市场中一直喊泡沫来了，最后你肯定会看到价格暴跌。这就是不稳定市场会发生的事情。但是，如果比特币的价格连续多年上涨，然后在 2022 年价格从 20 000 美元跌到 1 000 美元，你在比特币 30 美元的时候称其为泡沫，这就完全无用。少关注“看似”“好像”这类说法，多关注能实际派上用场的理论。

第十五章
优秀的经济学家从不预测，他们推理市场

预测

2007 年 8 月 1 日晚高峰时段，明尼艾伯斯市（Minneapolis）一座八车道大桥突然倒塌，造成 13 人死亡、145 人受伤。尽管公路工程师经常警示政府，说该桥状况不佳、未达标准，可 2007 年没人想到这座桥会突然这么塌了。

我们能期望公路工程师预测这座桥何时塌吗？不能。工程师学习公路工程学不是学习为了预测塌桥，而是让桥不要塌。当然，如果工程师们早知道这座桥即将坍塌，怎么说都会很快完成紧急维修，哪怕明尼苏达州缺钱，稍微挪一点其他工程的专项款也能完成 I –35 桥加固。

本章，我对经济学专业也提出了类似的观点。我们不应该要求经济学家们预测经济衰退，我们应该要求他们想办法阻止经济危机。如果我们可以预测危机，也应该可以阻止它们发生。詹姆斯·汉密尔顿（James Hamilton），著名的经济周期专家，曾经说过："你可以和别人争论美联储的活干得好坏，但任何经济衰退，要提前预测它的发生，这事儿应该都不太可能。"严格来说，汉密尔顿的评论仅适用于需求冲击导致的衰退，可现实中，供应冲击也同样无法预测。

正因为政策制定者无法预测危机，大部分的衰退才会发生。确实，说经济学家们不擅长预测危机，这个说法都有点保守了；应该说，经济学家们完全不擅长预测危机。历史上的三次经济危机都是已经开始好几个月了，经济学们才终于达成共识，危机来了。没错，经济学家们不仅无法预测危机，他们甚至无法认知当下在发生的危机。2008 年 7 月，经济学家们无法认知到经

济在 2008 年 1 月就已经陷入衰退了。

2008 年年初，我在写一篇论文的时候，读到了汉密尔顿的评论，他说经济学家永远无法预测衰退。当时我还以为美联储采纳了拉尔斯·斯文松的建议，即“瞄准预期”——货币政策的目标总是瞄准预期来制定的。简单来说，美联储货币政策瞄准的目标是美联储期望可以达到的目标。既然美联储没有瞄准衰退，就应该也无法预测衰退。

我没想到的是，几个月后发生的事情将会推翻我的假设。倒也不是因为经济学家们成功预测了即将到来的经济危机（再一次，危机发生都几个月了，经济学家们才达成经济衰退的共识），而是因为美联储似乎完全抛弃了斯文松的“瞄准预期”标准。2008 年年底、2009 年的名义 GDP 预期增长率远低于美联储希望看到的水平，然而，美联储似乎异常被动。这让我悲愤之极，我立刻开始积极倡导货币政策改革。

在新凯恩斯经济学时代（1984—2007），美国经历的几次衰退都是基本快要结束了，经济预测机构才一致认为衰退已经开始了。一旦经济学家认识到衰退正在进行中，人们就开始期望接下来的 12 个月内，经济会逐渐复苏。2008 年年底的情况有所不同。显然，2009 年名义 GDP 支出远低于美联储希望看到的水平。这不仅是我的观点；2008 年年底，本·伯南克开始要求财政政策协助了。

事实证明，经济预测为我们理解经济衰退的原因提供了一个认知角度。既有能预测的衰退，也有不能预测的衰退。因此，我们需要更仔细地研究这个矛盾的预测世界。我要声明的是，我们唯一应该能够预测的衰退，是那些我们希望会发生的衰退。

衰退应该何时出现？

经济周期难以预测的一个原因是，即使衰退已经开始了，人们也有办法阻止它。看起来这似乎在本体论上就不可能，但这是真的。衰退指的是产出和就业持续下降，小幅下跌不算在内。因此，如果 2009 年政策制定者可以坐着时空穿梭机回到 2008 年 6 月，他们可能已经制定了一堆激进的货币刺激政策来刺激经济。这不仅可能在 2008 年 6 月阻止经济陷入衰退，甚至可能阻止经济在 2008 年 1 月陷入衰退。毕竟，2008 年年底产出大幅下降之后，2008 年 1 月才被认证为衰退期。那时，人们已经不再认为 2008 年 1 月的经济只是经济扩张过程中的小幅下挫，而是早在 2007 年 12 月就开始的经济衰退早期。

请让我比较一下 1967 年和 2008 年的情况来说明这个概念。1967 年，美联储成功阻击了一场已经开始的经济衰退。结果，历史书上就没有 1967 年经济衰退的记载。产出是降了，但是没有持续下降到可以称其为经济衰退的程度。图 15–1 显示了 20 世纪 60 年代后期的工业生产情况：1966 年 10 月至 1967 年 7 月，工业生产下降了近 1.9%。这个数据远低于 20 世纪 70 年代经济衰退期观察到的 8%，就这 8% 的下降幅度也堪称温和。1967 年美国没有出现经济衰退，那是因为美联储在 1967 年春季感知到了经济放缓，从而采取了宽松政策。由于美联储的这一举动，失业率仅仅从 1966 年 11 月的 3.6% 小幅上升到 1967 年 10 月的 4%，然后长期下降的趋势重新抬头。

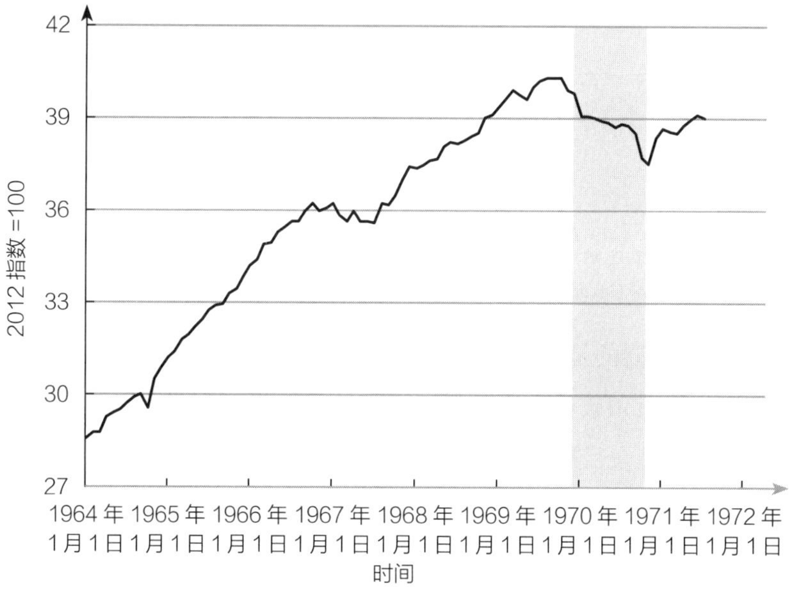

图 15–1　1964—1971 年美国的工业生产情况

注：灰色条纹区域代表衰退期。

来源：FRED via Board of Governors of the Federal Reserve System（US）。

我们再看看2007年年末和2008年年初的工业生产情况，如图15-2所示。2007年11月工业生产达到顶峰后，接下来的7个月里，工业生产仅仅下降了2.2%。这和1966年到1967年的情况相似。2008年6月之后，产出大幅下跌，到2009年6月，工业生产水平比衰退前低了17.3%以上，这表明，经济陷入了深度衰退。

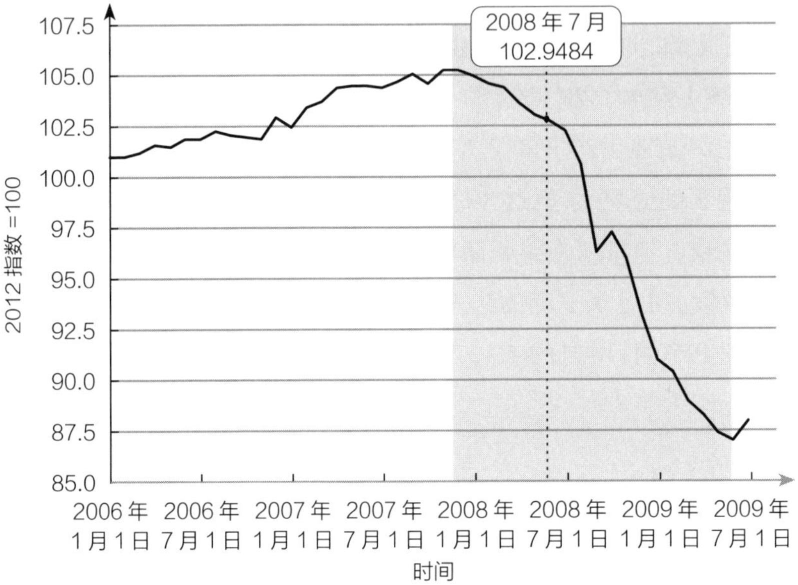

图15-2　2006—2009年美国的工业生产情况

注：灰色条纹区域代表衰退期。

来源：FRED via Board of Governors of the Federal Reserve System（US）。

和1967年不同的是，尽管经济衰退的迹象日益明显，美联储在2008年年中依旧不放松货币政策。实际上货币政策甚至大幅收紧了。尽管自然利率迅速下降，联邦基金目标从4月到10月依旧保持在2%左右。如果美联储在2008年6月能够大幅放松货币，它完全有可能拦截2007年12月从技术层面来看初露征兆的经济衰退。2007年年底到2008年6月，产出下降幅度太小，人们都不觉得那是衰退。

美国国家经济研究局（National Bureau of Economic Research）最终宣布，大衰退始于2007年12月。可是，如果2008年下半年工业生产能够如1967

年下半年那样上涨，这场经济衰退本来压根儿就不会发生的，更用不着给衰退确定起始日期。稍后，我将论证，如果经济刺激政策能在 2008 年中及时出台，雷曼后危机也本可以更温和一些，甚至雷曼兄弟都可能不会破产。

讽刺的是，美联储 1967 年和 2008 年的决定都错了。1967 年，美联储本应该允许经济极为温和地小小衰退一下，以阻止 1966—1981 年大通胀的发生。这场大通胀对经济的伤害，可比 1967 年年底失业率上升到 5% 还要厉害。事实上，1967 年经济如果稍微衰退一些，20 世纪 70 年代的衰退就是多余的。1967 年美联储不应该阻止温和的经济衰退，而 2008 年美联储是真的应该阻止经济衰退。

为何美联储两次回应都错了呢？1967 年，当时盛行学界的凯恩斯经济学把美联储引入歧途。约翰逊政府许诺会采取财政紧缩政策（增税）来遏制通胀，并向美联储施压以放松货币政策。增税直到 1968 年才付诸实践，而货币宽松则导致了更高的通货膨胀。当时，很多经济学家看待菲利普斯曲线过于简单，他们假设通胀和失业率之间的关系永远都是相互交替、此消彼长。听听保罗·赛缪尔森（Paul Samuelson）说的话，他可是 20 世纪 60 年代、70 年代世界上最受尊敬的凯恩斯派大经济学家，他说："今天的通胀之所以会长期存在，根源就在这个福利制度。通过货币政策稳定物价，就得放弃人道主义社会的理想，还得重新推行某些政策。这些政策是民主制度下的人们无法容忍的，也会带来不平等与苦难。法西斯国家或许可以建立这样的政权，并且维持得下去。如果军政府可以把这些工会的活跃分子关起来，吓唬吓唬那些乱说话的知识分子，要解决通胀还有点可能，但是这种方案不现实，而且，对我们大多数人而言，大概也没人想这么做。"仅仅几年后，货币起义（monetarist counterrevolution）发生了，他的这番言论就被彻底推翻了。不过，20 世纪 60 年代，经济学界呼风唤雨的凯恩斯学派可是广泛认可这个观点的。

1968 年，约翰逊总统终于开始大幅增税，可还是没能减缓通胀。这是因为通胀由货币政策决定，而不是财政政策。美联储 1968 年开启宽松货币政策以抵消增税的影响，1969 年和 1970 年通胀却涨得更高了。财政政策远没有凯恩斯经济学家们想得那么厉害。

美联储犯的错误还有关注的是通胀而不是名义 GDP 的增长。通胀既反映了需求端，也反映了供应端，所以用通胀来指导货币政策效果实在不佳。相比之下，名义 GDP 的增长只反映需求端的影响。它主要测量的就是名义总需求。名义 GDP 增长过快（比如高于 5%），货币可能太宽松，名义 GDP 增长过慢（比如低于 3%），货币可能太紧缩。整个 20 世纪，实际 GDP 增长率一般在 3% 左右，因此 5% 的名义 GDP 增长带来大约 2% 的通胀。

1967 年第二季度，尽管名义 GDP 处于低点，12 月的名义 GDP 增长率也超过了 5.4%。美联储没有实施货币宽松。到 1968 年第三季度，12 月的名义 GDP 增长率飙升到了 9.9%——1966—1981 年的大通胀已经在路上了。现在看看图 15-3 的数据，这张图显示了 2008 年初名义 GDP 的增长情况。2008 年第二季度，12 月的名义 GDP 仅为 2.7%。诚然，直到 2008 年 6 月美联储甚至都还没有拿到这些数据，可第一季度名义 GDP 的增长率已经只有 3.05% 了（远低于趋势）。

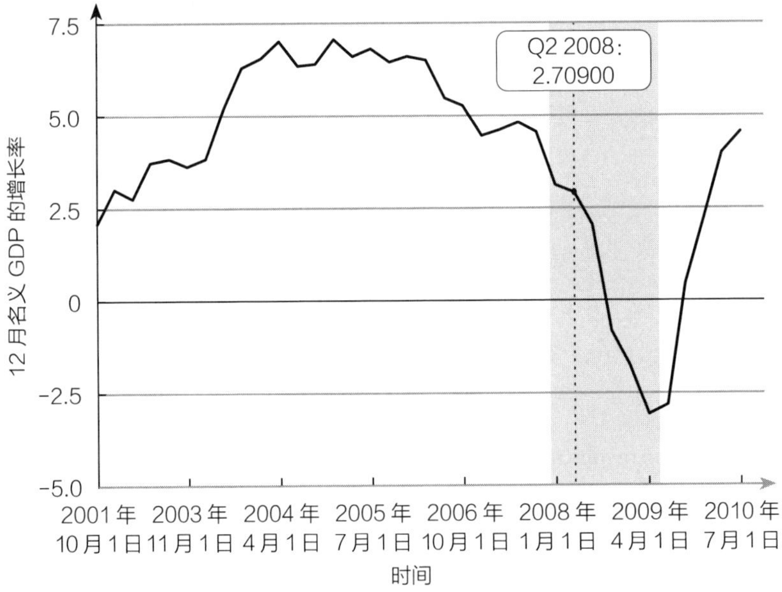

图 15-3　2002—2010 年美国名义 GDP 的增长率趋势图

注：灰色条纹区域代表衰退期。

来源：FRED via Board of Economic Analysis。

那 2008 年年中，当自然利率已经大幅下跌的时候，美联储（被动地）为什么要维持 2% 的利率，实行货币紧缩政策？原因是——通胀。虽然货币政策决定了长期通胀，但 CPI 的短期波动往往反映了能源价格飙升等实际因素的影响。在美国，12 个月的 PCE 通胀（即通过个人消费支出价格指数来测量通胀）在 2008 年 7 月升到了 4.2% 的峰值，远高于美联储制定的 2% 的通胀目标（CPI 通胀到达了 5.5%）。尽管美联储意识到油价正在扭曲数据，但货币政策制定者是如此害怕失去他们通胀控制者的信誉，所以他们放任货币政策极度紧缩。

美联储本应专注于名义 GDP 的增长，名义 GDP 的增长当时已经跌到了非常危险的水平。只要名义 GDP 的增长维持在适度水平，任何油价上涨引起的通胀都只会是暂时的。的确，2008 年年底，12 月 PCE 通胀率就跌到了 0.4%，远低于美联储制定的通胀目标。因此，引起大衰退的诸多原因中，过度关注通胀算是其中之一，而美联储本应该专注名义 GDP 的增长。这个错误今天看来如此明显，也很好地解释了何以支持名义 GDP 目标的人越来越多。同为市场货币主义派的经济学家尼克·罗伊（Nick Rowe）指出，他原来喜欢用通胀目标，后来转而支持名义 GDP 目标，这也算原因之一。

然而，事实证明，仅仅这个错误还不足以解释清楚大衰退。很多美联储官员理解了我在这里提出的观点。2008 年 6 月，他们相信名义 GDP 会随着时间慢慢回升。他们完全没想到，2008 年第二季度和 2009 年第二季度之间名义 GDP 还会下跌 3%，比当时的长期趋势还低 8%。误解 2008 年石油价格冲击还不是美联储 2008 年的唯一问题，我们还要搞明白美联储政策失败的其他原因。

要阻止 2008 年经济衰退，美联储还应做什么?

过去 10 年中，关于大衰退的看法，我经常遇到说法相近的一类反对意见。即便真正的问题是名义支出不足，即便货币政策应该更宽松一些，可面对一场重大的金融危机，整个经济深陷衰退时，2008 年美联储仅仅微调一下货币政策也不足以阻止突如其来的灾难。毕竟，2008 年 12 月他们一口气将利率几乎降到零，还有好几轮大规模的基础货币扩张（量化宽松）。然而，这些措施看起来似乎都收效甚微。因此，我的批评者质问我："美联储到底还要做多少才能阻止这场大衰退？2008 年年中（高通胀、美元疲软）还来一轮史诗级别的货币刺激可行吗？"

美联储究竟还要做多少呢？我的回答是："美联储本不需要做那么多。"让我用类比来说明。害羞的人在社交场合会时常感到各种尴尬，自然也就很少主动社交。所以想象一下，让一个害羞的人稍作攀谈，或者让一个害羞的人左右逢源，二者相比，后一种当然难得多。事实上，我的经验却恰恰相反。当你经常社交、放下束缚，社交就容易多了。

所有发达国家中，澳大利亚就是一个乐天派，而它也确实轻飘飘地就度过了大衰退这场危机。从传统的角度看，澳大利亚人近乎什么激进的货币刺激都没做，就过了难关。和其他发达国家不同，他们没有把利率降到零，也没有进行任何量化宽松，基础货币规模仍然很小，仅占 GDP 的 4%。然而，按照伯南克的货币政策标准（通胀和名义 GDP 增长），在主要发达国家中，澳大利亚采取了最扩张的货币政策。

讽刺的是，恰恰因为澳大利亚储备银行行事可靠、政策有效，所以他们的政策制定者无须做多少事。因为澳大利亚名义 GDP 增长快速，自然利率远高于零的水平（名义 GDP 增长和名义利率密切相关），澳大利亚商业银行没有任何动力持有大量额外准备金（他们可以持有其他能带来收益的资产）。和大多数国家不同，澳大利亚的击鼓传花效应一直在起效。

也许那些聚会上左右逢源的人很幸运，他们天生就有开朗的基因。澳大利亚也许还真沾了点运气的光。很多人提到了澳大利亚的商品出口，但这不算是真正的解释。一般来说，对大宗商品的依赖，会让经济更不稳定，尽管澳大利亚也有房地产"泡沫"。美国的房地产泡沫和澳大利亚相比简直就不算事儿。尽管全球大宗商品价格如荡秋千，可澳大利亚自 1991 年以来就没有经历过经济衰退（不包括新冠疫情导致的下跌）。澳大利亚的秘诀在于稳健的货币政策，它维持了澳大利亚令人满意的名义 GDP 的增长。

2006 年前，澳大利亚名义 GDP 的增长率约为 6.6%，美国约为 5%，欧元区约为 4%。澳大利亚的名义 GDP 的增长率最高，这主要是因为一些不相关的因素，例如更高的通胀目标（澳大利亚是 2.5%，美国是 2.0%，欧元区低于 2.0%）。高移民率使得实际 GDP 增长更快。名义 GDP 增长的高趋势率，让这个国家的利率可以保持在远高于零的水平。还有一个原因：全球金融危机期间，比起美国和欧元区，澳大利亚的货币政策看起来更像是“水平目标”（level targeting）。

澳大利亚 2006 年到 2013 年的名义 GDP 增长率，如表 15-1 所示。澳大利亚的增长率并不像数字看起来那么稳定，因为 2007—2008 年澳大利亚的经济增长高于趋势，2009 年的增长又急剧放缓。但是整个期间，澳大利亚都维持了一个相当稳定的增长态势。也就是说，一有暂时的偏离，其增长也会很快回到趋势线上。与之相反的是，美国和欧元区则在 2008—2009 年大幅下跌，并且再没回到之前的趋势线上。

表 15-1　澳大利亚年化名义 GDP 增长率

地区	1996 年第一季度至 2006 年第二季度（%）	2006 年第二季度至 2013 年第二季度（%）
澳大利亚	6.6	6.3
美国	5.5	2.8
欧元区	4.0	1.7

来源：Federal Reserve Economic Data。

因此，大衰退的一个主要原因是没有水平目标，难以回到前面的趋势线上。相反，世界上其他大型央行基本都既往不咎，直接在大衰退底部构筑新的、更低的趋势线。这就是大多数人忽略的部分：未能回到之前的趋势线，不仅放缓了经济复苏，政策的预期也恶化了最初的收缩。

当货币政策由于零利率约束问题和金融动荡难以获得“牵引力”的时候，水平目标就极其重要。水平目标其实是央行承诺几年内将名义支出恢复到目标水平，这有助于提高今天的名义支出。事实上，现代宏观经济学理论的一个中心主题就是，当前总需求很大程度上取决于预期的未来需求路径，好比现代金融预测公司股价，股价当前水平会受到未来预期价值变化的强烈影响，因为名义支出就是价格通胀和实际增长的总和，所以我想通过以下两个案例来说明水平目标背后的直觉，一个涉及价格，另一个涉及产出。

第一个案例：假设沙特阿拉伯想要把油价稳定在每桶 65 美元，它主要用调整石油产量来达成目标。中途，沙特阿拉伯突然遇到一个问题：由于计算机病毒，它的石油生产需要关闭两个月。在这两个月里，沙特阿拉伯无法采取具体措施稳定油价。这两个月期间，他们有什么办法可以让油价维持在每桶 65 美元？答案很简单——向社会承诺，一旦生产恢复，立刻会将油价推回到每桶 65 美元的价格。如果这个政策可信，即便短期内沙特阿拉伯的生产冻结，石油价格也可能不会超过每桶 65 美元。相反，一旦价格达到每桶 66 美元或者 67 美元，投机客们会立刻抛售库存。预计一旦沙特阿拉伯恢复生产，他们将能以每桶 65 美元的价格回购。

一般来说，承诺可信不仅可以挂钩未来的价格，还可以让当前的价格更加稳定。但是实际产出呢？

第二个案例：芝加哥尖顶（the Chicago Spire）曾计划要修建一座高出芝加哥湖滨 2000 英尺[①]、美国最高最令人印象深刻的建筑。可是 2008 年经济严重衰退，人们取消了这个工程计划。每逢重大项目开工，投资人都会很关心项目生产的商品或服务的未来市场。如果美联储承诺名义支出会迅速返回 2008 年前的趋势线，投资人更有可能坚持完成那些成本高昂的项目。如果投资人觉得经济在未来会陷入漫长而痛苦的衰退，他们的选择可能就大不一样。开发商都知道纽约帝国大厦的例子，它于 1931 年竣工，大萧条时期被人叫“空置的国家大厦”。芝加哥尖顶的投资人大概不想重蹈覆辙，所以今天芝加哥尖顶项目旧址只留下了一个大洞。

我不是唯一一个看到名义 GDP 水平目标优势的经济学家，迈克尔·伍德福德（Michael Woodford）是顶尖的宏观经济学理论大家，2012 年表达了他对这个观点的支持。最近，本·伯南克也支持价格水平目标。有了水平目标，货币政策可以在短期价格下跌时提升未来预期通胀率，从而降低实际利率，

① 约 609.6 米。——编者注

这样央行就可以在流动性陷阱期间更好地发挥政策效能。为什么央行们不肯改用水平目标呢?有两个原因让他们止步不前:一个是技术问题,另一个是政治问题。

技术问题是,当通胀或名义 GDP 显著高于或低于目标路径的时候,人们不知道会发生什么。要把经济带回趋势线上,政府会不会采取很激进的政策呢?这样的政策会不会破坏经济的稳定?价格水平目标下,一年 5% 的通胀率可能来年需要–1% 的通胀率,以保持价格接近每年 2% 的目标增长路径。名义 GDP 水平目标也遇到了类似的反对。

假设名义 GDP 目标为每年增长 4%,工人们预期不久后会出台更多的货币紧缩政策,暂时 6% 的名义 GDP 增长不会导致他们有提高工资的需求。小时工资会保持稳定,利润短期内会激增。当名义 GDP 增长放缓时,利润会恢复正常水平。早年通缩的代价过于昂贵,工人们甚至已经开始期望持续的高通胀,这在劳动合同中也有反映。人们完全预料不到通胀会急剧下跌。在水平目标下不会发生类似事情。

美联储不乐意使用水平目标还有政治原因:水平目标会清楚地表明,美联储要为名义支出路径负责到底。需要明确的是,美联储对一切法定货币制度下的名义支出路径负责,但公众(甚至国会)并不理解这一点。大多数人以为美联储只是政策制定过程中的一个环节,只是偶尔做出试图“解决经济问题”的“姿态”。事实上,人们付钱给船长,是让船长开船,可不是让船长“解决轮船问题”,所以,美联储的任务就是引导名义经济。但只要公众不理解这点,美联储就不会因为大萧条、大衰退、大通胀等犯下的严重错误而受到指责。事实上,美联储从来不会因为惹了这些滔天祸事而担责。2008 年到 2009 年,美联储各种夸张姿态做足,结果却还是一败涂地。

水平目标下,美联储负责名义支出路径这点会更昭然天下。连续数年低于或超出会让美联储成为众矢之的;而增长率目标下,美联储就可免除此祸。目标是 2.0% 时通胀为 1.4%,其实是一回事,但自 2008 年以来,价格水平比 2% 的通胀趋势线还低 600 个基本点,这完全是另外一回事。

2008 年秋的大变革

经济周期预测给我们提供了一个视角，可以帮助我们更好地了解 2008 年出了什么问题。衰退的预测引起了衰退，如能想明白这点，会很有帮助。

我一直在强调预期的重要性：重要的不是当下的货币政策，重要的是预期的未来政策路径。我还说过（和本·伯南克一起），名义 GDP 增长说一种将当前货币政策立场可视化的好方法。因此，预测未来名义 GDP 下跌就说明货币政策过于收紧了。随着消费者和商业人士对令人悲观的经济环境作出反应，预期未来名义 GDP 下降会降低当下的名义 GDP 值。正是这个现象，使得凯恩斯开始讨论"动物精神"在商业社会中扮演的角色。

仅仅预期来年会严重衰退就可能将经济现在就推进衰退。这也意味着，想要防止经济衰退的一个好办法，就是我们立刻做出可信的承诺，在支出下降的任何时候将名义 GDP 推回目标。我们不能指望央行永远稳住名义 GDP，因为哪怕是短期的政策滞后，也会使这个目标变得遥不可及。我们期望的是，央行们可以稳住预期的未来名义 GDP，和美联储双重使命目标在一致的水平即可。

2008 年，我参与了一个研究项目，旨在证明衰退是不可预测的，因为要是衰退可以预测，美联储一定会全力以赴阻止衰退的发生。如果这是真的，不仅小规模的经济衰退无法预测，甚至衰退的急剧恶化（正如 2008 年年底发生的）也无法预测，因为美联储会特别希望阻止衰退进一步深化。

不幸的是，在我的理论看来，2008 年雷曼兄弟破产以后，美国明显正在一步步陷入严重衰退。然而，美国的利率当时都还没有触及零下限，这意味着美联储根本还没有使出浑身解数来阻止这场严重衰退，哪怕是从降息等传统政策的角度看也是如此。当然了，美联储也有许多非常规工具，例如量化宽松。

这对我来说毫无意义，通过和其他经济学家交谈，我试图搞明白到底发生了什么。货币紧缩难道还不够明显吗？后来我去了哈佛，和一些著名的宏观经济学家交流（得到了一些非常有用的信息一位是新古典经济学家，另外一位是新凯恩斯主义经济学家)。新古典派认为，真正的问题出在实际变量上，更快的名义 GDP 增长只会带来更高的通胀率。在他看来，名义支出不足不会导致经济衰退。

新凯恩斯主义经济学家的观点和我的接近，他同意我的观点，认为需求侧衰退正在进一步发展。我问了他一些类似问题:“美联储难道看不到正在发生什么吗?”他的反映大致是这样的:“哦，他们看到了问题，他们只是不知道该怎么办。”

那次访问是我人生的转折点。在我的整个职业生涯中，我一直以为美联储知道在这样的情况下该如何处置(政策制定者确实知道如何避免重蹈大萧条的覆辙)。伯南克在 1999 年写过一篇论文，告诉日本人在类似情况下该如何应对。拉尔斯·斯文松也写过一篇论文，谆谆教导，“方法简明，万无一失”，一步步指引美联储摆脱流动性陷阱。新凯恩斯经济学家教授对我问题的回答听起来是如此不可置信，但随后发生的事情证明他是对的:美联储真的不知道该做什么。为什么呢?更扩张的货币政策不合适吗?

回想一下，斯文松强调过，央行必须始终以预期为目标，将政策目标设定在预计未来几年总需求可达到的目标位置。如果总需求预期低于目标(2008 年秋天显露的征兆就很明显)，则说明货币政策过于紧缩。

随着 2009 年和 2010 年名义 GDP 预期稳步下降到 5% 趋势线以下，我一直在想，美联储在磨蹭什么。美联储的工作不是去改变(名义)预期，他们的工作是更换政策工具直到预期和目标一致——用斯文松的术语表达，即以预期为目标。或者，更简单点，美联储的工作就是设定政策目标为它预期会成功达到的位置，而不是将目标设定在它预期达不到的位置。

如果美联储一直滞留在零下限，那后来的政策失败也许还能让人理解(尽管同样不可原谅)，但是 2008 年，美国经济根本就没有到零下限。2008 年 10 月，美联储推出了一项给银行准备金支付利息的新政策，目的非常明确，就是防止利率降至零。很多人认为，美联储在此期间人为压低了利率，可实际上美联储是在人为提高利率——使利率(迅速下降)远高于自然利率。这个失败的政策抑制了经济(还有通胀)，导致自然利率下降得更快。

美联储于2008年年底没能实现预测目标，此事件可被视作大变革。大变革说的是政策的根本游戏规则变了，不再是在一个既有框架内调整。类似的例子有：退出金本位制度、终结布雷顿森林的固定汇率制度、大通胀后采用通胀目标制。2008年的制度更迭破坏性极大，直接引发了所有资产估值暴跌，并大大加剧了金融危机。但是真正的问题更早时候就已开始显露征兆。甚至在美联储放弃所谓的预期目标之前，他们就用错了预期指标。

2008年9月16日，雷曼兄弟宣布破产后的两天，美联储开会讨论货币政策。最终，美联储决定不调整自4月以来设定的2%联邦基金目标。当你问人们2008年年底发生了什么事情，他们经常会说“美联储不是已经用尽全力了吗？”。这个说法非常不准确，但很多经济学家居然也这么想。事实上，美联储压根儿没有用尽全力。在资产市场崩盘期间，稳定利率的政策实际上是货币紧缩政策。2008年年底，美联储本可以，也本应该做得更多。

因此，为什么美联储没有在当年9月16日的会议上积极行动起来？值得表扬的是，拜伯南克在他的回忆录中坦率承认美联储犯了错误，认为应该在2008年9月就放松货币政策。

正如我先前提过的，9月16日，也就是美联储会议当天，TIPS市场显示未来五年的预期通胀率仅为每年1.23%，比夏季早些时候的预测值有了大幅下降。这远低于美联储的目标，而且，更糟糕的是，这种债券的利差可是基于CPI通胀，该通胀值往往略高于美联储设定的PCE通胀目标。然而，美联储在会议上发表的声明指出，通胀和衰退的风险并存，政策制定者的意思是他们担心的是高通胀。

美联储在2008年9月未能采取积极行动，是因为他们预计未来数年通胀会远高于目标水平，但事实是，2008年到2013年的实际的通胀率已经远低于目标水平了（CPI为1.31%）——大致如市场所料。但是，这不意味着市场永远正确——有时候美联储的预测更准确。但市场预测可能是我们现有的最佳参考，在这样的情况下，忽视市场信息会导致严重的政策错误。

认识市场货币主义的一个方法是，我们可以认为它融合了米尔顿·弗里德曼的旧货币主义、罗伯特·卢卡斯的理性预期理论和尤金·费马提出的有效市场理论。旧货币主义学者倾向于设定货币总量中的一种为（一般是 M1 或 M2）稳定增长，而市场货币主义学者则倾向于将货币政策目标设定在市场预期 $M \times V$ 增长可以达到的位置，当然也就是名义 GDP。

我不想夸大 2008 年 9 月会议的重要性。即便美联储将联邦基金目标下调 0.25% 或 0.5%，美国仍可能在 2009 年经历深度衰退。相反，我想强调的是，这是更广义层面的失败，这是一种政策制度的失败，旧的政策制度难以应对金融危机和低名义利率叠加的困境。美联储的关键错误在于其未能采取水平目标，也就是说，没有承诺让名义 GDP 恢复到 2008 年之前的趋势线。美联储过于依赖内部预测，忽视了市场预测，没能竭尽全力实现预期目标，没能将目标设定在未来名义支出预计可以达到的他们希望看到的水平。

水平目标和市场预测目标的组合，本有可能极大地降低大衰退的破坏性。在我看来，失业率会达到接近 6% 的峰值，而不是 2009 年年底实际的 10%。金融危机也会温和很多，因为名义 GDP 会很快回到趋势线，这个信心能够支撑资产价格，这反过来又会改善类似雷曼兄弟等高杠杆公司的资产负债。

下一章中我们将会进一步探讨 2008 年及 2008 年后的失败货币政策。事实证明，美联储和大部分经济学界都严重误读了货币政策立场。为了解决这些问题，我们需要重新审视货币政策如何影响利率这个问题。我的历史研究兴趣让我颇受启发，得以揭示 2008 年问题的真相——货币政策和利率的关系。

第十六章
货币政策秘史

货币宽松、货币紧缩，总是来来回回切换。但本书第十一章说明货币政策不好识别。我来试着和大家讲讲货币政策的两种历史：一种是几乎所有人都以为自己知道的、媒体上广泛报道的；另一种是更能揭示真相、可惜只有小部分专家才知道的秘史。现在你即将加入这个精英团。

美联储声明的市场反映

一声巨响打开了21世纪大门。《纽约时报》是这样描写2001年1月3日的股市的："道琼斯工业平均指数当天收市上涨299.60点，涨幅2.8%，标准普尔500股票指数涨幅5%，但这都不算什么，最疯狂涨幅再次出现在纳斯达克综合指数——飙升了324.83点，涨幅达到了14.2%，创下有史以来最大单日涨幅。"如表16-1所示，长期债券收益也大幅上涨，不过在那一天，当所有股票气势如虹的时候，债券收益涨幅看起来也没有多么不同寻常。

表16-1　2001年1月4日长期国债收益

项目	时间		
	昨天	前天	一年前
贴现率	5.75	6.00	4.50
联邦基金	6.38	6.67	5.41
3月期国债	5.48	5.70	5.26

续表

项目	时间		
	昨天	前天	一年前
6 月期国债	5.17	5.36	5.47
10 年 TIPS	3.64	3.59	4.34
10 年期国债	5.16	4.91	6.59
30 年期国债	5.49	5.34	6.62

来源："The Markets; Key Rates," *New York Times*, January 4,2001。

不同寻常的地方在于，股票和债券暴涨的背后原因竟然都一样：美联储突然发布了一条决议，将联邦基金利率从 6.5% 下调至 6.0%。注意，虽然长期债券收益在上涨，但随着美联储放松货币政策，短期利率却在下降。我们来想想，为什么货币宽松了，利率就会变化。

- 联邦基金和短期国债利率的下降反映了宽松货币的流动性效应。
- 10 年期通胀指数债券（ten-year inflation-indexed notes）（即实际利率）收益小幅上涨反映了收入效应——货币宽松导致了实际经济增长更快的预期。
- 10 年期和 30 年期债券的（名义）收益大幅上涨，反映了收入效应（更高的实际利率）和费雪效应（更高的通胀预期）。实际上，10 年期国债的实际利率上升了 5 个基点，通胀预期上升了 20 个基本点，因此名义利率上升了 25 个基点（从 4.91% 到 5.16%）。

我们又怎么知道，是 2001 年 1 月 3 日美联储的公告引发了资产价格的大幅意外上涨呢?《纽约时报》报道如下，并附一份债券数据：

不等 1 月 30 至 31 号的预定会议召开，美联储就决定大幅降息，将联邦基金利率降低 0.5 个百分点，降至 6%。美联储还将贴现率（discount rate）降低了 0.25 个百分点，至 5.75%。

这些举措正是股票投资者们当下需要的，他们重整旗鼓，杀回市场。整个早上股票市场都在波动。然后，下午 1 点刚过，美联储出人意料地宣布了这条消息。原本，人们极为忧虑，认为美国经济放缓可能会对公司盈利产生不良影响，这下人们大喜过望。格林斯潘终于出来拯救世界了。

就在美联储发布声明后几秒，股票市场从前途迷惘到高歌猛进，短时间内涨幅惊人。唯一合理的解释就是，美联储的声明某种程度上引发了市场暴动。经济学家迈克尔·弗雷明（Michael Fleming）和艾力·雷蒙拿（EliRemolona）1997 年的一份研究表明，倘若将债券市场全年数据每 5 分钟分成一个片段，几乎所有最大幅度的价格变化都发生在联邦政府发布关键经济数据后的 5 分钟内。

一个更有意思的问题是，为什么市场在 2001 年 1 月 3 日会如此变化。1 月 4 号《华尔街日报》报道中，记者不无疑惑地问道，为什么美联储突然宣布的降息幅度出人意料地大点，长期利率就会大幅上升。公平地说，美联储公告后，无论短期利率还是长期利率通常都会同向变化。美联储公告显著改变了增长率或通胀率的预期后，长短期利率反向变化这样的事情极少发生。大多数情况下，流动性效应占主导地位，但这次不是。

我无法确定到底是什么原因让 1 月 3 号这一天的公告如此与众不同，但是我很感激，这是多好的一个例子，让我可以拿来教学生有关流动性效应、收入效应、费雪效应的知识。一个原因可能是当时美国正处于衰退的边缘，市场对可能影响未来经济路径的货币政策调整极为敏感。相比之下，大多数美联储公告都比较乏味，往往是在经济衰退或扩张都确认无疑的时候才会被发布。

大衰退之初的美联储政策

这样的事情后来又发生了一次。2008 年的全球金融危机，在 2007 年 8 月首次引起决策者的注意，当时风险利差突然急剧扩大。2007 年 9 月 18 日，美联储突然宣布降息，从 5.25% 降至 4.75%。就像 2001 年 1 月一样，随着经济一步步陷入衰退，这次公告降息是第一次，最终利率下跌了约 500 个基点。而且，和 2001 年一样，降息发生在衰退开始前几个月，而后引发了股票市场的大幅反弹，正如第二天《纽约时报》报道的那样：

股市欣喜若狂：道琼斯工业平均工业指数几乎立即上涨 200 点，收于 335 点，涨了 2.51%，具体指数 13 739.39。

此举乃美联储 4 年来首次降息，5 年来最大幅度，也是自 2001 年 1 月来最突然的逆转。就在衰退爆发前夕，决策者们在一次计划外的紧急会议上突然宣布了降息。

和 2001 年一样，市场的反映也很不同寻常：短期利率下降（流动性效应），而长期利率上升（收入和预期通胀效应）。当年 9 月 19 日债券价格持续下跌，路透社指出这是因为通胀担忧："美国国债价格周三下跌，原因是美联储大幅降息，引发了通胀担忧，抑制了长期债券需求，还提高了股票类风险更高资产的需求。"

科技泡沫破灭后，人们将 2001 年 1 月的降息看作降低经济衰退风险的信号。和它一样，人们也把 2007 年 9 月的降息看作房地产泡沫破灭后降低经济衰退风险的信号。《华尔街时报》报道："昨天的消息振奋了市场信心，大家相信美联储能够让经济摆脱衰退，尽管房地产问题还在恶化，大家也相信该政策能够让大家重拾信心，从而令金融市场步入正轨。"

当然了，我们现在知道美联储两次都未能让经济摆脱衰退。但是 2001 年，美联储距离成功真是咫尺之遥，美国仅仅经历了一场极为温和的经济衰退，在此期间失业率峰值也仅为 6.3%。房地产泡沫破灭后，如果当年的货币政策适当，美联储之后本可以再创佳绩。

许多人误以为货币宽松政策会推高股价，是因为未来现金流在较低利率水平下会有更大价值。这非常具有误导性，正如 2001 年 1 月和 2007 年 9 月的市场反应一样。这两种情况下，长期利率（这是对未来现金流贴现时很重要的利率种类）实际在上升。因此，尽管利率上涨，股票价格反而大幅反弹。实际上，只有在宽松货币让人预期未来经济更快增长时，货币宽松才会提振股票（如果有的话）。

美联储扣动了经济大衰退的扳机

同样的模式再次出现了，不过是反向。2007 年 12 月 11 日，我看到了针对美联储声明出现了有史以来最有趣的市场反映。美国国家经济研究局认为，美国的经济大衰退始于 2007 年 12 月，不过它也可以认为是 2007 年 12 月 11 日美东标准时间下午 2 点 15 分。就在这个时间点，美联储发布了一个让所有人都无比失望的声明，仅仅小幅下调利率（0.25%, 从 4.50% 降至 4.25%）。我可以就这个决定写上一整本书，因为这个决定对于货币理论而言意义重大。不过我们先从一些基础数据开始细说。

图 16–1 显示了美联储声明发布后的股票市场反映。道琼斯平均工业指数立即暴跌近 1.5%，收市的时候，指数比声明发布前降低近 2.5%。有效市场假设理论认为，即时反映才是最重要的，尽管反映会出现延迟（这是因为投资者会略过头条利率声明，也需要时间消化美联储的完整报告，而这二者皆可为未来政策路径提供线索）。因此，我们可以这样说，该声明令道琼斯指数下跌了 1.5% 到 2.5%。标准普尔 500 指数更为准确，其跌幅甚至超过了道琼斯指数。因此，若问该声明对美国股市的影响有多大，1.8% 到 2.8% 这个估计区间应该差不多准确。那我们就为标准普尔 500 选择 2%——一个保守的数字。

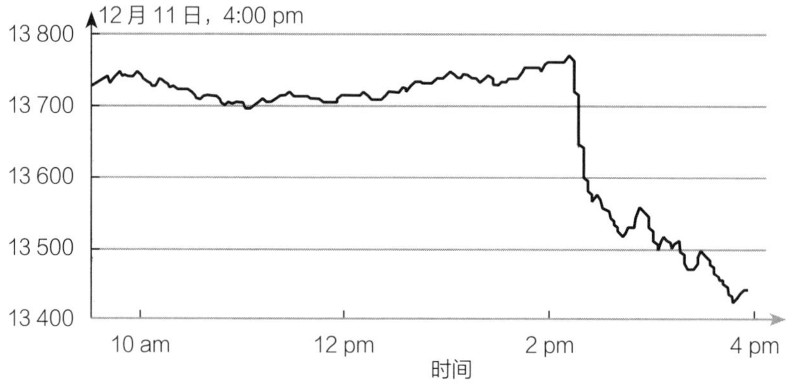

图 16-1　2007 年 12 月 11 日年道琼斯工业平均指数

事实上，仅说股价下跌已经是淡化了 2007 年 12 月货币冲击的影响，因为就在声明发布前，联邦基金期货市场就显示降息 0.25% 的概率为 58%，降息 0.5% 的概率为 42%。因此，尽管实际声明与可能性更大的结果相符，市场反映依旧激烈。0.5% 的降息可能导致股价更大波动，不过方向相反。如果我们假设截至 12 月 11 日下午 2 点 15 分，接下来 1 个小时的股票预期收益接近零，则 0.5% 的降息将很有可能提振股价：

$$\frac{0.58}{0.42} \times 2\% = 2.76\%$$

这意味着联邦基金目标利率为 4.25% 的情况下，股票价值要低估 5%。大多数人（错误地）以为这只是一次政策微调，差异却如此巨大。

但就是这样说，也低估了美联储声明的影响，因为国外市场的反映和股票市场几乎一样强烈。（稍后我们来解释为什么。）如果全球股市市值为 50 万亿美元，那么全球股权价格下跌 4%，就等于 2 万亿美元瞬间灰飞烟灭。

2007 年 12 月 11 日，美联储官员们坐在房间里举棋不定，难以抉择到底是降息 0.25% 还是 0.5%。这一刻真是千钧一发。最终他们选择了 0.25%，而不是 0.5%，这个决定让全球财富瞬间减少了差不多 2 万亿美元。这可不仅是纸面财富。市场效率很高，货币紧缩导致数百万工人失业，数万亿美元的有形资产瞬间蒸发，实际财富弹指间灰飞烟灭。

与 2001 年 1 月和 2007 年 9 月的声明一样，12 月 11 日的美联储声明产生了非常强大的收入效应和费雪效应。让这一决定如此非同寻常的原因在于，这些长期效应甚至在三月票据到期了还控制了流动性效应，如表 16–2 所示。

表 16–2　2007 年 12 月 10 日至 11 日美国国债收益

到期	10 月 10 日收盘价	12 月 11 日收盘收益率（%）
3 个月	3.05	2.94
6 个月	3.31	3.17
2 年	3.17	2.94
3 年	3.19	2.99
10 年	4.15	3.98

来源：Federal Reserve Economic Data。

通常情况下，我们认为收入效应和费雪效应对利率有长期影响，因此受影响的大多为较长周期的到期利率。可是，当货币紧缩引发了衰退的恐慌，短期利率上升（流动性效应），长期利率反而下降。有时，收入率曲线会“反转”，长期利率甚至会低于短期利率，即利率倒挂。这实在是一个非常好用的预测工具（尽管不如支持者认为的那么好用——回忆前文的“模式已死”章节）。

我还记得，有一阵子我纠结该如何向我的学生解释 2007 年 12 月的美联储声明。真的可能吗？人们预计 4.25% 的收益率，会让利率在随后 3 个月内下降到比 4% 的联邦基金利率还低？收入效应和费雪效应要很快起效，才会让这一猜想变为现实——比我见过得更快。

然而事情正是如此。美联储发布声明后，资产市场立即开始大幅下跌。投资人开始担心经济会陷入衰退。美联储也心急如焚，于是剑走偏锋。都等不到召开下一个预订会议，美联储立刻在 2008 年 1 月上旬召开了紧急会议，宣布联邦基金利率大幅下调 0.75%。然后 1 月下旬在常规预定会议上，美联储再次宣布降息 0.5%。一旦美联储官员们意识到了，2007 年 12 月他们捅了大娄子，他们已经远远落后于曲线。他们后来总共降息 125 的基点，以作“补救”。

这是伯南克的高光时刻，连续降息让严重经济衰退延后了 6 个月。2008 年第二季度，实际 GDP 回升，直至年中，严重经济衰退依旧是可以避免的。

我们从中可以吸取什么教训呢？首先，经济周期对利率影响很大，还有（除非美联储放任深度经济衰退或高通胀发生）美联储必须跟上自然利率的变化。其次，货币政策错误可能导致影响自然利率的经济变化。因此，货币紧缩会抑制经济，降低自然利率。利率真的不是好用的美联储即时货币政策立场的指标。要是美联储能够在 12 月降息 0.5%，而不是区区 0.25%，资产价格会飙升，1 月下旬的利率也会更高。

诚然，2007 年 12 月的例子算是个异数——美联储决策后，一般流动性效应起主导作用，但这只是短期效应。利率持续多年下降，则利率下降主要反映实际经济增长率的预期、通胀预期，或者兼而有之。较长时间内，货币紧缩，利率下降；货币宽松，利率上升。当货币极为宽松的时候，比如 20 世纪 70 年代，利率会很高。

总体来说，大多数优秀的经济学家都意识到了，名义利率不仅反映流动性效应，因此它可能是误导人的货币政策立场指标。但是，尽管他们都知道低利率内涵的解读可能出错，大多数经济学家依旧高估了利率衡量货币政策立场的程度。

要清楚展示这一问题，就看经济学家们怎样解释 2007 年 8 月到 2008 年 5 月的货币政策。在此期间，联邦基金利率从 5.25% 下降到 2.00%。把利率当作货币政策立场指标的经济学家们可能会用图 16–2 来解读美联储的行为。大多数经济学家则争辩说，美联储在此期间采取了扩张性货币政策以提振总需求，但总需求因为房地产泡沫破裂而下降。不幸的是，尽管美联储竭尽全力，但阻力过大，经济还是陷入了衰退。

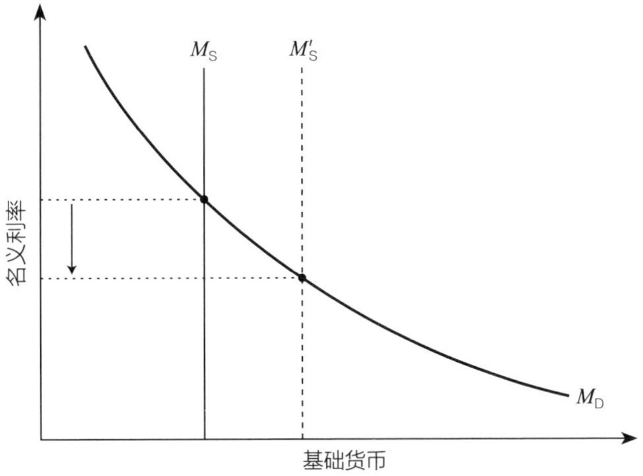

图 16–2　2007 年 8 月到 2008 年 5 月美联储政策的传统解读

这种传统解读不对。2007 年 8 月到 2008 年 5 月，基础货币没有增加。事实正好相反：基础货币多年来一直上涨，但这 9 个月期间，基础货币停止了增长。美联储没有选择印钞降低利率，因为货币需求下降。它停止印钞，利率下降。2007 年年底 2008 年年初，利率下降，但是扩张性货币政策在这次利率下跌中没有起任何作用。相反，货币需求转向左边。

经济学家们学到的是，永远不要根据价格变化来推理，但他们实在积习难改。本章中的理论（流动性效应、收入效应、费雪效应）都不难，本科生都学过。但是哪怕是顶尖的经济学家也常常掉入陷阱，将利率下降等同于货币宽松，利率上升等同于货币紧缩。

2007 年至 2008 年的货币政策秘史充分表明，美联储当时实施了货币紧缩政策。美联储扮演的不是消防员的角色，竭尽全力阻止衰退，可惜功败垂成。相反，美联储是纵火犯，他们的货币紧缩政策导致了大衰退。大多数经济学家可能不同意这个说法，他们否认 2007 年至 2008 年实施的是货币紧缩政策。但他们的观点毫无说服力。让我们一次一个观点，仔细来探究。

否认 2008 年货币紧缩，理由充分吗?

大衰退一开始，我就提醒说货币过紧了，经济学家们常常困惑不已。美联储不是“竭尽所能”地实施货币宽松政策吗？还不明显吗？但是，当我问这些人提供证据来解释他们所谓的货币宽松，他们的回答真是五花八门，什么都有。我们来看看货币宽松的 6 个定义，都看似合理：

（1）低名义利率（庸俗凯恩斯经济学）。

（2）低实际利率（复杂凯恩斯经济学）。

（3）快速扩张的基础货币（原货币学经济学）。

（4）利率低于自然率（新凯恩斯经济学）。

（5）资产价格上涨（弗德里克·米斯基）。

（6）高通胀，高名义 GDP 增长（本·伯南克）。

我们很容易就能否定第一个定义。毕竟，利率永远不会高过恶性通胀时期水平，而且我不知道有谁相信大通胀是“货币紧缩”。利率永远不会低于持续通缩时期水平。当然，通缩的货币政策肯定不会是“扩张性的”。

当我指出名义利率无法用作政策指标时，一些经济学家们又认为实际利率是衡量货币政策立场的一个好用指标。但是，实际利率和名义利率缺点一样。正如低名义利率可能代表通缩预期，而非货币宽松，低实际利率还可能反映产出下降。

但是让我们暂时假设实际利率是一个好用的指标。我们衡量实际利率的最佳指标是 TIPS 收益率，它既代表了事前的实际利率预期，也代表了事后的实际回报率。2008 年 7 月到 12 月初，我们看到了有记录以来实际利率最大涨幅之一。如图 16–3 所示，10 年期 TIPS 实际收益率从 2008 年 7 月的 0.57% 飙升至 2008 年 11 月下旬的 4.18%。

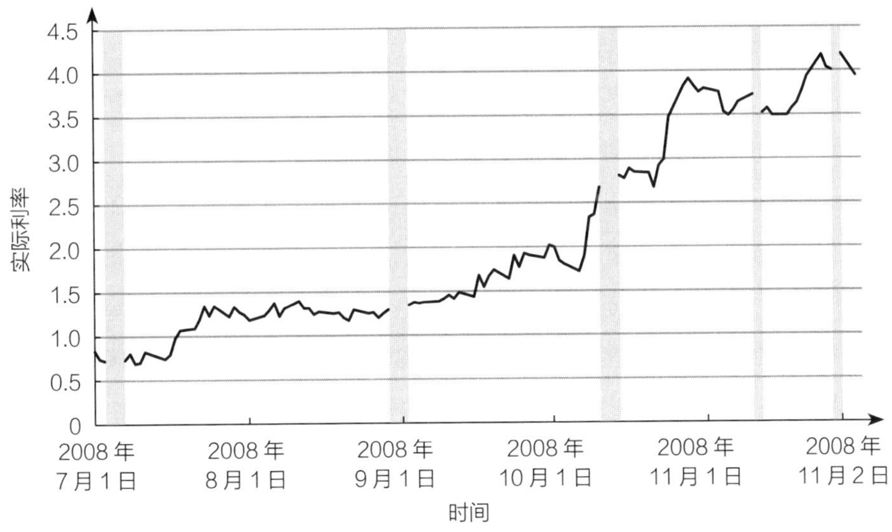

图 16–3　2008 年 7 月至 12 月 10 年期国债实际利率

注：灰色条代表无交易日。

来源：FRED via Dow Jones & Company。

当我指出 2008 年下半年实际利率急剧上升时，也正是经济一步步恶化之际，他们通常的反映是，“哦，我不知道”。要是经济学家们真的相信实际利率是合适的指标，他们为什么不去关注 2008 年年底的情况呢？经济学家们怎么可能没注意到当时经济一败涂地，而实际利率却一路高涨呢？

有些人认为，这些收益率因为大家蜂拥追逐收益质量而遭到了扭曲，以致于超流动性的常规国债价格上涨，而其他资产价格下跌，甚至包括流动性较差的指数债券（回忆一下，价格波动与收益成反比）。但这都是马后炮。从绝对意义上说，TIPS 非常安全，流动性也足够。银行可以选择去赚 TIPS

的超额回报，还没有任何违约风险，而个人贷款风险性更高，因此个人贷款的资金机会成本迅速上升。道出事实，说情况如此糟糕，人们只想持有常规国债，这几乎不算什么货币宽松的证据。不幸的是，经济学界过于重视传统国债收益率这一政策指标，却忽视了其他资产价格。

有些人指出量化宽松计划下货币基础迅速扩大，他们提出了有关货币宽松的最奇怪的论点。2008 年之前，基本没有经济学家认为基础货币是一个好用的货币政策立场指标。甚至像米尔顿·弗里德曼这样的货币经济学家，也认为这个指标存在很大的问题。大多数货币经济学家青睐更广义的货币总量，但是 20 世纪 80 年代初期，货币流通速度变得极不稳定，货币总量指标也基本淡出了人们的视野。然后，突然之间，2008 年至 2009 年，人们又重提基础货币这个概念，将之视作货币政策立场指标。美联储在 1932 年的春天实施了量化宽松政策，我认识的经济学家中已无人再把那个政策视作货币宽松政策了。

但让我们再次假设基础货币是正确的指标。在此情况下，2007 年 8 月到 2008 年 5 月，美联储突然喊停了基础货币增长，引发了大衰退。然而，正如 2008 年底实际利率飙升一样，我发现没有几个经济学家注意到基础货币增长放缓了。2007 年年底和 2008 年年初，哪里有文章抱怨基础货币增长不够，担心经济陷入衰退？

人们压根儿就没关注基础货币（量化宽松计划前），所以大部分人还是认为大衰退是因为流动速度下降所致。秉持这类观点的人，费了很大功夫区分无心之错还是有为之过。他们会说，美联储当时可能还是行动力不够积极，所以未能阻止衰退发生，不过美联储没有实际引发衰退。相反，在他们看来，衰退就是因为货币流动速度下降所致。

这个说法不对。2007 年年底 2008 年年初，名义 GDP 增长放缓，从会计的角度看，是基础货币增长放缓所致，在此期间货币流通速度还加快了。美联储采取了“具体步骤”，直接把经济推进衰退，私营部门则提升流通速度，英勇还击。想一想，这个事实和当时普遍受过教育的观察者观点差别有多大，哪怕和今天的看法相比，差别也太大了。

为了清楚起见，2008 年年初无论基础货币是增加还是减少，我认为都要怪货币紧缩。2008 年之前，和大多数经济学家一样，我认为基础货币是一个糟糕的货币政策立场指标。我的观点是，那些支持基础货币指标的人，没好好解读基础货币传达的信息。如果他们真把基础货币指标当回事，就会接着争辩说基础货币增长放缓引发了大衰退，而随后的货币流动速度下降使情况恶化。这话到底是谁说的？

我们想一想，货币宽松有 3 个定义比较受大家认可，这 3 个定义全都支持我对这一系列事件的解读。新凯恩斯模型表明，真正重要的是相对于（不可观察的）自然利率的市场利率，即与稳定的宏观经济保持一致的利率，而不是实际利率或名义利率。图 16–4 是近年来人们对自然利率的估计，以实际利率为准测量的。

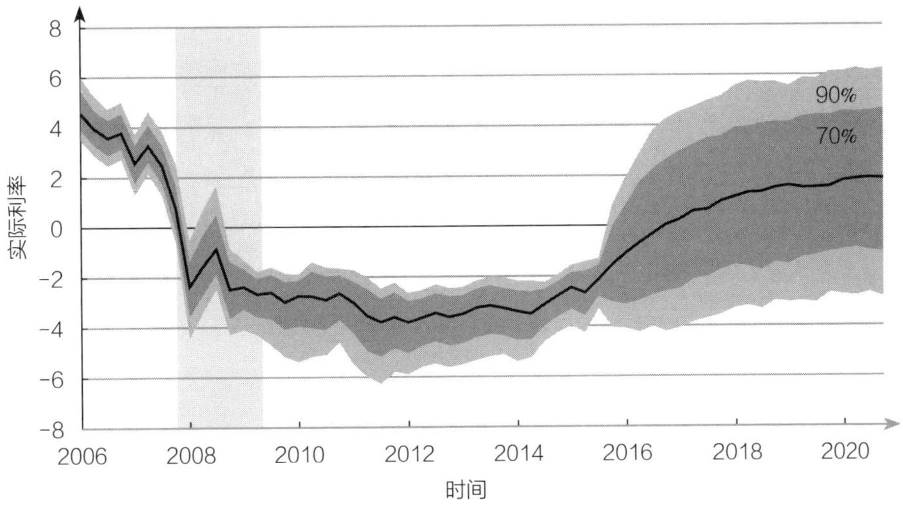

图 16–4　2006—2020 年美国自然利率的估计

来　源：VascoCurdia, “why So Slow? A Gradual Return for Interest Rates,” Federal Reserve Bank of San Francisco, October 12, 2015。

自 2007 年开始，自然利率就远低于实际市场利率，并连续多年保持在该水平之下。这意味着货币过于紧缩了。之后多年，因为自然利率降至零以下，部分原因可能归咎于零下限问题。但是 2007 年和 2008 年没有任何借口，当时实际利率还未触及零下限。按照新凯恩斯经济学的标准，大衰退就是货币紧缩所致。

我教了几十年货币经济学，一直用弗德里克·米斯基的教材，这可是此类课程中最畅销的教科书。米斯基建议，名义利率不是货币政策立场适用的衡量指标，我们应该转而关注“其他资产价格”。事实上，2008 年底几乎所有资产价格都在叫嚣“钱太紧了”。看过了实际利率，现在我们来看看商品价格和股票市场（见图 16-5），以及美元的外汇价值（见图 16-6）。请注意，无论股票还是商品价格，全在 2008 年年底暴跌，这与货币紧缩定义一致。

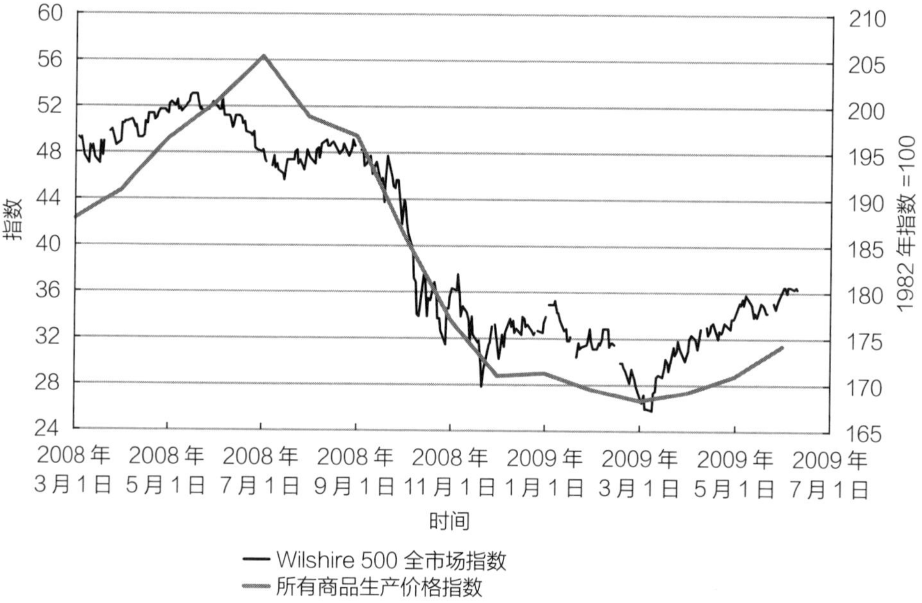

图 16-5　2008—2009 年美国商品和股市价格

来源：FRED via Wilshire Associates and Bureau of Labor Statistics。

图 16-6 尤其有趣，因为绝大多数情况下，一国货币往往在金融危机期间会贬值。想想看，20 世纪 30 年代美国经历最严重的金融危机之时，外汇市场上的美元反而在升值。我也只能列举几个类似的例子：1931—1932 年的美国、1990 年年初的日本、1998—2001 年的阿根廷。每种情况下，汇率的异常波动都反映了紧缩货币政策。最终，2008 年年底发生的事情也同样如此。

2008 年年底，你所看到的每个地方都发生了同样的事情。美国的部分

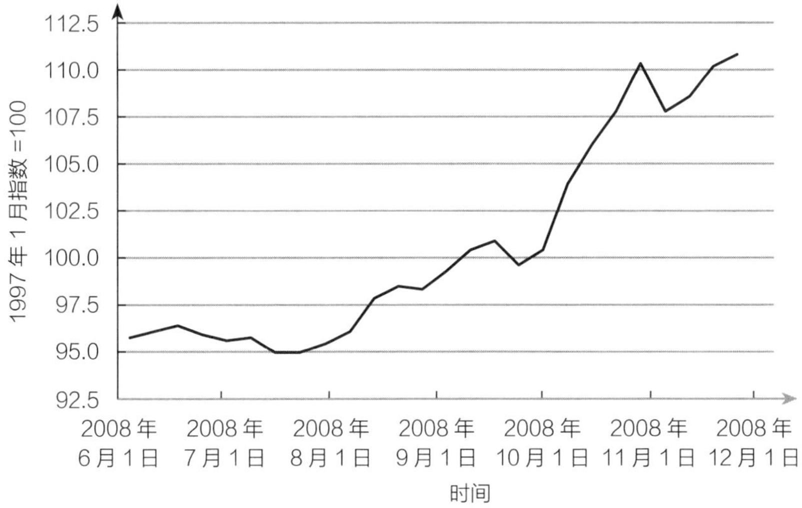

图 16-6　2008 年 6 月至 12 月美元的外汇价值

来源：FRED via Board of Governors of the Federal Reserve System（US）。

地区（比如得克萨斯），他们躲过了最初的次贷危机，此时房价也开始下跌。直到 2008 年下半年，商业地产价格还能撑住，然后也开始下跌。反映了通胀预期的 TIPS 价格，2008 年下半年开始急剧下跌。除了（超安全的）常规国债，名义 GDP 一旦开始下跌，你就找不到收益不错的资产。

第十一章中，我支持伯南克评估货币政策的标准——通胀，还有名义 GDP 增长。它们最接近货币政策目标。针对美联储制定的目标，无论货币宽松还是紧缩，它们都提供了想要达标所需的政策立场观察窗口。根据这个标准，2008 年下半年货币已经相当紧张，名义 GDP 5 年增长率降到了 20 世纪 30 年代以来的最低点。

总而言之，资深经济学家们用来评估货币政策立场的标准和流行媒体上的看法，二者之间存在着巨大的鸿沟。尽管大多数人以为 2008 年实行的是扩张性货币政策，美联储只是缺乏足够的火力来抵销严重金融危机的损失。实际证据表明货币政策其实相当紧缩，这才引发了金融危机和经济大衰退。

这并不是说货币政策是这一时期的唯一问题。2007 年 8 月金融危机初期，货币紧缩就初露征兆。即使货币政策适中，2008 年也可能出现温和衰退。如果衰退没有出现，随后的高通胀也会引发轻微的生活水平下降。但是 2008 年年中到 2009 年年中，名义 GDP 本不至于下降 3% 那么多（低于趋势 8%）。名义 GDP 下降导致了 10% 的失业率、一场更为严重的金融危机，以及没有必要的房产财富缩水。

下一章，我们将继续研究十四章中列出的各种认知谬误。幸运的是，下一章的精彩大纲已经准备就绪，作者就是本·伯南克。1999 年，他写了一篇论文，标题为《日本货币政策：自废武功？》（*Japanese Monetary Policy: A Case of Self-Induced Paralysis?*）。这篇文章剖析了日本央行犯下的政策错误。日本央行如何没能阻止通缩发展，其分析真可谓精彩绝伦。他的大部分分析与本书对美联储政策的批评惊人的相似。因此，第十七章的标题就借用了他的论文标题。

第五部分

大衰退

PATR 5

第十七章
2008 年美联储的政策是自废武功?

2006 年伯南克被任命为美联储主席，我特别高兴。伯南克的学术工作中有大衰退相关研究内容，他的结论和我的类似。我们都关注了两战期间金本位制度产生的通缩影响，都关注了名义工资黏性问题。伯南克特别批评了日本多年温和通缩，其央行还态度消极。他似乎就是领导美联储的理性人选。

开通博客之后，我开始批评美联储的政策。然而，和那些持有相同政策观点的人相比，我从未像他们那样激烈地批评伯南克。管理一个机构所面临的挑战和做学术不同。如果不用和资深美联储官员、鹰派的区域联储主席和国会委员周旋，黑板上制定最优方案自然容易。我依旧相信，伯南克在美联储任职期间，在政策制定方面发挥了积极作用，所以我对他总体是认可的。请大家以此为基本精神看待我后续的批评。

1999 年伯南克评日本央行

2010 年年初，我的市场货币经济学同事马库思·努涅斯（Marcus Nunes）给我发了一篇伯南克 11 年前写的论文，这篇论文里有不少观点与我第一年写博客时提出的观点惊人的相似。不同之处在于，伯南克批评日本央行在利率零下限时态度消极，而我则批评美联储在利率零下限时态度消极。这里摘录了一些 1999 年伯南克论文中提出的观点：

> 说到通胀目标和日本央行公信力的问题，我实在看不出来，一国的政策

制定人与公众直接坦诚地交流，能多损害他们的公信力。在宣布3%至4%的通胀目标时，日本央行应同时向公众提供目标相关信息，以及他们拟推动经济发展的方向（还有，如我将论证的，央行有一揽子政策工具推动经济发展）。

非标准公开市场操作，只要操作涉及财政，即便是合法的，公众也会将这个行为看作为了绕过立法机关而为，所以相关问题最好留给学术界有好奇心的人去讨论吧。

日元自1991年以来，一直在名义升值，对一个陷入深度衰退的国家来说，这实在很怪异。更令人不安的是，1998年第三季度之后，日元进一步升值且幅度惊人，随着日本经济重新陷入衰退，日元从1998年8月的约145日元兑1美元，升值到1999年12月的102日元兑1美元。日元资产利率很低，这种升值意味着投机客们预计未来日元会出现更大幅度的通货紧缩和升值。

我补充一点，和日本一样，2008年年底美元强劲升值，“这对一个深度衰退的国家来说，不是一样很奇怪吗”。

伯南克嘲笑说，央行怎么可能打完所有的子弹呢：

这个观点有点悲观，我们用归谬法驳斥它。基于我之前的观察，货币发行必定影响价格，否则印钞就可以创造无穷的购买力。假设日本央行印出日元，然后用这些日元收购外国资产。如果日元没有因此贬值，如果没有日本商品或资产的相互需求（这将推高国内价格），原则上，这种情况下，日本央行无法继续无限收购外国资产，不然外国人拿着一堆毫无用处的日元结余做什么呢？显然，平衡状态下，这种假设的情况是不可能出现的。

然后伯南克认为，真正的问题出在名义变量上，即总需求不足：

我倾向于认同一个传统的观点，即日本当下面临的困境大部分归咎于过去15年异常糟糕的货币政策。1985年以后，日本的货币政策如果能够专注总需求和通胀，而不是分散精力处理汇率或资产价格，结果可能会好得多。

我不否认，金融系统或者其他方面确实存在结构性问题，从而抑制了日本经济增长。但是我也相信，有令人信服的证据表明，今天日本经济受限于总需求不足。如果货币政策能够增加名义支出，日本面临的一些结构性难题也不会那么难以解决。

需求不足不仅仅是问题的核心，更多的需求实际上也会减轻日本金融问题的严重性。

再一次，名义需求增长过慢对（日本）这个“病人”不利，这个说法与事实相符合。值得注意的是，以1993年、1994年、1995年为例，这3年的名义GDP年增长率还不到1%，1998年实际下降了两个多百分点。

伯南克随后驳斥了低利率意味着日本采取的是扩张性货币政策这个观点：

认为日本当下实行的是宽松货币政策，这一观点的依据仅仅是观察到日本利率处于极低水平。我确实很希望已经读到这里的读者们多了解一下货币历史，对这些仅仅依据低利率水平就得出的结论，不要太当回事。人们只要回顾一下，整个大萧条期间，许多国家的名义利率接近零了，但大萧条期间，货币大幅度收缩（货币紧缩）的同时，依旧承受通货紧缩压力（物价下降）。简而言之，低名义利率可能反映了预期通货紧缩和货币紧缩，也可能反映了货币宽松……

关于实际利率的观点，我的第二个回应是，今天的实际利率可能不是一个合适的统计量，其不足以衡量货币紧缩政策对经济产生的累计影响。

然后伯南克建议关注通货膨胀而不是利率：

在评估货币政策影响时，人们可能想要考虑当前实际利率之外的指标，例如，实际价格水平和预期价格水平之间的累计差距。

伯南克坚持认为，即使存在流动性陷阱，货币政策依旧可以增加名义支出：

诚然，日本当前的货币状况限制了标准公开市场操作的有效性，然而，正如我将在本文其他部分讨论的那样，无论流动性陷阱存在与否，货币政策扩大名义总需求的能力都很可观。我们针对日本经济问题的诊断表明，这些行动可以在很大程度上终结十年衰退。

这篇论文结尾之际，伯南克还大力呼吁日本采取更为扩张的货币政策：

无论怎么看，日本的经济都不是大萧条，但其经济的表现近十年来一直低于其潜力水平，经济复苏也看似遥遥无期。既然还有可以减少损失的政策选择，为何不做呢？至少在我这个局外人看来，日本的货币政策几近瘫痪，并且这种瘫痪很大程度上还是自找的。尤其引人注目的是，日本当局显然不愿意尝试任何无法保证绝对有效的方法。日本人也许得来点罗斯福决心了，如当年的罗斯福总统一般，壮士断腕，将整个国家拉出大萧条的泥潭。

2008 年至 2009 年，如果美联储要展示他们的“罗斯福决心”，就应该设定更激进大胆的政策目标，或者采用伯南克向日本人推荐的某种水平目标。可是呢，并没有。外界并没有敦促美联储采取更多行动。事实上，当时针对美联储的批评，更多来自抱怨政策过于扩张的人。还有人甚至警告说，量化宽松等美联储政策可能会引发高通胀。一些精明的专家立刻想起了拉尔夫·霍特蕾（Ralph Hawtrey）的名言，大萧条期间（通货紧缩期）有人表达过类似的担忧，他说“人们表达了对通货膨胀的惊恐。可是他们在喊，火来了，火来了。是啊，这是在诺亚洪水面前喊救火”。

2003年伯南克给日本刺激通胀的建议

2003年，伯南克加入了美联储理事会。很快，他发表了一则关于应对零利率约束问题的演讲，提出了三点建议：

> 首先……就不提议大家都熟悉的通胀目标了，我建议日本央行考虑价格水平目标，这样可以让通胀持续一段时间，以此来抵消最近通缩对价格的影响。
>
> 其次，我考虑的是……日本央行的资产负债表现状，还有他们是否能够实施更激进的货币政策。尽管原则上，资产负债表情况如何，不应该成为束缚央行货币政策的理由，但实际上，实施何种货币政策多少会考虑负债表的状况。然而……要解除此类后顾之忧，方法也简单。
>
> 最后，也是最重要的，我想到一个可行的办法，可以终结日本的通缩：货币和财政必须携手共进，哪怕只是临时的，也要明确表达这个信号。

2006年，伯南克被任命为美联储主席。大衰退期间，伯南克确实呼吁财政和货币部门联手，但后来的财政刺激措施并不太奏效。然而，美联储没有采纳伯南克的意见，既没有设定水平目标，也没有暂时搁置资产负债表。相反，美联储继续沿用通胀率目标，即使理论文献明确指出零利率约束环境下价格水平目标会更有效。美联储继续担心资产负债表，伯南克早已指出，资产负债表就是个伪命题。实际上，三次量化宽松计划都因为资产负债表而草草收尾。

我想会有人争辩说人有权改变主意，说伯南克入主美联储后，更深入理解了货币政策的局限性，故而改弦更张。如果按照这个观点，伯南克一离开美联储，就会立刻丢掉他的“深刻理解”。然而2017年他建议，一旦经济处于零利率约束，当局应立即采取价格水平目标。这和他之前的说法有出入，不过倒是说清了永久水平目标机制下的几乎所有好处。零利率约束环境下，水平目标是我们唯一需要做的。

说这一切的重点可不是想对伯南克挑刺。要采取货币刺激政策，他面临着来自美联储内外的强烈反对，压力极大。会议记录清楚表明，伯南克当时费尽九牛二虎之力，竭力劝说那些鹰派成员采取更为宽松的政策。大家只要比比伯南克领导下的美联储和特瑞谢领导下的欧洲央行，就会明白，要是央行领导人没有伯南克那么开明，情况会恶化到何等地步。所以，我如此说的重点是想向大家说明，2008 年到 2013 年，美联储实际拥有宽松货币政策的全套工具，他们只是没有充分使用罢了。

尽管美联储比欧洲央行更得力，但是他们要是采用了更积极的货币政策，就很可能会达成通胀和就业目标，美联储为何不再多做一点点呢？一个原因是他们担忧资产负债表风险过大。高度扩张性的货币政策可能会导致更高的通胀率，从而导致更高的名义利率。如此一来，美联储通过量化宽松计划购买的大量债券价格就会降低。

这个担忧没有根据。从预算的角度来说，美联储就是联邦政府的一个部门。美联储的巨额利润最后都会上交财政部（用来支付美联储的运营支出）。美联储的国债资产其实就是财政部的负债，因此任何债券价值的变化，不过就是把联邦政府的资产负债表合并再重新清洗一遍。早在 2003 年，伯南克就理解了其中的关节，资产负债表不过是个伪命题。

此外，该提案对预算基本没有影响。由于债券转换，日本财政部（MOF）向日本央行多支付的利息，最后都会被日本央行向日本财政部几乎同等增加的巨额支付抵消掉。所以，之所以说这个提案是预算中立，其实是从数学的层面上来说，即日本央行持有的政府债券是赚也好亏也罢，都能和作为债券发行方的财政部净值反方向变化抵销。

资产负债表其实是一个政治问题：美联储官员们担心他们可能得向国会报告说，美联储在技术上资不抵债。

伯南克说，通胀可以改善劳动力市场和降低失业率，但他在 2003 年演讲中还提到了另外一个好处——财政纾困：

再通胀还有一个好处，即普遍减轻债务方和金融体系的巨大压力。20世纪90年代初以来，日本的债务人发现他们一再遭受贬值与通缩的轮番夹击，这样一来，他们不得不一再用超出他们预期还不断升值的日元还债。债务人的困境也影响了经济的正常运转，例如，削弱了银行体系，抑制了投资支出。

确实如此，紧缩的货币政策可能也造成了2008年美国金融危机，当时名义GDP的增长降至1949年以来最低水平。可是，伯南克和其他著名美国经济学家竟然都没有将这二者关联起来。出于某些原因，美国经济学家很容易看出万里之遥的日本货币紧缩恶化了该国的金融状况，却看不出本国的问题根源，仅仅因为货币紧缩政策是备受尊敬的经济学家一手操办的，仅仅因为货币紧缩政策最可代表当时美国宏观经济学家们的共识。

这是更深层次的现代宏观经济学问题中的一部分：人们倾向于认为精英机构几乎永远正确，据此人们放任经济学家们扭曲因果模型的构建。最骇人听闻的例子就是2015年零利率约束终结后发生的一件事。2017年，前美联储理事杰里米·斯坦（Jeremy Stein）认为，通胀率若低于-2%，则美联储无法让通胀率上涨至目标水平，这完全是罔顾事实。实际上，2017年美联储以降低通货膨胀率为目标，一再提高利率。这好比一个买车的人向汽车经销商抱怨："我一直在使劲踩刹车板，怎么我的新车就没法加速到60英里[①]啊。"

在美联储明显抑制通胀时期，为什么这么多著名经济学家会质疑美联储提升通胀的能力？唯一的解释就是，人们过于信任央行行长了，所以就产生了宿命论。如果他们都做不到，那这项任务一定难如登天。

为何美联储停止瞄准预期？

为了有效，货币政策必须始终如一地"以预期为目标"。政策必须要设定目标，且央行对未来目标变量的预测（如通胀、名义GDP）要等于政策目

① 约96.5606千米。——编者注

标。经济大稳健时期，政策通常会严格遵循这一标准。2008 年底某个时刻，美联储不再这样做了，并开始变得破罐子破摔。政策设定的位置是美联储自己认为美国可能达不到的通胀和就业目标水平。

要想象有效的政策机制是什么样子，其中一个方法是想象总需求意外变化时美联储官员们的感受。有效政策机制下，总需求无论意外增加或意外减少都是坏消息。人们期望名义 GDP 按目标速度增长，任何不足或超调都会破坏经济的稳定性。

从 2008 年年底到至少 2014 年（可能时间更长），美联储一直希望名义 GDP 能实现超预期速度增长。名义支出增长比预期快，就是“好消息”，比预期慢就是坏消息。这种情况持续了很久，以至于人们认为这就是常态，这甚至成了时刻忧虑换届的现任政客的看法。即使经济运行正常，额外支出并不可取的时候，政客们也认为名义支出增长快于预期才是好消息。

以预期为目标，这不是非常符合逻辑吗？很多人甚至无法想到其他更好的政策方法。为什么央行会将政策杠杆设定在预期无法达到的位置？这说不通啊。确实，预期为目标如此符合常识，以至于当总需求明显低于美联储目标水平时，人们只会认为美联储已经弹尽粮绝、无计可施。很多人认为这也是伯南克的看法。即便整个大衰退期间，伯南克一直否认美联储无计可施、无法可想。美联储明确表示，他们本可以采取更多措施来提振总需求，但是正如梅尔维尔（Melville）故事里那个叫巴特比（Bartleby）的抄录员说的，“他只是选择不做”。但是为什么不做？

随着高失业率及低通胀一日一日地继续，记者们终于开始提出更尖锐的问题：为什么美联储没有采取更多行动？伯南克提到了更多量化宽松带来的“成本与风险”。根据伯南克的两部学术著作，还有美联储的会议纪要（纪要一般会压 5 年后向公众公开），伯南克显然认为这些成本和风险被夸大了，至少技术意义上来说是这样的。

这不是说，伯南克的观点在成为美联储主席后一直没有变化。显然，像我这样的学者，可以轻易说美联储的资产负债表没问题，甚至说美联储破产也无关痛痒，但是，对于伯南克来说，他必须向国会委员会解释为何美联储需要注资，这可实在太难了。伯南克承受了来自各方的压力，他不能像我一样，轻轻松松就说量化宽松是一种威力无穷的工具，可以提升名义支出。

总而言之，一旦总需求明显不足，美联储就明白了需要做什么。伯南克当然知道该做什么，因为他对日本央行20世纪90年代和之后十年的政策批评，都和我批评大衰退时期美联储政策极为相似。真正的问题是政治。无限量化宽松会让美联储面临资产负债表风险，或者更准确地说，是风险认知（政治层面来说，认知才重要）。价格水平目标转向会引发公众对美联储信誉的质疑。美联储努力多年说服市场和广大公众，相信他们会将通胀率保持在2%附近，一旦改成价格水平目标，则其目标可能会一段时间内赶上通胀率。这样一来，可能许多年的价格水平目标都会高于2%。

美联储可能还用了另外一个工具——准备金负利率。不幸的是，美联储最终决定实行准备金利率计划之际，却把利率设在了零的错误一边。也就是说，他们设定了正利率。这可能是2008年他们犯的最大错误，值得大书特书一章。

第十八章
紧缩效应自白书

2006 年，美联储说服了国会，允许其自 2011 年开始给银行支付准备金利息。2008 年 10 月初，金融恐慌的至暗时刻，美联储要求国会提前该计划，授权美联储立刻开始支付准备金利息。

回想起来，国会的议员们似乎没有理解他们批准了什么，或者美联储为何要在金融危机期间要这个授权。金融危机期间，大部分普通人都会唯美联储专家之命是从，尤其在银行准备金这类晦涩难懂的技术类问题上。说到货币理论，国会议员们显然也只能算是普通人。

要论货币理论，斯坦福经济学家罗伯特·霍尔（Robert Hall）当然不是普通人，他看穿了美联储政策的本质［和苏珊·伍德沃德（Susan Woodward）合作的一篇论文里］："奇怪啊，伯南克解释说，他之所以要给银行准备金付 1% 的利息，是希望借此可以将短期利率提高到美联储设定的 1% 的目标水平。这等于承认了支付准备金利息政策会产生紧缩效应。"在价格大幅下跌、产出大幅下跌、股票价格大幅下跌、失业率大幅上涨、金融危机严峻之际，支付准备金利息政策就是紧缩货币政策。谁这么说的？事实上，美联储自己说的。美联储自己的解释暴露了该政策的紧缩意图——唯一目的是防止利率下降。确实，政策开始执行后，目标利率仍然是 1.5%。

问题来了：美联储为什么要做看似劳而无功的事情呢？为什么经济学界普遍忽视了这一政策错误？为什么美联储不执行准备金负利率政策？该政策会如何影响资产价格？为什么美联储在利率导向政策机制无效的时候还要加倍下注？事实证明，准备金利率是理解大衰退的关键，也说明了市场货币主义经济学方法确实有用。

是的，目的就是紧缩

美联储为什么要在2008年10月8日开始支付准备金利息，答案出人意料的简单。回忆一下，2008年9月16日，联邦公开市场委员会在雷曼兄弟宣布破产两天后召开会议，会议上决定联邦基金利率目标固定为2%。此外，我们知道了委员会拒绝放松货币政策的原因：会议纪要指出，美联储察觉到了衰退和通胀的双重风险。委员会由此认为风险大致平衡（尽管如前所述，市场指标表明未来通胀应相当低），因此他们决定按兵不动。

接下来的几周内，全球银行危机开始蔓延，美联储、财政部，还有国会高级官员召开了好几次紧急会议。这段时间里，国会通过了《不良资产救助计划》（Troubled Asset Relief Program）。该计划起初是受阻的，后来通过了。就在救助期间，全球银行系统一夜冰封，股市开始日泻千里。为了应对此次金融危机，美联储向银行系统注入了大量的流动性，大幅增加了基础货币。

直到2008年，美联储都不会给基础货币（现金加银行准备金）支付利息。传统体系下，注入新的基础货币通常会在短期内降低让短期利率。如果没有准备金利息，危机期间大量注入流动性会立刻将利率降低到零。这样的话就非常好，但当时美联储认为，利率降低可不是好事，他们担心的还是通胀。

愤世嫉俗的人可能会说，美联储使用银行准备金利息就是为了拯救华尔街。美联储通过准备金利息支付政策，注入了大量流动性，银行得以起死回生，这样做既没有压低利率，也没有增加实体经济中商品和服务的总需求。我没那么愤世嫉俗。我相信美联储也是出于好意。尽管如此，这确实是它做了的事情——提供流动性修复崩溃的金融系统，却不增加总需求，也没提高通胀。

在这一点上，有两个办法理解准备金利息支付实验。支持准备金利息的人认为，准备金利息不是问题，问题是货币紧缩，因为美联储将联邦基金目标定得过高所致。我很理解他们对准备金利息的维护，其说辞也有些道理，但是我依旧无法苟同。我依旧认为准备金利息错得离谱，原因有两个：首先，美联储决心在银行危机期间提供大量流动性。即使国会没有授权将这个计划提前到 2008 年 10 月，它也会这么做。唯一的区别是，如果准备金利息计划未通过，注入流动性一定会放松货币，如此一来，显然对经济有益。其次是有关准备金利息政策本身的问题。准备金利息代表货币经济学从关注基础货币供需转向关注利率。过于关注利率可谓现代宏观经济学的原罪。关注利率导致了普遍的误解，因为经济学家们误以为低利率意味着货币宽松，所以美联储不可能引发大衰退。关注利率还带来了一个结果，就是人们以利率为目标。结果就是一旦利率为零，货币政策杠杆立刻冻结不用，可货币政策杠杆恰恰是此时政策制定者最需要的也是最有效的工具。

支持准备金利息政策的人，有时候会指出政策以利率为焦点恰恰是准备金利息政策的一大优势。他们甚至为此开发出了一个没有货币的理论经济模型。他们说准备金利率使货币数量不再重要。这还真不对。长期看货币仍是中性的，哪怕是准备金利率。但是，他们说对了一点，当人们开始实行准备金利率制度的时候，货币供应量的变化所提供的信息会少很多。

可我认为这些所谓的准备金利率优势实际上是劣势。当底层货币数量直观可见的时候，货币政策效果最佳。货币需求应一直处于前台和中心，利率反而应当退至后台。

为什么经济学家们一再出错?

2008 年 10 月实行准备金利息政策，今日看起来真是错得离谱，还是人们自己心甘情愿地自寻死路。问题是，为什么经济学家们当时没有反对?

其实还是有些人提出了反对。有意思的是，大多数发现问题的人往往倾向于采用货币主义理论分析货币政策。最早地市场货币主义经济学家大卫·贝克华斯（David Beckworth）2008 年年底写了一篇博客，指出了准备金利率政策和美联储 1936 年至 1937 年实行的大名鼎鼎的存款准备金翻倍政策颇为相似，该政策导致了 1937 年至 1938 年 4 月期间两次经济下滑。弗里德曼和施瓦茨的《美国货币史》对这个准备金翻倍政策，着墨不少，进行了详细记录。这可能算是美联储将存款准备金利率用作货币政策工具的出名案例。两个政策都增加了基础货币需求，这显然就是货币紧缩。

现在我们有了两个案例，从中可见美联储如何利用货币政策来大幅提高基础货币需求。货币主义经济学家将这两项政策都看作严重错误。甚至凯恩斯经济学家都同意，认为 1937 年的存款准备金翻倍政策是一个严重的错误，但出于某些原因，很多人并不觉得 2008 年 10 月的准备金利息政策有多重要。2008 年 12 月，准备金利率的利率降至 0.25%。许多经济学家都和我聊过，他们想不通，为何区区 0.25% 的利率会那么重要，他们忘记了臭名昭著的 1937 年存款准备金率也不过是提高了区区 0.25% 左右，还忘记了利率可不是什么很好的货币政策立场指标。利率的些微变化，可以让政策从高度扩张立刻转成高度紧缩。

讽刺的是，准备金利率这样的政策在 2008 年年底本可力挽狂澜、大有所为，只要利率设置在负值即可。

2008 年下半年，我开始试着通过报纸渠道来发表关于货币政策的看法，可惜无果。我在 2009 年 1 月和 3 月的《经济学人之声》（*Economists' Voice*）上发了几篇小短文。在两篇文章中，我都提到了准备金利率负利率是更好的选择。这也是我第一篇博客的主题（在介绍性博文之后）。现在，大家都说 2008 年准备金利率正利率错了。有意思的是，市场货币主义经济学家似乎一直是第一批发现问题的人群。

随着时间的推移，开始有人批评我的负准备金利率观点。有些人批评说，我一个银行业的门外汉，还说这个观点根本行不通。有人告诉我，正儿八经的央行行长才不会看这种异端邪说。《金融时报》的好几篇专栏甚至坚称，准备金利率负利率是货币紧缩。

这可不像是货币学经济学家会说的话，因为负准备金率显然会降低基础货币需求，而这是扩张性的。但大多数人可不会从货币经济学的视角看问题，他们会从金融视角看问题。大多数专家从信贷的角度分析，而不是货币供需的角度。从金融视角来看，如果准备金利率负利率减少了信贷，那是货币紧缩。

2016 年，准备金利率负利率在很多发达经济体中付诸实践，包括欧元区、瑞士、丹麦、瑞典和日本。当这些国家采取了准备金利率负利率，市场的反映却好像这个政策就是扩张性的，正如货币经济学家们所料。例如，准备金利率意外急剧下降至负值，通常外汇市场中的货币会立刻贬值——货币扩张政策产生作用的一个信号。

这并不是说这些政策就非常有效，我们已经看到，利率并不是太可靠的货币政策工具。但这些政策的效果方向很明确：如果你对某种商品征税，就是在抑制你收税商品的需求。所以，基础货币需求减少就是名义支出扩张。

还有一点也很重要，那就是认识到采用准备金利率负利率并不会就此解决零下限问题；它只能减轻问题的严重程度——直到银行准备金开始转化为现金这个点。我们不知道“有效下限”在哪里，但–0.75% 似乎是央行们为了提高名义利率而愿意接受的最低负值。

政府越来越敌视使用现金，这倒是给那些有志于采取负利率的央行们帮了大忙。在美国，你如果每次取 3000 美元，这样的“结构化交易”（structured transactions）会被视为非法行为，因为你有规避银行必须报告 10 000 美元为界的现金交易的嫌疑。逮捕某人仅仅因为他从银行连续取 3 000 美元，警察因为某人压着限速驾驶命令其靠边停车，然后指控此人虽然遵守了法律，但目的是为了避免被警察因为超速而要求靠边停车（也许是为了要搜车上的毒品），这两件事很相似。在这种反现金的环境下，大型机构不愿意以现金的形式在保险箱里存数十亿美元，他们只能被逼暂时接受类似德国政府债券这样的安全资产的负回报。

这并不是说，名义利率就没有有效下限。人们似乎不太可能愿意接受持续性的–3% 利率。因此，政策的重点应继续放在其他领域，例如量化宽松、名义 GDP 水平目标，甚至更高的通胀目标，以此来降低基础货币需求。

准备金利息政策有多紧缩？

2010年，我在《福布斯》(*Forbes*)上读到一篇很有趣的文章，是路易斯·乌德西尔(Louis Woodhill)写的，文章讨论了股票市场对准备金利率的反映。

当美联储宣布准备金利率政策时，标普500指数较雷曼风暴前15个交易日收盘价下跌了12.18%。然而，美联储宣布准备金利率政策的当日，标普500指数下跌了3.85%，3天后，总计下跌17.22%。

2008年10月22日，美联储宣布将提高准备金利率。标普500指数当日下跌6.10%，3天后累计下跌11.11%。2008年11月5日，美联储再次宣布提高准备金利率，标普500指数当日下跌5.27%，3天后累计下跌8.60%。

乍一看，这着实让人印象深刻。大衰退期间，准备金利率恰好提高了3次。每次声明发表后，股票就大幅下跌，并在接下来的3天继续跌跌不休。事实上，2008年年底，主要熊市大部分发生在这3次为期4天的窗口期，总计12个交易日。

这种市场反映正好印证了我的理论，即该政策实乃错误的货币紧缩。尽管如此，我们还需要回忆第十四章的内容（“此路不通”），人们倾向于发现实际上并不存放在的相关性。更具体地说，我们尚不清楚我们为何需要查看那4天的窗口期。但是，有效市场假设认为市场反映是即时的。

我想你可以给大家这么说，准备金利率是个陌生的概念，市场需要一段时间来理解和消化。也许人们的反映并不是针对每次利率变化的声明，人们的反映其实是针对银行会响应政策而增加准备金这个想法。尽管我很想接受你这种说法，但我还是无法完全苟同。这看起来好像我们特意找来数据以解释我们的理论，倒不是理论恰好解释了数据。

然而，针对美联储声明的市场即时反映也意味深远。单日跌幅为3.85%、6.10%、5.27%，这跌幅很大了。仅仅因为3则错误的提高准备金利率的声明，股票因此下跌 15%，那这事本身就不可等闲视之。那么，我们要多么认真地看待新闻事件的第一天反映呢?

此事值得我们认真对待，一个原因是，虽然标准普尔 500 指数单日波动 5% 已是不同寻常，但 2008 年末乃多事之秋，市场风云诡谲，如此来看此事不算特别，3 次下跌也没多重要。此外，股票经常会因为重大货币政策公告而波动，2008 年底货币政策明显影响市场的例子还有其他。例如，2008 年 12 月 16 日美联储宣布利率目标从 1% 下调至 0%~0.25%，股票价格上涨 5.14%。以下为《纽约时报》2008 年 12 月 13 日的报道：

周一，道琼斯工业平均指数今年 10 月首次收盘时点数高于开始水平。准确地说，高出 936 点，创下 75 年以来最大单日涨幅。

随着各国政府和央行们联合一致采取积极的应对措施，释放全球信贷流动，投资们表示这可谓是期盼已久。

再看看《纽约时报》2008 年 10 月 28 日写的文章：

尽管新迹象表明整体经济将持续走弱，但联邦降息预期吸引投资者们重返，华尔街指数在周二下午上扬。

消费者信心报告显示，美国人对 10 月的经济比 41 年来任何时候都更悲观。那一天，道琼斯工业平均指数上涨 889.35 点，涨幅 10.8%，至 9065.12 点，一周内第一次收盘价超过了 9000 点。

更宽泛的标准普尔 500 指数上涨 10.79%，91.59 点，科技股为主的纳斯达克指数上涨 9.53%，143.57 点。

欧洲股市也收高。作为欧元区蓝筹股晴雨表的道琼斯欧洲斯托克 50 指数上涨 3.8%，伦敦富时 100 指数（FTSE 100 index）上涨 1.9%，巴黎的 CAC40[①] 指数上涨 1.5%。

---

① 法国股市的基准指数。——编者注

法兰克福 DAX 指数[1]上涨 11.2%。

美国标准普尔 500 指数上涨 10.79%，创下破纪录的单日最高涨幅。

无须拥有博士学位，大家也能看出 2008 年年底货币政策和金融市场之间那千丝万缕的关联。我记得 2008 年 11 月 6 日看美国消费者新闻与商业频道（CNBC）报道，吉姆·克莱姆（Jim Cramer）发表了其著名的咆哮宣言。他指出，英格兰银行大幅降息 1.5%，市场已反弹，但欧洲央行才降息 0.5%，还缺乏后续跟进，市场无比失望。克莱姆经常因为他 2007 年的著名咆哮而被嘲笑。他当时抨击美联储，说他们面对日益危急的银行危机，像没头苍蝇一样毫无头绪。但回想起来，克莱姆两次都指明了要害，世界顶级央行们反而错了。

注意，2008 年 11 月 6 日，欧洲央行迟迟未决后的市场下跌，就发生在路易斯·乌德西尔说的 3 大 4 天窗口期的其中之一，这进一步说明了如果要将市场变化归因于某则货币政策公告，我们还是要小心为上。然而，轻视他们之间的关联也绝对不合适，因为我们经常不止一次观察到，每逢美联储公布重大货币政策，市场常常在宣布后几秒内就剧烈波动。毫无疑问，货币政策确实是股市高频波动的一个重要因素，特别是在经济困难时期。

经济谋杀案回忆录

大衰退中一个很有意思的地方在于，人们普遍误解了大衰退。即使经济学家中的精英们，也常常对 2008 年下半年发生的事情记忆错乱。很多人不知道，外汇市场中美元强劲升值，或者实际利率急剧上升。但是，人们最普遍的误解是美联储已尽全力，弹尽粮绝，时运不佳。这可真是一错再错。

即便利率为零，美联储也还不至于就山穷水尽。2015 年，瑞士将利率下调至-0.75%，比美联储危机期间设定的最低水平低了整整 100 个基点。即使

---

① 德国最受重视的股价指数之一。——编者注

大家不用准备金利率，直到 2008 年 12 月下半月，利率距离零也尚有余地。美联储在 2008 年采取了货币紧缩政策，并采取了明确的措施来阻止政策放松。2008 年年底准备金利率三次提高要求，就凭这，谁能说央行已经“竭尽所能”？

人们也记错了金融危机发生的时间。在很多人心目中，金融危机就是一次“外部冲击”，金融危机导致了经济衰退，然后美联储才采取了宽松货币政策。事实上，美联储的货币紧缩政策引发了大衰退，名义 GDP 下降又令金融危机进一步深化。当市场清楚地意识到，美联储不会采取必要措施恢复名义 GDP 增长到健康水平，资产价格立刻暴跌。这些信号对市场货币经济学家和吉姆·克莱姆等少数敏锐的股市观察人士而言，已经是显而易见，但其他人则视而不见。

将这些事件这般解释之后，我们自然会问一个很重要的问题：为何这次衰退是全球性的？下一章，我们将看到，大衰退是全球性的经济衰退，从而为市场货币经济学再添力证。

第十九章
在泰坦尼克号上看好戏

刚过 2000 年，美国全国上下弥漫着一种志得意满的情绪。美国在冷战中打败了苏联，自由市场经济的"华盛顿共识"在美国被奉为圭臬。美国在各类指标上的表现均优于欧洲，新兴产业也是美国的高科技公司称王。在各类国际会议上，美国的政策制定者们经常对其他国家指点江山，激扬文字，告诉他们得效仿美国的经济制度。因此，当美国房市泡沫破裂、美国银行由于之前过度冒险而深陷泥潭时，欧洲和世界其他国家颇有些幸灾乐祸。

5 年后，情况逆转。比起美国，欧元区情况糟多了。几年前，欧洲央行的官员们还批评伯南克的量化宽松政策过于激进。到了 2015 年，原先保守的欧洲央行也被迫开始采取比美联储更为激进的货币政策，例如准备金负利率。

为何我们说大衰退是全球性的呢？我们很快就会看到，这次的全球性衰退始于 2008 年，如果你还把这场危机与货币撇清关系，那就几乎不可能理解这场危机的来龙去脉。要理解为什么，我们先来了解一些关键事实。

为何欧洲的衰退更严重?

根据标准观点，美国的房市泡沫破裂和随后的银行危机导致了大衰退。但如果情况确实如此，那我们就可以预期欧洲等地的衰退应该会温和得多，毕竟美国出口在欧洲经济中占比不大。即使加上金融（许多欧洲银行买了美国的次级贷），欧洲央行的货币政策都没能抵消美国经济危机对欧元区 GDP

的影响。2008 年初，众所周知，欧元区银行也受到了美国抵押贷款投资的牵连，损失惨重。但是，大多数专家都没想到欧洲经济会陷入衰退。2008 年年初之后发生了什么变化？

图 19-1 显示了 2008 年第一季度到 2014 年年底，美国与欧元区的实际 GDP 变化轨迹。注意，2008 年第二和第三季度，欧元区的情况要比美国糟糕。在大众的想象里，雷曼兄弟破产冲击了经济，这才导致后续事件即全球金融系统冻结、欧元区陷入经济衰退。实际上，欧元区经济在 2008 年就已经开始陷入衰退——其衰退程度甚至比美国还严重。

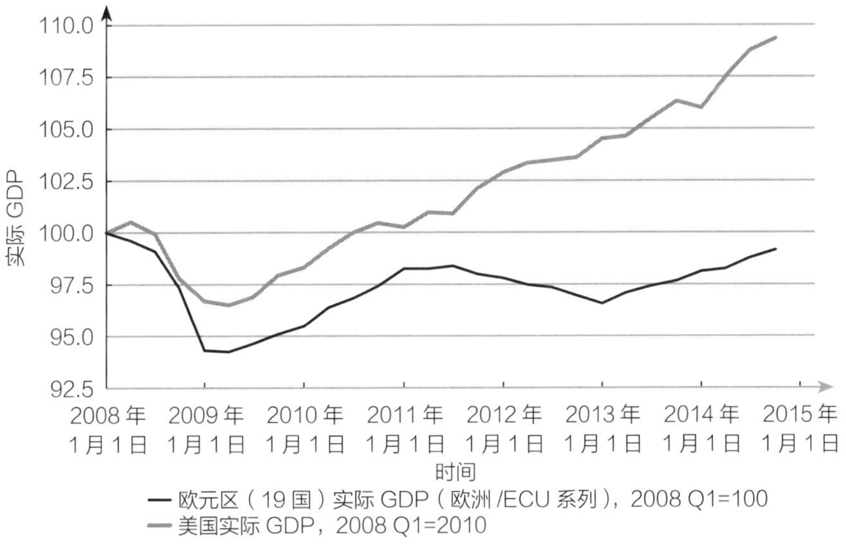

图 19-1　2008 年第一季度至 2014 年第四季度美国和欧元区实际 GDP

来源：FRED via Eurostat and US Bureau of Economic Analysis。

大概 2009 年春天之后，美国实际 GDP 开始以每年略高于 2% 的速度复苏，欧元区也是如此。然而，2011 年年中，欧元区陷入了持续两年的二次衰退。因此，最终这场源自美国的大衰退反而比欧元区温和得多，这个事实甚至可以解释美国的趋势增长率何以略高于欧洲。如果美国经历的是严重经济衰退，那欧洲经历的堪称一场经济大萧条。

当房市泡沫破裂和金融危机接踵而至，美国已现经济衰退初兆，人们普遍预计其他国家尽管会受到波及，但海外的次生影响面总该比美国温和许多。英国、加拿大和澳大利亚等国家，情况确如大家所料，至少就业方面如此。可为什么欧元区的衰退会如此严重？

我们需要把这个问题分成两部分：第一，欧洲大衰退的直接原因是什么？第二，欧洲犯了什么政策错误，以致出现如此恶果？

我们先从最接近的原因开始讨论名义 GDP 增长的疲软（图 19–2）。我们再次看到美国和欧元区的名义 GDP 增长的差异（从 2008 年中开始，然后随着时间逐步拉大）。即使在美国，大衰退期间最大一次下降，也是近五十年来最大一次下降，也不过是略高于 3%。但在欧元区，名义 GDP 的下降幅度更大，这表明欧元区的货币更为紧缩。

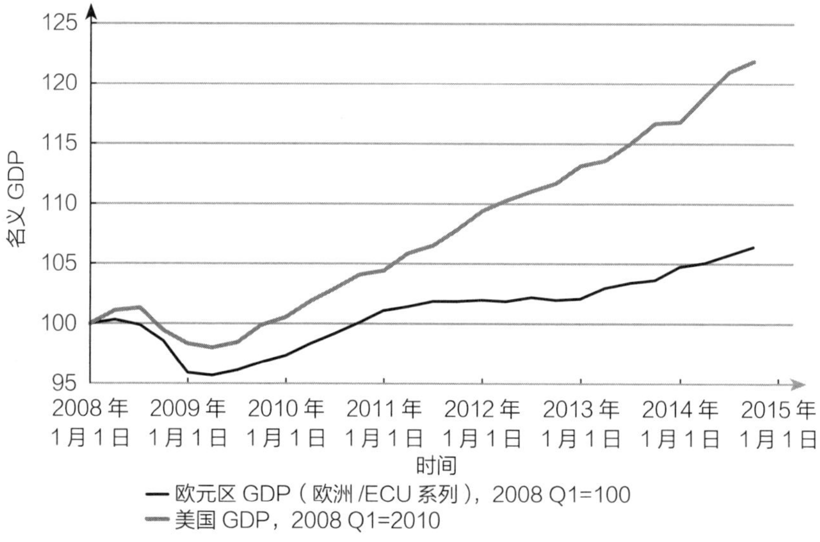

图 19–2　2008 年第一季度至 2014 年第三季度美国和欧元区名义 GDP

来源：FRED via Eurostat and US Bureau of Economic Analysis。

经济复苏期间，美国的名义 GDP 增长相对稳定，每年大约 4%。2009 年到 2011 年年初，欧元区经济表现相当，但是随后其两年的名义 GDP 趋于平稳。考虑到价格继续小幅走高，所以欧洲二次衰退期间，其实际 GDP 实际上下降了。有意思的是，身处欧洲但并没有加入欧元区的国家，并没有发生二次衰退，即使那些有严重银行系统问题的区域也是如此。

在前面的章节中，我讨论了经济界对大衰退认识的盲点。2007 年，标准宏观经济学理论明确指出，货币紧缩是经济衰退的罪魁祸首，但传统观点依旧集中在其他问题上。当我们转到欧元区，事情变得极其古怪。美国货币政策失败的所有原因，貌似都无法用以解释欧元区。欧元区经济陷入了衰退，但人们似乎不愿归咎于货币紧缩，为什么？

回想一下，人们认为美联储不应为美国 20 世纪 30 年代以来最糟糕的名义 GDP 增长负责，理由如下：无心之过——美联储并没有紧缩的“实质行为”；利率已经为零，美联储用完弹药，无计可施。我认为这两个理由还不足为美联储开脱“罪行”，当然更不适用于欧洲央行。欧洲央行在 2011 年 4 月和 6 月，就在 2011 年底二次衰退之前采取了明确的货币紧缩政策。这一段时间里，欧洲完全没有遭遇零界限难题。即使几年后终要面对零界限问题的时候，他们也会立刻毫不犹豫地将利率降到零以下。2014 年，我试着夸张一点表达，以“摇醒”经济学家们：

> 标准观点完全忽视了 2008—2009 年欧洲的名义 GDP 暴跌比美国开始得更早，烈度也比美国更甚（略高于 4%，而美国略高于 3%）。
>
> 情况可能更糟。2008 年 7 月欧元区已陷入衰退，欧元区的利率依旧较高，随后欧洲央行进一步加息。随后其名义 GDP 崩溃，这岂能不归因于欧洲央行的紧缩货币？……美国利率到了零下限时，我知道人们依旧对我的观点半信半疑。但是 2008 年欧洲央行离利率零下限尚有距离。我知道人们不喜欢用名义 GDP 的增长作为货币政策立场的指标，人们想要的是“具体的步骤”。现在欧洲央行就站在尸体旁边，手里拿着左轮手枪，尸体上还有枪伤，左轮手枪冒着烟。此时此刻，许多经济学家依旧执迷不悟，“天啊，央行永远不可能主动招来衰退，那只会发生在悲惨的旧时代，也就是 20 世纪 30 年代”。
>
> 天啊，人们到底还需要什么证据啊？
>
> 3 年后，他们如法炮制，又来一枪。2011 年初，利率已经高于零界限了，然后欧洲央行竟然再次提高利率。两次啊，欧洲央行简直是连环杀手。他们

沿着长廊晃进另一间办公室，抬手又杀了一个工人。我们再次看到他们手里拿着枪，枪还在冒着烟。

与此同时，经济学界的专家们就好像那个糊涂大侦探，还在那里查看财政紧缩怎么可能引起二次衰退，尽管 2011 年后美国实施的财政紧缩政策比欧元区厉害得多。欧元区的实际 GDP 值比 2007 年还低，我们还要坚信这都是因为美国 2006 年房市泡沫破裂，坚信是因为乌克兰危机？要不是欧洲处境悲惨之极，我都要说这一切真是太可笑了。

还有更严重的，大卫·贝克沃斯（David Beckworth）2017 年的一项研究提供了充分的证据，证明欧元区的二次经济衰退更适合用货币经济学理论来解释，而不应基于债务或财政紧缩的理论。尤其值得注意的是，北欧核心国和地中海沿岸较为脆弱的经济体，无论哪一类国家，货币紧缩都会先于经济放缓发生。

欧洲央行为何要制造二次经济衰退？

回想起来，欧元区的衰退必定会比美国严重，但前提是你们相信衰退的根源是货币政策出了问题。这是因为欧元区经济体有着致命的软肋，使得它比美国更容易受到错误货币政策的影响。比如，强制要求低通胀；“接近但不低于 2%”的不对称通胀目标；区域内统一货币，但区域内有众多主权国家，每个国家都有大量主权债务；与美国同僚相比，其央行技术官僚精英对总需求冲击认知不足。欧元区计划原本就是欧洲联邦主义和心存疑虑的德国人之间一个妥协的产物。从主张单一市场的《马斯特里赫特条约》（*Maastricht Project*）角度看，单一货币当然意义非凡，可德国人担忧单一货币也会引发更高的通胀率，尤其是欧洲央行将承受巨大的压力，被迫救助不负责任的借款国家。双方勉强达成妥协，德国人同意放弃他们珍视的德国马克，换取一个更为鹰派的欧洲央行，运作方式类似德国联邦银行。

回想起来，这就是一场灾难，不仅有两次世界大战期间金本位制度的诸多缺陷，还多了一个毛病：退出欧元这样的单一货币，比退出金本位制度更困难。这是因为，金本位制度下记账媒介（黄金）和交换媒介（现金）有差别。黄金的货币价格还可以在危机期间即时调整，也就是说，货币可能一夜之间急剧贬值。

对使用欧元的国家来说，实际上没有什么可贬值的。他们的记账媒介和交换媒介都是欧元。他们可以尝试从头开始创造一种新货币，但一旦他们这么做了，他们的银行系统也就崩溃了。你不可能一夜之间印出价值数十亿美元的钞票，同时还对如此重要的政策保密。这项政策仅仅需要传出谣言，就足以让恐慌的银行储户们连夜从国内银行中撤走资金。

我们已经看到 2008 年国际大宗商品价格的冲击是如何让美国货币政策偏离正轨的。2008 年夏天整体通胀率不断上涨，美联储不愿意在经济疲软的情况下降息。但至少美联储没有在此期间加息。相比之下，欧洲央行没有类似美联储的“双重使命”。因此，欧洲央行拒绝在 2007 年年底和 2008 年年初降息，而当时美联储已经将目标利率从 5.25% 下调至 2.0%。2008 年 7 月，欧洲央行实际上通过提高利率收紧货币政策，为的是降低总体通胀水平。这也是为何欧洲的名义 GDP 比美国下降得更厉害的原因。欧洲央行是一个更鹰派的机构，因此在供应冲击推动消费者价格通胀率上涨的时刻，他们反而更可能采取货币紧缩政策。

2008 年底和 2009 年初，欧元区经济衰退日趋严重，欧洲央行依旧拒绝下调利率至零。这真的很难解释，因为 2009 年通胀率已经大幅下降了。部分原因可能是人们没有认清问题的本质。和美国一样，许多人认为真正的问题是实际冲击，而真正的问题是总需求的大幅下降。也就是说，真正的问题是名义 GDP。欧洲经济界对需求冲击重要性的理解落后于美国（和英国）。部分原因可能是欧洲是一众小国的集合体，其中许多国家习惯了在固定汇率制度下运行。在这样的制度下，高失业率的唯一解决之道就是改革劳动力市场、增强工业竞争力，即内部贬值的方式。宏观经济学理论一直与国家运作的政策体制密切相关。

2004 年德国就发生了如教科书式的内部贬值事件。人们忘记了 21 世纪初的德国被人当作“欧洲病夫”。那时的德国失业率高达11%，德国的大部分工业竞争力不足。德国当时的中左翼政府开启了劳动力市场改革，以降低工资和增加工作激励，这项改革成功帮助德国大幅降低了失业率，如图19-3所示。

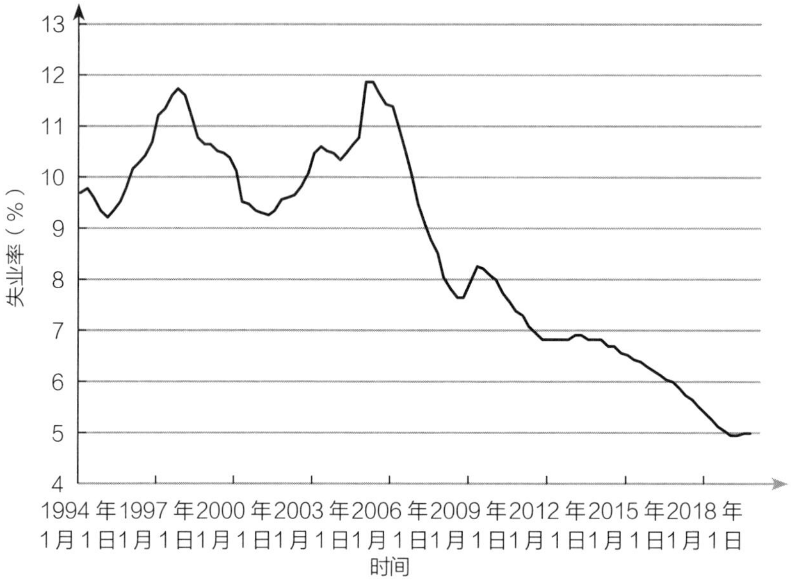

图19-3　1994—2019年德国失业率

来源：FRED via Organization for Economic Co-operation and Development。

请注意，直到2004年，德国的改革才显现成效，但平均失业率还高达10%，这表明当时的德国经济存在严重的结构性问题。还有，2008—2009年大衰退期间，德国的失业率仅轻微上涨。这样我们就容易理解欧洲的经济学家会根据这张图得出如此结论了，即结构性（实际）要素要比需求侧（名义）要素更重要。2004年，德国要想通过需求侧政策调整降低失业率，这几乎是不可能的，供应侧改革是他们的唯一选择。

不幸的是，凭一国之策来指导一个大型单一货币区域经济，极易误入歧途，因为单一货币区域经济的货币政策可不是外生性的。德国在欧元区的位置类似美国一个州。美联储的政策不应该也不能针对一个州的需要制定，同理，欧洲央行的政策也不应该只针对德国的需要。

看看美国北达科他州（North Dakota）的失业率数据（图 19–4），看起来和德国的情况有些类似。注意，大衰退期间北达科他州的失业率也只有 4.3%。但是，这绝不能用以说明美国当时没有总需求不足的问题，也不是说采用相同的劳动力市场政策就可以产生相同的结果，毕竟，不是所有州都像北达科他州一样拥有巨大的页岩油储备。同样，并非所有欧洲国家都有大公司，可以生产中国愿意大量购买的机械和汽车。对于需求派来说，德国足够幸运。对于欧洲的供应派来说，德国的公共政策很全面、实用。事实是双方都对。德国足够幸运，拥有各类产品组合，也足够明智，开放了劳动力市场。所以，不要单纯站队供应侧或者需求侧，两个都得要，需求供应要兼顾。

图 19-4　1981—2017 年北达科他州失业率

注：灰色条纹区域代表衰退期。
来源：FRED via U.S. Bureau of Labor Statistics。

2009 年到 2011 年，欧元区的通胀率从 0% 上升到 3%，远超欧洲央行设定的目标。即使在 2011 年，由于油价上涨、许多欧洲国家提高了增值税（value-added taxes）。这类短期因素，通胀率上升显然是暂时的。大衰退引爆了欧盟国家的公共债务危机（既有希腊那样的被引爆债务危机，也有类似西班牙那样的被诱发债务危机），公共债务危机导致了财务紧缩，这一切发生的原因就是欧元区既限制预算赤字（不超出 GDP 总额的 3%），又限制成员国的国债比例（不超出 GDP 总额的 60%）。所以提高增值税会暂时推高通货膨胀。

到 2011 年年底，货币紧缩已经让欧元区的名义 GDP 增长停滞不前，许多地中海国家（葡萄牙、意大利、希腊和西班牙）的名义 GDP 实际上在下降。通常情况下，名义 GDP 下降就会引发债务危机。类似情况下，人们又往往认为债务危机是外生性的，与货币紧缩没关系。在我解释这种误解是如何产生之前，我们来看看情况与之类似的美国。

2006 年至 2007 年，美国次贷危机还在逐步发展中。到 2009 年，债务危机已经远远超出次级贷的范围，进一步蔓延到其他领域类似优级抵押贷款（prime mortgages）和商业贷，特别是房地产开发商。任何时候，商业活动中总是有各种贷款，有的风险高一些，有的低一些。危机期间，风险最大的当然会最先出问题，此刻整个危机的走向好比道德故事的演绎——不明智的借款人和贷款人，他们行事为何如此不谨慎。人们确实会做出不明智的决定。那些 2006 年贷款买房的人就不应该贷款买房。

但是大衰退期间，大多数银行破产可不是因为次级贷，反而是因为出问题的商业贷。因此，人们确实不明智，借了钱，但也真的是因为名义 GDP 下降才让危机变得更严重的。[当然，因为政策类原因而造成的道德风险，也助长了这类贷款的发放，此类政策类似联邦储蓄保险公司（Federal Deposit Insurance Corporation）、大而不能倒的理念（too-big-to-fail），还有房丽美（Fannie Mae）]。

欧元区危机中，希腊扮演的就是不明智的美国次级贷借款人角色。希腊不仅借款过多，还向欧洲央行隐瞒了借款的金额。希腊的民众也该承担部分责任，因为正是希腊人自己一次又一次投票，选出了一批腐败的政客来领导自己的政府。西班牙则是另外一个例子。西班牙出现债务危机纯粹是因为欧洲央行的紧缩货币政策。如果欧洲央行在 2007 年后保持欧元区名义 GDP 每年增长 4%，欧元区的经济衰退本会更温和一些，而西班牙的公共债务问题也不会那么棘手。事实上，经济衰退之前，西班牙的公共债务实际上相当低。西班牙公共债务危机恶化，主要是因为西班牙受衰退的影响比其他欧元国家更大。

幸运的是，鹰派的欧洲央行行长特瑞谢终于在 2011 年 10 月底卸任，改为鸽派的德拉吉（Mario Draghi）走马上任。自从德拉吉上任，政策逐渐开始变得扩张，尽管还是太慢了。尽管欧元区的货币持续紧缩，但鉴于德拉吉所受的各方牵制，他已经做得相当不错了。他甚至在 2014 年还采取了准备金负利率政策。

欧元区以外的国家则有更多的货币政策灵活性，得以避免最严重的经济衰退。例如，将欧元区成员国爱尔兰和拥有自己货币的非成员国冰岛两相比较。爱尔兰出现了严重的银行危机，数年来失业率居高不下。冰岛当年的银行危机更严重，但是他们通过大幅货币贬值来促进名义 GDP 增长。

在爱尔兰，2012 年年初失业率达到了 15% 以上的峰值（比衰退前高出 10 个百分点），直到 2016 年年底才降至 8% 以下，如图 19-5 所示。反观冰岛，2010 年失业率上升至约 7.5%（比衰退前高出 5 个百分点），2016 年年初回落至 3.2%。冰岛的失业率增幅较小，复苏更快。

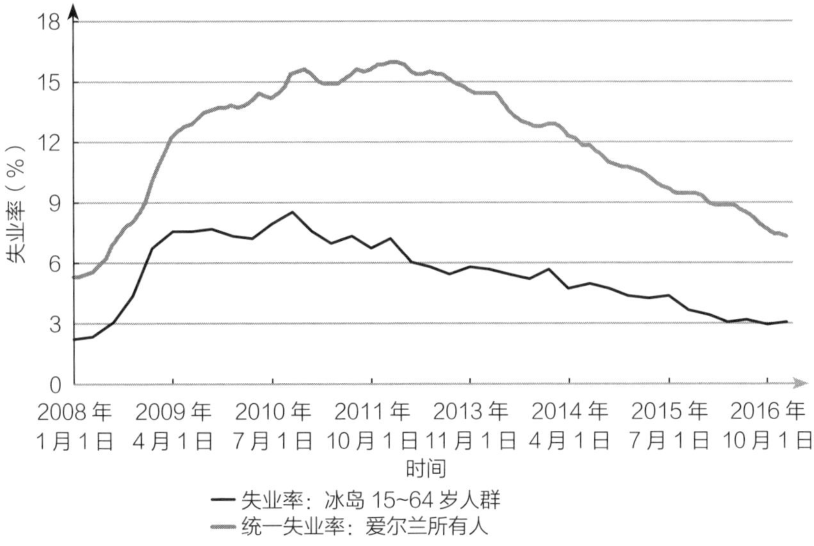

图 19-5　2008—2016 年爱尔兰和冰岛的失业率

来源：FRED via Organization for Economic Co-operation and Development。

经济危机期间，如果一个国家可以维持足够的名义 GDP 增长率，确实会出现一段时间高通胀。但这其实是好事，因为高通胀有助于降低实际工资，鼓励企业增加就业。欧元区成员国爱尔兰被迫进入短暂的通货通缩，然后通胀率接近零（见图 19-6）。结果就是爱尔兰名义 GDP 的增长低而失业率高。相比之下，冰岛的货币贬值虽然引发了一段时间的高通胀，但高通胀也促进了名义 GDP 的强劲增长。结果，冰岛的失业率上涨幅度小于爱尔兰。

图 19-6　2002—2016 年爱尔兰和冰岛的通胀

来源：FRED via World Bank。

有时，一想到债务过剩及其后果，美国人本能地认为爱尔兰和冰岛这些国家不负责任、不计后果、大肆借钱，就应该为自己的行为付出代价。冰岛人用贬值货币来支撑需求，他们难道不是选了一条捷径吗？不，恰恰相反。他们是选择了削减实际工资、勒紧裤腰带加油干。

我们每个人的生活中都有类似的例子。假设你家负债累累，濒临破产，你怎么办？你是在家里度假看电视，还是勒紧裤腰带努力工作（也许打两份工）？答案很明显。国家也是一个道理。面对债务危机，让失业率更高的政策有什么意义，这样只会让情况更糟糕。

要解决欧盟的问题，欧洲央行只能制定促进增长的政策，例如在供给侧改革的同时，保持足够的名义 GDP 增长。我说的供给侧改革指的是欧元区一些南欧国家需要比北欧国家采取更灵活的劳动力市场政策。保守派经济学家常常会忽视保持名义 GDP 增长的必要性，而自由派经济学家又常常会忽视供给侧改革的必要性。类似希腊这样的国家，其实迫切需要这两种措施。再强调一遍，供给和需求都很重要。

要选择通胀吗？货币紧缩如何导致大规模资产负债表

我们已经看到人们是如何误判货币政策立场，然后误以为低利率和大货币基数代表了货币宽松的。近年来，这种混乱在日本和瑞士这两个国家身上尤为明显。这两个国家情况类似：通胀率都很低，有些年份甚至为负；两个国家的利率都极低，甚至一些长期债券也常出现负利率；两个国家央行的资产负债表规模庞大，约占 GDP 的 100%。

对于日本和瑞士来说，专家们一直误以为低利率和巨额资产负债表代表了极度扩张的货币政策，但这两个国家实际上实行的是世界上最紧缩的货币政策。这种对利率、资产负债表和货币政策三者关系的误解，让专家们得出了错误的结论。即，要实现更高通胀，日本和瑞士还需要更低的利率或更大规模的资产负债表。其实，恰恰相反。

早在 2003 年，拉尔斯·斯文松就提出了解决之道：货币贬值可以帮助日本摆脱通货紧缩的流动性陷阱，且此法“万无一失”。2011 年，我（在一篇博客中）认为日本通缩实乃有意为之，日本央行的行为举止完全不像是希望涨价的样子。我指出了一个事实，日本央行在完全没有通胀的情况下多次提高利率，还在 2006 年大幅缩减货币基础。这些行为，哪里像一个竭尽全力提升通胀的样子。我还提出，如果日本央行真想要通胀，只要按照拉尔斯·斯文松的建议贬值日元即可。

保罗·克鲁格曼（Paul Krugman）也认为，日元贬值可能有用，但（回应我的博客）也质疑日本人是否能够贬值日元：“关于汇率，人们一直有个错觉，那就是央行可以轻松阻止本币货币升值。我纠正一下。看看瑞士，瑞士央行大规模干预瑞士法郎升值，结果还是失败了。”克鲁格曼将日本和瑞士联系起来是对的，不过随后发生的事情证明了我的观点、推翻了他的观点，我们先从日本说起。

2012 年年底，安倍晋三竞选首相，明确向选民承诺他会努力提升通胀率。对于一个如日本这样老龄化的国家而言，通胀并不受人欢迎，尽管如此，他领导日本终于告别了常年的通缩，日本通胀温和上涨，安倍获得了人们的大力支持，高票获得连任。安倍政策的一部分就是让货币贬值。当安倍开始讨论更高通胀目标时，日元立即开始下跌，最终日元兑美元贬值了约 35%。

即便如此，日本央行还是未能达到其制定的 2% 的通胀目标。但是安倍的政策确实终结了通缩，实现了通胀，下降的名义 GDP 开始上升（图 19-7 所示）。尽管人口迅速下降，但名义 GDP 上升依旧大幅提高了就业率。很多专家都认为，安倍经济学指导下的日本经济总算有了起色。但是，我们怎么能够肯定这是货币政策的功劳呢？财政刺激就没用吗？实际上，安倍采取了紧缩财政政策，提高了税收，削减了预算赤字。因此，其货币政策的核心就是全力刺激需求侧。

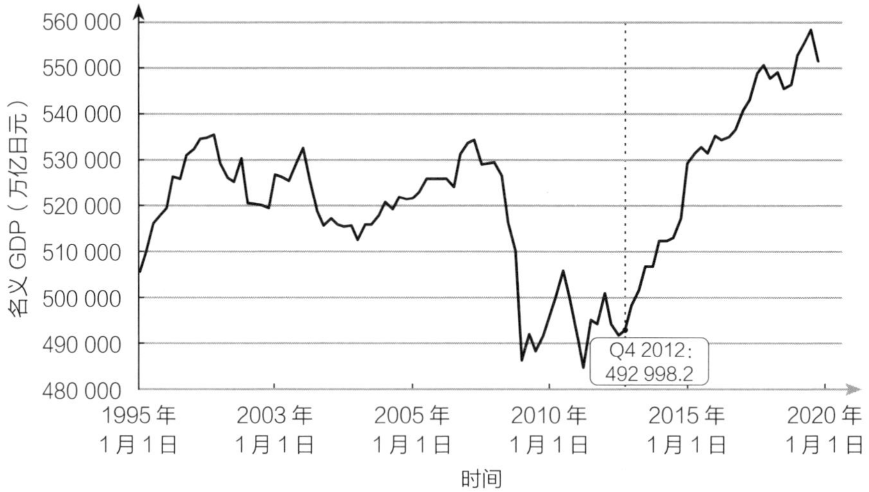

图 19-7　1995—2019 年日本的名义 GDP

来源：FRED via JP Cabinet Office。

需要明确的是，日本央行并没有采取最优货币政策。它不应该以通胀为目标，而是应该以价格水平为目标，或者（甚至更好）以名义 GDP 的增长为目标。但新政策显然优于旧政策，这充分说明政府一旦下定决心，要让货币贬值并不难。

公平地说，保罗·克鲁格曼承认，任何一个政府如果向外汇市场提供无限量的本国货币，再承诺汇率与贬值挂钩，那该国货币一定会贬值。正如我们在十二章中看到的，克鲁格曼说对了。美国政府施压日本政府贬值日元，要求他们大量购入日元。真正令人忧虑的是央行臃肿的资产负债表、购买外国资产产生的政治风险与投资风险。这令我们想到了瑞士。

在看瑞士之前，回顾一下有相反问题的国家，或者对我们有帮助：乔治·索罗斯（George Soros）这样的投机商预期该国货币贬值，大量抛售该国货币，央行努力维持固定汇率。在这样的情况下，央行可能真的无计可施，他们可能会耗尽外汇储备来支撑本币汇率。

但这可不是日本和瑞士的“问题”。他们要想方设法压低汇率。国家可能会耗尽外汇储备，但他们不可能，因为本国货币可以几乎零成本生产（假设他们不会用光印钞票的纸和墨水）。日本央行可以向市场承诺以 100 美元、500 美元或 5000 美元的价格无限抛售日元。央行想要贬值汇率，没有技术限制；央行想要制造多高的通胀，也没有技术限制。所以，真正的问题是什么？

克鲁格曼认为，央行们不愿购买太多外国资产，是因为一旦这些资产价格下跌，央行就会变得一文不名，或者面对来自贸易伙伴的批评。这并不意味着，货币贬值就不是制造通货膨胀的妙方，只是央行们需要衡量一下，通货膨胀过高带来的风险。还有，如果外国资产贬值的话，央行可能没有足够的外汇回购本币，这样一来通胀上涨可能就会超过目标。

因此，克鲁格曼明白，央行但凡下了决心，就一定可以制造通胀，至少技术层面上没难度。当克鲁格曼怀疑某项政策的效果时，他其实在表达一个更复杂的观点：央行身处复杂的政治环境，出于政治方面的各种束缚或考量，他们不愿大规模介入外汇市场。这才是他们无法制造通胀的原因。这么说有道理，不过我认为这个说法不适用日本和瑞士的情况，而且克鲁格曼的分析有一个方面说不通。

通常来说，这里的关键认知错误在于他将低利率和大规模资产负债表等同于货币扩张。基于这个前提，如果采用了这些政策依旧无法终结通缩，又该怎么解释呢？也就是说，人们会想，“要是连它都无法刺激通胀，想象一下，如何才能把通胀率提升到 2% 啊！”但正如我们所见，这是不对的。政策框架正确的话，央行不用做那么多操作，一样可以达成目标。

想想本章节一开始就列出的瑞士和日本的共同点。很多人以为，日本和瑞士印了这么多钱，还是没能实现通胀，这说明他们需要印更多的钱，才能达到 2% 的通胀目标。但这是典型的倒推（即假设要达到通胀目标，就必须多印钱才行，所以达不到目标，就是因为钱印得还不够多）。正是因为货币政策紧缩，日本和瑞士的利率才如此低；正是因为利率如此低，基础货币才会有如此大的 GDP 比重。如果一国的基础货币购买力随着时间增加，许多人就会希望持有基础货币，尤其是该货币还有望在外汇市场上升值，人们更会如此。

如果日本和瑞士制定了更高的通胀目标（比如，4%），并且不惜一切代价也要实现目标，那就不会有多少人愿意持有瑞士法郎或日元，就像没有多少人愿意持有澳元一样。这样的情况下，日本和瑞士的基础货币占 GDP 比重将大幅缩减（前提是日本和瑞士不会支付准备金利息）。

至此，保守派们才意识到他们一直忽视的问题：要选择通胀吗？通胀率越低，央行的资产负债表规模越大。保守派往往不喜欢通胀，但当政府购买大量金融资产时，他们同样不安。可是，他们不能鱼与熊掌兼得——通胀越低，央行拥有的国家财富越多。

图 19-8 显示了名义利率和央行负债表规模之间的转换。其他条件相等的情况下，通胀趋势率（或名义 GDP 增长）越高，名义利率越高，基础货币规模越小，央行的资产负债表规模越小。当然，名义利率不是唯一的重要因素。给定名义利率，准备金利率水平越高，准备金需求就越大，资产负债表规模也会越大。此外，与政策可信度不高的国家相比，瑞士这类国家往往被

视为“避风港”，它们的资产负债表规模也会更大。可即使是瑞士，极低的名义利率依然会大幅提高基础货币需求。

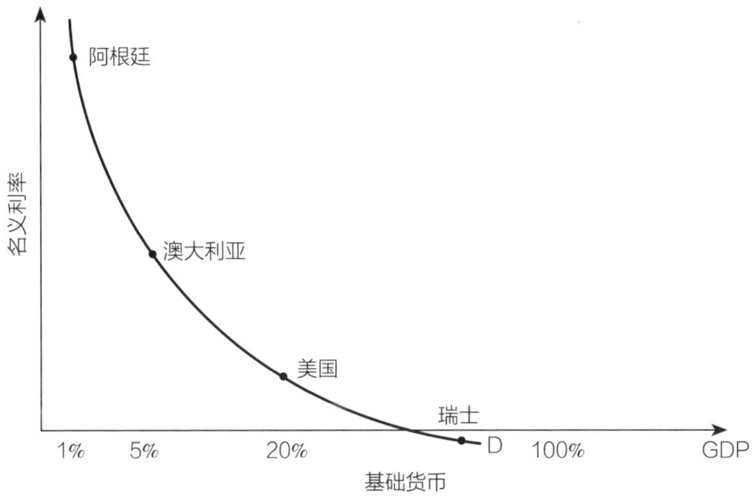

图 19-8　名义利率（通胀率）和央行资产负债表之间的转换

有意思的是，2011 年瑞士确实采取了瑞士法郎与欧元汇率固定的政策，以此来压低汇率并摆脱通缩。2015 年 1 月，瑞士放弃该政策，瑞士法郎大幅升值。人们提到了两个原因：担忧通胀上升（因为当时欧元疲软）、担心瑞士国家银行需要购买大量资产以压低汇率。

当时我就警告说，瑞士人只怕是好心办了坏事，货币长期升值只会助长国际投机客的胃口，他们会期望随着时间的推移货币进一步升值。2011 年瑞士法郎与欧元挂钩时，投机行为逐渐减少，这是因为人们不再期待瑞士法郎升值。实际上，欧元危机平息后，瑞士的资产负债表扩张在 2012 年 8 月到 2014 年 12 月两年期间非常平稳（图 19-9）。

但是，2015 年年初，投机客们准确预测到瑞士央行会允许货币升值，他们开始买入瑞士法郎，资产负债表开始扩张。更重要的是，2015 年 1 月，瑞士央行允许瑞士法郎升值后，资产负债表扩张加快了。瑞士央行觉得他们可以允许瑞士法郎升值，还不用花钱购买国外资产。可悲的是，他们错了。同样，通货紧缩货币政策加上近零利率，共同造就了庞大的资产负债表。如

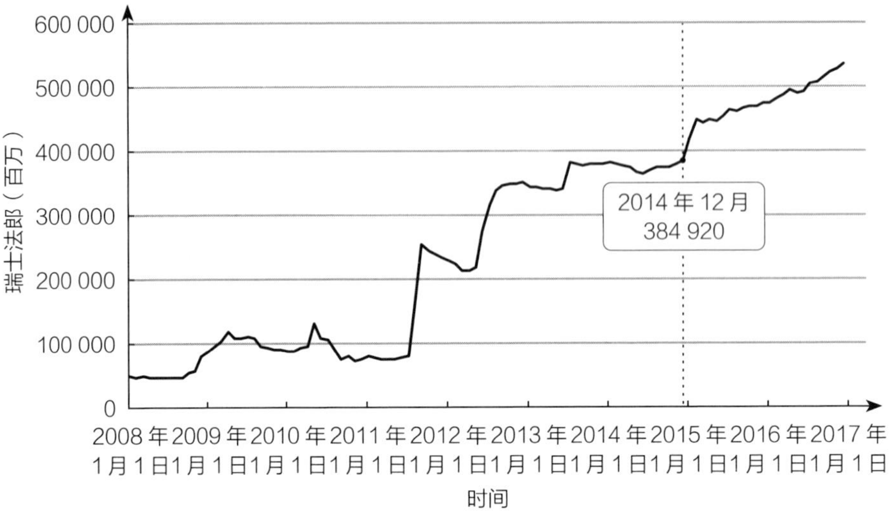

图 19-9　2008—2016 年瑞士国家银行的资产负债表

来源：FRED。

果瑞士人不想他们的央行有这么庞大的资产负债表，他们就得接受更高的通胀。

2015 年年初，外汇投机客盯上了丹麦。一些专家认为，丹麦也会和瑞士一样被迫提高汇率。可是没有哪一个国家可以这样重估汇率，丹麦人很聪明，拒绝了此类建议。丹麦克朗依旧和欧元挂钩，因此丹麦的基础货币规模远小于瑞士。那些预期货币随着时间升值的投机客，只会选择瑞士法郎，而不是丹麦克朗。

总而言之，解释美国大衰退的货币模型，也可以用来帮助我们理解国际范围的大衰退，理解一样的国际环境何以国与国之间差别如此迥异。下一章，我们将回到美国，重新审视那段漫长而缓慢的经济复苏历程。这段历史也为人普遍误解，产生了至少 6 种不同的观点，但没有一个观点说清了关键。即便如此，看看这些不同的观点依旧对我们有帮助。通过阅读他人的见解，我们可以更好地理解实际发生的事件。观点影响行动，而行动带来结果。

第二十章
大衰退的幕后真相

如果确实是错误政策引发了大衰退，我们需要解释清楚政策制定者们是如何犯下错误的。本章中，我们将从四个不同的学派角度解读 2007 年至 2014 年发生的事件。

先从凯恩斯经济学说起，毕竟宏观经济学领域中，凯恩斯经济学是各流派中最重要、影响力最大的一支。要说清楚货币问题，绝不能绕过凯恩斯经济学。

后文有些地方可能看起来像在嘲讽与我意见相左的观点。我会尽力避免让你们产生这样的感受，但还是会说清细微差别。不过，凯恩斯经济学发展至今，可谓千头万绪、门类复杂，要持平论之，不做部分简化，实在难以做到。我在讨论其他学派观点时，将着重展示其学派最具特色的观点。但我想补充一点，鉴于学派林立的现实，各派观点之细微精妙之处肯定是远超我笔墨所及的。

为何大衰退是凯恩斯经济学的高光时刻?

大衰退爆发前，到处都是新凯恩斯经济学的天下（无论是学界还是政界）。有趣的是，大衰退似乎略微动摇了新凯恩斯经济学的江湖地位，人们重新激起了对其始祖——约翰·梅纳德·凯恩斯思想的兴趣。2008 年之前，新凯恩斯经济学家们基本不再把财政政策当作稳定工具，他们认为央行只要用通胀和就业率两个指标即可。新凯恩斯模型中，理性预期占据了非常重要的地位，模型还假设一旦工资和价格调整到位了，经济就会在冲击后自发完成纠错。

大衰退重燃人们对“财政政策”“非理性市场理论”“长期停滞”等概念的热情，这些理论都和 20 世纪 30 年代后期的凯恩斯革命相关（但与新凯恩斯主义无关）。大衰退也强化了新旧凯恩斯主义都认可的一些观点，例如零界限情况下货币政策效力降低，黏性工资和价格情况下要重视需求冲击的影响。保罗·克鲁格曼等经济学家认为，大衰退充分体现了凯恩斯经济学模型的优越性，其案例堪称教科书般经典。

凯恩斯经济学家还是说对了好几个重要的事情。稍后我们会看到，批评凯恩斯的人恰恰在这几个重要问题上没有抓住重点。这些批评者夸大了量化宽松等计划带来的通胀风险，否认失业率高和实际 GDP 增长缓慢是因为总需求不足。部分人预测的高通胀从未到来，而 2016 年的失业率不到 5%。显然 2009 年至 2011 年的高失业率不是实际政策因素造成的，例如不鼓励人们工作的政策。

我认为凯恩斯经济学犯了四个关键错误：

- 他们错误地认为大衰退证明了资本主义制度的固有不稳定性，实际上，大衰退是过紧的货币政策造成的。
- 他们错误地认为零界限时货币政策基本无效。
- 他们错误地认为财政刺激会非常有效，尤其在零界限情况下。
- 他们错误地认为零界限时失业补偿计划是货币性的，实际上它是收缩性的。

凯恩斯经济学如此盛行，部分原因在于它符合人们的常识。乔治·沃克·布什为其减税政策辩护时说，只有大家都花掉手里的余钱，经济才能振兴。小布什的共和党顾问们如此做是沿着供应侧的路线找问题，但是他们从需求侧解释可能会更容易。事实上，这四个误解符合大多人对世界的认识。

2008 年金融危机期间，资本主义看起来确实是难以克服固有不稳定性。金融危机甚至让阿兰·格林斯潘（Alan Greenspan）这样的自由市场拉拉队队员都忍不住自问，“资本主义是否真的本质上就不稳定？”这个问题实际上想问什么？这个基本假设是什么类型的货币政策？仔细观察，这个问题其实毫无意义，因为资本主义的稳定性完全取决于该资本主义制度遵循的是什么货币制度。两次世界大战期间，资本主义采用金本位制度，资本主义相当不稳定；以名义 GDP 为目标，资本主义就会相当稳定。1992—2020 年，澳大利亚一次经济衰退都没有发生。澳大利亚可是世界上最资本主义的经济体，在“经济自由度”方面的排名甚至高于美国。

有些人可能会换个方式提问，假如资本主义不稳定，那怎么才能保持货币政策稳定呢？保持货币政策稳定并不是说央行什么也不做，没有央行就可以垂手而治，央行有千百种办法保持货币稳定。回想一下，我说过预期名义 GDP 的增长是最佳货币政策立场的衡量指标。有的经济学家推荐实际利率或名义利率，有的经济学家推荐基础货币或者 M2，还有一些经济学家推荐黄金价格或汇率。央行可以在大幅调整货币供应量的同时保持利率不变（如美联储 20 世纪 40 年代所做的那样），或者在大幅降息的同时尽量保持基础货币不变（如美联储在 2007 年 7 月至 2008 年 5 月所做的那样）。

虽然问“资本主义经济本质上是否稳定？”这个问题没意义，但是有两个密切关联的问题值得一问：央行能否稳住名义 GDP 的增长率？稳定的名义 GDP 增长是否能够让经济运行稳定？按照凯恩斯模型来看，第二个问题的答案是肯定的。那么就剩下第一个问题了。从凯恩斯经济学角度来看，理解资本主义是否稳定，得换个方式问：央行能否让名义 GDP 稳定增长？2007 年和 2008 年发生的事情足以让凯恩斯经济学家们回答“不能”。

我们已经看出凯恩斯经济学家们哪里出了问题。他们（还有大多数非凯恩斯经济学家们）都认为 2007—2008 年美联储降息代表了扩张性货币政策。尽管美联储实施了“货币宽松”政策，可经济依旧陷入衰退。货币政策看似无法稳定名义 GDP，2008 年 12 月前，美国甚至尚未到达零下限。

2009 年量化宽松也没能让经济迅速复苏，这进一步印证了凯恩斯经济学家和其他经济学家们的观点：货币政策效果有限。凯恩斯经济学家们错将利率视作货币政策的传导机制，由此得出结论，一旦利率到零，美联储就打完了工具箱里所有的子弹，也就无计可施、无法可想了。基于这样的判断，人们重燃对财政刺激的热情，毕竟财政刺激并不依赖利率传导。虽然量化宽松让银行系统堆积了大量超额准备金，但凯恩斯经济学家认为，财政刺激可以增加总需求。

这个说法与常识关联，可以叫作“民间经济学”（folk economics），使得人们坚信凯恩斯主义宏观经济学理论，以至于即使他们的预测一再落空，人们也死心塌地，不改初衷。美国大衰退期间，凯恩斯经济学家起码有四次引人注目的政策误判：两次扩张，两次紧缩。这四次，经济表现都和他们的预测大相径庭。

货币抵消

大衰退期间，凯恩斯学派提出的第一个倡议是 2008 年春启动布什退税（Bush tax rebate）计划，2008 年 5 月可支配收入暂时暴涨一轮，可它对消费的影响并不大，如图 20-1 所示。

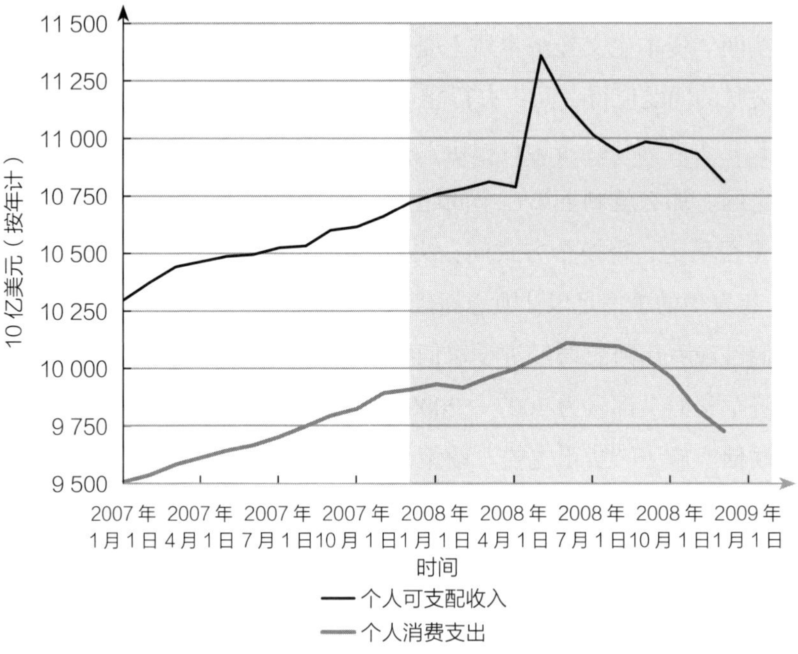

图 20-1　2007—2008 年美国可支配收入和消费

注：灰色条纹区域为经济衰退期。

影响不大的原因是众所周知的——永久收入理论（permanent income theory）。收入不稳定的人（例如农民、房地产经纪人）倾向于储蓄临时收入以平滑消费。公众明白，退税只是一时的暴利，因此人们会将很大一部分退税存起来而不是花掉。

凯恩斯经济学家回答说，“仔细研究许多横断面研究（cross-sectional studies）后，发现许多人的行为并不符合永久收入理论的预测”。不幸的是，这些横断面研究并不能说明什么，因为它们都忽略了财政刺激带来的一个更严重的问题——货币抵消（monetary offset）。如果美联储的通胀目标为2%，任何财政刺激（财政紧缩）政策对总需求产生的影响都可能被抵消掉。某种意义上说，美联储简直就是合法合规地和财政刺激政策唱对台戏，国会赋予了美联储双重使命（最大就业、价格稳定），财政政策调整带来的任何意外，美联储都无法对之法外开恩。

很多人觉得“货币抵消”这个概念又奇怪又难懂。当然了，国会肯定不希望美联储“破坏”他们财政刺激的成果。国会不希望，但是法律规定了美联储必须破坏，即美联储必须实施货币抵消政策。法律规定了美联储设定的货币政策目标要能制造总需求、稳定价格（2%通胀率）、提高就业率（接近自然率）。任何让总需求偏离目标的财政政策，美联储都必须调整政策予以抵消，从而实现美联储的双重使命。

正如我们看到的，这正是2008年发生的事情。我们先看图20–1。尽管退税看起来对消费没有影响，但2008年第二季度GDP（名义和实际）的增长速度确实略微加快了。财政刺激可能确实提振了第二季度的产出。人们常常会忘记，衰退于2007年12月才算正式开始，但2008年上半年经济基本持平。年中时，美联储2007年年底和2008年年初的大幅降息似乎成功击退了衰退。财政退税政策为公众提供了更多的可支配收入，美联储觉得自己的工作已然完成。可以功成身退。由此看来，美联储2008年4月到10月拒绝降息也就很好理解了。美联储的行为几乎可以肯定至少部分与2008年5月的财政刺激有关，虽然高油价也起了一定作用。

显然，长远来看，布什的退税政策就是彻头彻尾的失败，因为经济几乎立刻陷入了自20世纪30年代以来最严重的衰退。更重要的问题是，我们可以就此认为凯恩斯经济学失败了吗？凯恩斯经济学家会争辩，退税让2008年春的支出有所增加，经济遭受了金融危机的打击；如果没有退税政策，情况可能更糟。

但是凯恩斯经济学家们如此辩解，却忽视了货币抵消这个更深层次的问题。如果美联储在做决定时考虑到财政政策（他们明显考虑了），他们就会制定更为紧缩的货币政策，所以布什的退税政策会进一步加剧衰退。所谓的财政乘数（fiscal multiplier）可能实际上是负数。这意味着考虑到货币抵消，减税和增加支出可能实际上会降低GDP。美联储担心2008年中经济过热，因此拒绝降息，其中担忧部分来自布什的退税政策。因此，2008年第二季度，我们的产出确实增加了，但代价是2008年底和2009年产出大幅减少。

我认为财政乘数基本为零。毕竟，如果美联储将政策目标设定为实现总需求的水平，那该目标应该会完全抵消任何财政刺激对需求侧的影响。这并不意味着乘数在任何情况下都精确为零。它可能大于零，也可能小于零。财政政策也可能通过总需求以外的渠道影响实际产出。如果税收和转移支付不影响公众的工作、储蓄、投资欲望（供应侧渠道）时，货币抵消发生的可能性最大。无论是2008年布什总统的一次性退税政策，还是2009年奥巴马总统的财政刺激政策，两个政策都没有太多供应侧色彩，它们都直接刺激了需求侧。

零利率约束下的财政刺激

2009年美联储出台了第二个更大规模的财政刺激政策。回忆一下，当时凯恩斯经济学家相信，经济处于零利率约束时，财政刺激的理由最充分。要说明这种凯恩斯经济学共识有多强烈，请参考2014年芝加哥大学对44名知名经济学家的调查。调查问经济学家："要是没有2009年的财政刺激，2010年年底的失业率是不是会更低？"37位经济学家有36个人说会更低，1个人说不会。要是问到我，我的答案是不会。问题是，为什么持肯定回答的人会那么多？共识会那么强？

如此程式化的事实不能证明奥巴马财政刺激政策的有效性。美国失业率不仅超出奥巴马政府的预期，还超出了未实施刺激方案时的预测水平（图 20-2）。乍一看，简直惨不忍睹。那么所谓的刺激很成功这一共识从何而来？

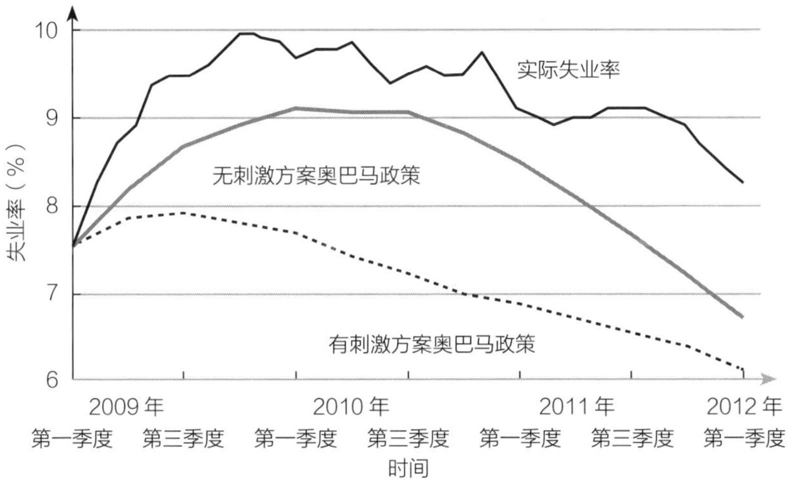

图 20-2　2009 年第一季度到 2012 年第一季度美国实际失业率与预测的失业率对比

来源：US Senate,republican Policy Committee。

也许某种意外的冲击打击了经济，毕竟，经济预测并不是一门完美的科学，也许预测者没有料到金融危机。不幸的是，这些预测都是 2009 年 1 月做出的，那时已能够看出金融危机显然不会温和。有的凯恩斯经济学家，例如保罗·克鲁格曼，确实预测过更糟的结果。但是考虑到政府预测多是乐观前景，这里显然还是一次失败的预测。

我认为人们死心塌地地信任凯恩斯经济学，还是源于常识和漏洞百出的实证研究。大多数经济学家认为，利率为零时财政刺激应该是扩张性的，还有一些横断面研究表明情况似乎确实如此。例如，在州一级，财政刺激和经济增长正相关。大多数实证研究发现的正“乘数”，意思就是政府花钱越多、减税越狠，则总需求和总产出越高。

然而，横断面研究又没有考虑货币抵消的因素。人们承认，如果联邦政府在北达科他州军事基地花 50 亿美元，则北达科他州的 GDP 就可能会上涨。更有趣的问题是，这类财政刺激是真的能提振美国整体的 GDP，还是只能将产出从一个地区转移到另一个地区，这一点是存疑的。

伯南克用货币抵消来破坏财政刺激的效果，这听起来真是令人难以置信。毕竟，当经济危机一步步深化时，伯南克还呼吁过采取财政刺激措施。我毫不怀疑，如果有人问美联储的官员，他们是不是在破坏财政刺激，他们的答案一定是否定的。但是，如果我们换一个方式提问，答案可能就是肯定了。因此，美联储官员们通常会说，他们已将政策工具设定在自己认为最适合经济需求的水平。美联储官员们还表示，制定政策时，他们会考虑所有外部因素，包括财政政策立场。当我们将这两句话结合起来，结果就是他们实施了货币抵消政策，或者说破坏了财政刺激。

要证明奥巴马财政刺激政策确实产生了正乘数效应，最有力的证据可能是伯南克无法说服联邦公开市场委员会采取他希望的货币刺激政策。我认为这只是一个相对有力的证据。要证明奥巴马财政刺激政策没有乘数效应，最有力的证据可能是，作为研究大萧条的学者，伯南克肯定不希望任内再来一场大萧条。此外，假使国会没有采取行动，伯南克也会推动美联储给经济下一剂猛药，比如设定水平目标。我认为这也是一个有力的证据。也许我们可以得出的最可靠结论是，经济学不是自然科学，没有所谓“乘数”这样的科学意义上的深层参数（deep parameter），财政刺激的效果取决于货币抵消的程度大小，结果因情况而异。

零利率约束下的财政紧缩

第三个政策发生在 2013 年，其失败真是对凯恩斯理论致命的一击，也最难为其辩解“脱罪”。2012 年年底，美国政府采取了一系列措施削减预算赤字，包括工资税（payroll tax）上涨 2%、收入税上涨和减少政府支出的“自动减支”（sequester）计划。重要的是，这些措施大部分都在 2013 年 1 月生效。实行这种财政紧缩政策后，预算赤字一年内下降了 5 000 亿美元，从

2012 年的 10 610 亿美元下降到 2013 年的 5 610 亿美元（我使用了日历年数据，而非财政年度数据，因为大多数紧缩政策生效于 2013 年 1 月 1 日，而非财政开始核计的 2012 年 10 月 1 日）。

到 2012 年，欧元区因货币紧缩进入二次衰退，却被误以为财政紧缩所致。很多观察家担忧美国可能也会步其后尘。2012 年底，350 名凯恩斯经济学家签了一份联名书，警告说预期的财政紧缩可能会让经济陷入衰退："2012 年年底，我们将面临国会一手制造的'财政悬崖'，随着'自动减支'计划生效，每个人都认为要想避开经济二次衰退，国会该住手了。"

差不多同时，美联储采取了更多的扩张性货币政策，包括前瞻性指引（forward guidance）和第三轮货币宽松。美联储还特别提到，要抵消财政紧缩对经济的影响。我们这些市场货币主义学派的人认为，货币刺激很大程度上会抵消财政紧缩的影响。毕竟，资产市场没有显示任何衰退即将到来的迹象，而市场货币主义经济学家更倾向于依赖市场预测，而不是复杂的经济计量模型（事实证明，这些模型对于预测经济衰退几乎毫无用处）。

这种市场货币主义的预测脱离了主流，吸引了一些著名凯恩斯经济学博主的注意。此处引用 2013 年 4 月麦克·孔恰尔（Mike Konczal）的原话：

> 我们很少有机会看到一个全国范围的重大经济学实验，2013 年算此类实验中的一个。具体来说，这是一场贝克沃斯（Beckworth）和珀奴如（Ponnuru）观点的实验对决（即货币刺激抵消财政紧缩）。如果大家关注一下半年多以来的宏观经济政策，我们会发现美联储的两个关键动作，即承诺要采取埃文斯规则（evans rule）和实施第三轮货币宽松政策。与此同时，国家进入财政紧缩期。美联储的政策可以抵消财政紧缩吗？现在下结论还为时过早，经济学家们可能会为此争论一代人。但是，GDP 停滞报告似乎证明财政政策胜出了。

2013 年 4 月保罗·克鲁格曼说：

> 正如麦克·孔恰尔指出的那样，我们当下其实正在测试市场货币主义

理论。即使在财政政策收紧的情况下，美联储也采取了更多扩张性的货币政策。

对货币经济学家来说，结果看起来不太有利。尽管美联储在政策和声明两方面都做了很大调整，但是似乎还是紧缩政策显现了成效。

事实证明，孔恰尔和克鲁格曼的话都说得太早了。当所有数据到位后，2013 年 GDP 的增长（包括名义 GDP 和实际 GDP）明显加快。2012 年第四季度到 2013 年第四季度之间，实际 GDP 增长了 2.66%，而前面整整 12 个月都只增长了 1.28%。这真是凯恩斯模型史无前例的大溃败。

毫不奇怪，凯恩斯经济学家拒绝不战而降。一些专家使用了 2013 年 GDP 和 2012 年的年度平均值，可 2012 年 GDP 的年度平均值是将 2012 年底的增长（非常缓慢）和 2013 年的增长（逐渐增加）混合一起核算的。问题是，紧缩政策直到 2013 年才开始。2013 年 1 月 1 日政策调整时，经济学家们用了 2012 年全年中的增长率，而不是用与前一年相比的年度平均值。

一些人宣称其实政策也没太紧缩。但请注意，紧缩政策已经实际推行后，人们才提出紧缩政策是在“测试”市场货币主义理论这一观点。有没有人认真想过，要是 2013 年经济真的衰退了，凯恩斯经济学家会不会又说紧缩就不是对财政政策的测试？如果 350 位最杰出的支持者们都无法实时确定财政政策立场，对于要使用财政政策来稳定经济的政府而言，这意味着什么？对这个理论而言，又意味着什么？到 2013 年底才找出这些借口，此时凯恩斯经济理论模型管不管用，不是已经一目了然了吗？

2013 年，国家和地方支出都开始朝着扩张方向调整，所以总体而言，政府层面并不像联邦数据显示的那么紧缩。但财政政策百分百是联邦的责任。从联邦政策制定者的角度看，国家和地方支出与私人投资支出一样具有内生性。相关政策问题可不是政府支出的变化对经济周期是否重要，而是联邦政府支出和税收的变化对经济周期是否重要。无论如何，即使考虑国家和地方支出的变化，2013 年都是毫无疑义的财政紧缩，美联储的政策成功抵消了财政紧缩的影响，而且不只是抵消了影响而已。

种瓜得瓜：失业救济延期

第四个政策涉及失业保险计划。2008 年 6 月下旬，布什总统签署了一项新法令，将失业救济金延期 13 周。古典经济学理论由此预测，补贴某某的政策会导致更多的某某问题，这也包括失业。甚至布拉德·狄龙（Brad DeLong）那样的自由派博主，也预计布什的行动将导致 2008 年大选时失业率上升大约 0.6%。这是标准的经济学家对失业保险的看法。如果你付钱让人们不工作，自然工作的人更少。

事实证明，狄龙的预测几乎完全正确——美国失业率从 2008 年 7 月的 5.8% 上涨到 10 月的 6.5%（尽管可能还涉及了其他因素）。后来，史上最大幅度的失业救济金延期，有些州长达 99 周。

大衰退将凯恩斯经济学家和整个经济学界都推向了更左的位置。2014 年初，共和党为主的国会叫停了失业救济计划，凯恩斯经济学家对此大加鞭挞。此后失业救济金的最长期限从 73 周缩减回传统的 26 周。凯恩斯经济学家还预测失业救济计划终结会抑制总需求，从而提高失业率。可学术研究表明，失业险本身就会提高失业率，甚至那些失业率很高、工作难找的州也会如此。

在此，我引用一段话，来自保罗·克鲁格曼、罗宾·威尔斯（Robin Wells）和凯瑟琳·葛兰迪（Kathryn Graddy）（2014 年失业救济金削减前）合著的一本经济学教材：“面对激励，人们总有反映。倘若失业救济金让失业变得更有吸引力，那失业的工人不会急着找工作，或者不会和没有失业救济金时一样着急找工作。要解决这个问题，失业救济金领取时间最好别太长，或者附加一个条件，要求人们必须提供积极找工作的证明。”失业救济计划延期结束后不久，克鲁格曼的想法就变了。他于 2014 年 4 月发表了对未来的预测，和他 2013 年 4 月的预言一样，都有些为时过早：

纽约时报记者本·卡斯尔曼（Ben Casselman）指出，我们在完成一场自然实验，研究失业救济金对减少就业的影响到底有几何。年初，失业救济计划延期被叫停了，那些失业很久的人可有任何想要快点找工作的意思吗？答案是：没有。

你们可能会想，长期失业的人，因为绝望可能会去抢工作吧。但是，很难看出这个举动如何奏效，而且也没有什么证据表明人们急于找工作。

所以关键就在于，只要你明白我们的经济问题源于需求不足，你就会明白，削减失业救济只会带来痛苦却无收益。你们的预测是对的。

事实上，你们的预测错了。因为2014年就业率增长显著加快，最终数据出来后，凯恩斯经济学理论再次尴尬了。2012年，就业人口增加了210万，2013年增加了230万，2014年暴涨了300万，这让2014年成了经济复苏期最好的一个年份。那一年，无数失去了救济金的工人，绝望地涌入了劳动力市场。这并不是说，那些领救济金的人天生就是“懒骨头”，他们仅仅做了理性人都会做的决定。如果人们有所依靠，有了失业缓冲，人们找工作的时候自然会挑剔一些，这很合理。

凯恩斯经济学的是与非

迄今为止，因为保罗·克鲁格曼和其他凯恩斯经济学家的一些误导性观点，我一直在批评他们：

- 他们宣称，美国财政刺激与紧缩有效，但根本没有证据支持这一观点。
- 他们将英国经济复苏缓慢归咎于总需求不足，但数据表明原因是生产力低下，而且英国的就业情况相对不错。在传统凯恩斯经济模型中，总需求通过影响就业而非生产力来影响产出。
- 尽管欧元区2008—2012年还未至零约束，他们仍将欧元区问题归咎于零利率约束。
- 诸多证据表明失业救济会降低就业率，但他们一直视而不见。

- 他们预测，一旦经济复苏了，产出会回到原来的趋势线。2008年，格里高利·曼昆（Gregory Mankiw）和保罗·克鲁格曼就此问题进行了一场非常著名的公开辩论，最后证明曼昆是对的。
- 尽管凯恩斯模型预测需求低迷会导致失业率上升，进而导致产出下降，但凯恩斯经济学家采用的各类临时机制并不符合标准凯恩斯理论。比如，声称总需求下降可能会永久减少产出（长期停滞），原因是它抑制了生产力或劳动参与率。当然，新理论可能是对的，尽管这个可能性不大。更令人不安的是人们提出这些理论的方式——就好像这些新理论是标准的凯恩斯主义观点，可实际上它们是新理论，而且和传统凯恩斯经济学并无关系。
- 他们还攻击中国的经常账户有巨额盈余，即使欧洲的盈余更大（按照人均计算还要大）。正如我们在第十二章中看到的，没有任何说服性的证据证明“以邻为壑”的观点，即认为贸易顺差会从别国窃取就业岗位。
- 他们依赖财政紧缩的横断面研究，却对货币抵消作用视而不见。马克·萨多夫斯基（Mark Sadowski）（我博客中的评论人）做了一个后续研究（未发表），设定财政政策为自变量，假如政策影响消失了，财政乘数会下降到零。赤字支出不会显著提高GDP。凯文·尔耳德曼（Kevin Erdmann）和本·斯泰尔（Ben Steil）的研究也得出了相似的结论。许多人都会引用凯恩斯经济学派的横断面研究，包括许多没有独立货币政策的欧元区国家，这些研究并没有什么用。因为关键问题是在货币抵消的情况下，财政政策是否有效？如果欧洲央行采取了货币抵消措施（大衰退期间肯定这样做了），那么任何一个欧元区国家的财政刺激措施都会以减少其他国家支出为代价来刺激国内支出。
- 他们坚持认为，美国的经济疲软和低通胀，是因为美联储遭遇了零利率约束，即使美联储实际已经摆脱了零利率约束。如果零利率约束真的是主要问题，那一旦美联储摆脱了约束，美联储的表现总会好很多吧。但实际上，哪怕退出了零利率，美联储也一直就没达到自己设定

> 的通胀目标，和零利率退出前的情况一模一样（2015年年底）。还有一些凯恩斯经济学家们继续坚称，即使美联储已经退出零利率区间，财政紧缩也在降低增长。这些观点毫无意义，即使凯恩斯理论模型中，利率为正的时候，货币抵消依旧起效。凯恩斯经济学越偏离他们自己20世纪90年代达成的新凯恩斯共识（new keynesian consensus），就变得越来越面目可憎。

总而言之，经济学家们日益偏离相对理性的20世纪90年代提出的新凯恩斯主义，转向靠拢更为粗糙的20世纪30年代和20世纪40年代提出的“庸俗凯恩斯主义”（vulgar keynesianism），其中机会成本、自由贸易和储蓄美德等古典经济学原理都被他们扔到了窗外。凯恩斯经济学家开始重提“节俭悖论”（paradox of thrift）。该观点竟然认为，储蓄越多越抑制经济。他们还认为，因为乘数效应，增加联邦支出没有机会成本。他们还认为，中国和德国的贸易顺差抢走了美国人的工作。

凯恩斯经济学家在许多方面都是经济学界的个中翘楚和领袖。因此，尽管保罗·克鲁格曼几乎条条说错，但在我来看，他在大事上倒未犯糊涂：

- 总需求下降引发了大衰退。
- 货币刺激适当的话，不太可能引发高通胀。
- 总需求不足导致失业率上升（类似延长失业补偿的供应侧因素仅起很小的作用），一旦工资和价格调整了，失业率可能回落至低水平。

相比之下，许多保守派经济学家则在这些关键问题上犯糊涂，这意味着比起凯恩斯经济学家，他们偏离正道更远。大衰退期间，我一直在和凯恩斯经济学家辩论。要是经济学家认识不到总需求不足的重要性，2010年后继续对话也很难再有什么助益。他们的世界观和我们实在太不一样了。

货币派、奥地利派、新古典经济学派

人们常常认为，那些批评凯恩斯经济学的人多少有些“保守”或者自由的观点。这里面包括货币经济学家、奥地利经济学家和新古典经济学家。批评凯恩斯经济学的人中最出名的就是弗里德曼，他于 2006 年去世。他去世后不久美国就爆发了大衰退。要是弗里德曼 2008 年还一直健健康康活着，我相信，保守运动本不至于如此偏离正道。

弗里德曼对大萧条的修正观和我对大衰退的修正观非常相似。此外，弗里德曼最近在 2006 年表扬了格林斯潘的政策。由此来看，他不太可能将大衰退归咎于美联储 2003 年至 2006 年的政策（就像 2008 年经济崩溃后许多保守经济学家们一样）。不幸的是，这种“货币宽松”模式成了保守派用来解释大衰退的标准说辞——某种道德叙事，美联储实行货币宽松政策，导致房地产和银行过度扩张，最终导致严重的经济危机和衰退。

2006 年弗里德曼表扬过美联储的政策，因此他应该还有另外两个理由解释大衰退：资本主义固有的不稳定性或 2008 年的过度货币紧缩。我几乎可以肯定，他会选后一个理由。毕竟，他早在 1997 年就曾公开表示，即使日本利率已经接近零，他依旧认为日本货币过于紧缩。关于准备金利率，他一定会很生气。在他看来，这不就是美联储 1937 年提高准备金率后又一次重蹈覆辙？不幸的是，弗里德曼去世后的 10 年里，这种右派中批评货币紧缩的声音几乎消失殆尽。

弗里德曼和施瓦茨在他们合著的《美国货币史》中，狠狠批评了奥地利学派对于大萧条的观点，该观点侧重于 20 世纪 20 年代货币过剩。奥地利派学者认为，20 世纪 20 年代的货币政策并没有过度扩张，真正的问题是 1929 年后的货币紧缩。然而，2008 年施瓦茨本人，还有一位著名的货币派经济学家阿兰·梅尔策（Allan Meltzer）却改弦更张，转投奥地利学派。2008 年和 2009 年，只有极少数右翼学者还坚称货币过于紧缩。

这种环境下，市场货币主义诞生了，这是一种介于凯恩斯经济学和更保守的反凯恩斯经济学之间的“第三条道路”。问题在于总需求不足——正如凯恩斯经济学家认为的那样——但总需求不足的原因，是大型央行采取了货币紧缩政策。不幸的是，我们研究市场货币主义的人素常低调，而媒体往往更追捧那些知名的保守派经济学家。正是他们 2010 年联名上书政府，暗示货币刺激可能导致高通胀：“我们认为美联储的大规模资产购买计划（所谓‘量化宽松’）应该三思而后行，也是时候叫停了。当下的情况，我们不认为，也不建议此类计划有必要或有益处。计划中的资产购买可能导致货币贬值和通胀，我们认为这些计划不会让美联储达成促进就业的目标。”

公平地说，这封信没有直接预测会发生高通胀，只是警告可能有此“风险”，并暗示经济问题需要从供给侧找到解决方案。这个说法并不荒谬，非常合理，因为生产力和劳动参与也是问题，而不仅仅是失业率的问题。尽管如此，接下来整整 9 年，通胀始终达不到美联储制定的水平目标。回想起来，这群经济学家对政策立场的判断总是错得离谱。美联储显然是做得太少，而不是做得太多。像保罗·克鲁格曼这样的凯恩斯经济学家会经常提醒他们的读者，大衰退期间保守权威们错得有多离谱——这么说可真是理由充分。

21 世纪，奥地利学派理论渐渐取代了货币主义理论，成为最流行的右翼宏观经济学理论。奥地利学派认为，20 世纪 20 年代的宽松货币政策，价格没法回归到第一次世界大战之前的水平，从而导致了股市泡沫以及类似纽约商住楼等行业的过度投资。股市崩盘和随后的低迷，被视作必要的纠错，直到社会慢慢吸收这些不当经济投资。

乍一看，大衰退似乎就是历史上的过度投资造成的，尤其是房地产和银行业。加上 2001 年衰退后的极低利率，你们就会接受这一事实。这一切如此符合奥地利学派关于宽松货币驱动过度投资然后衰退的叙事。有趣的是，大萧条的头一年，奥地利学派的观点非常流行，特别是哈耶克的观点。基于基本同样的原因，大衰退也引发了公众对奥地利经济学的兴趣。但后来奥地利经济学过时了，到底哪里出了问题？

2008 年，劳伦斯·怀特（Lawrence White）（颇为青睐奥地利传统的经济学家）重新审视了大萧条时期哈耶克的政策观点。大萧条期间，哈耶克总体上更推崇货币政策要以稳定名义收入为政策目标，这点和提倡以名义 GDP 为政策目标的市场货币主义理论观点相合。但1929—1933年大萧条期间，哈耶克的实际政策建议和他的理论模型并不相符。尽管价格和产出双双下降，哈耶克依旧反对刺激措施，认为经济下滑会让工人们愿意接受更灵活的工资方案。在其晚年，哈耶克承认自己错了，承认货币刺激政策可能更适合解决当时的问题。但到了那一天，也是为时已晚：大萧条一天天变得更加严重，那些反对刺激措施的经济学家渐渐失去了公众的青睐。凯恩斯经济学才得以成为大家的共识。

我已经强调了认知偏差在货币经济学中的作用，我好奇这些认知偏差又是如何在2008年后影响了一批右翼经济学家的。和米尔顿·弗里德曼不同，很多保守派发自内心地厌恶任何形式的“刺激”，甚至他们自己的模型从逻辑上来说需要刺激政策，他们也一样厌恶。例如，一些保守派现在就认为央行应该抛弃他们的就业率执念，要像激光一样专注于实现通胀目标。当欧洲中央银行成立时，他们的唯一使命就是控制通胀。然而，当通胀低于该央行目标时，欧洲和其他地方的保守派，又似乎不愿接受他们长期坚持的观点——采用货币刺激提高通胀至目标水平。央行们不再如激光一般专注于通胀目标。他们有了新目标，即，类似防止资产价格泡沫。

到了21世纪，恰恰是自由派经济学家一再提及弗里德曼和施瓦茨关于大萧条的著作。毕竟，弗里德曼认为额外的货币刺激也合适。相比之下，虽然保守派们将弗里德曼尊为伟大的经济学家和自由市场的有力倡导者，但他们似乎忽略了，弗里德曼以前也常常批评美国和日本的货币政策过紧。

以下比喻可能有助于大家更好地区分奥地利学派经济学和凯恩斯经济学。把稳定的经济体看作一片平原——类似肯萨斯或俄克拉荷马州。按凯恩斯理论，经济周期就像被深深的沟壑分割的平原。大萧条就像是大峡谷。目标是经济体恢复成平原，也就是经济繁荣。按照奥地利派的观点，经济周期发生时像平原被高山分割。当经济上升到顶峰（繁荣）时，经济活动就不可持续，随后的衰退也自然无可避免。

凯恩斯派认为，政策就是要尽可能地让经济保持繁荣。凯恩斯想要填满沟壑。奥地利派则批评凯恩斯理论，认为这种状态不可持续，最后还是会旧病复发。奥地利派希望阻止高山崛起。因此，用地理来隐喻凯恩斯经济学，经济周期可能看起来更像是亚利桑那州北部，而奥德利学派则让经济周期看起来更像是科罗拉多州。在我看来，经济就是每种地形学都沾点儿边。有时候，经济会过热（高山），有时候，经济会过冷（峡谷）。

凯恩斯派和奥地利派在经济周期的性质上存在分歧，但他们确实都同意，需求冲击会在短期内影响产出，也同意宽松货币政策和低利率有关。在我看来，这两派都过于重视利率，将之当作货币政策立场的指标。因此，奥地利派会抱怨美联储 2003 年的 1% 利率就是货币宽松，这么做会破坏经济稳定性。很多凯恩斯经济学家也认为 1% 的利率代表了货币宽松，可却觉得这个政策恰逢其时。在我看来，这个利率压根不算很大幅度的货币宽松，而且两派都在根据价格变化推理。低利率很多时候仅仅反映经济疲软，而不是货币宽松。

与凯恩斯派、奥地利学派不同，新古典经济学家们则对货币政策是否会影响经济周期持怀疑态度。在他们看来，21 世纪 20 年代初，经济疲软仅仅反映了糟糕的供给侧政策。2012 年到 2013 年，经济学家凯西·莫里根（Casey Mulligan）写了多篇论文，表示持续提升福利［包括《平价医疗法案》（*Affordable Care Act*）］降低了人们的工作意愿。大衰退期间，供给侧因素在大衰退中几乎肯定发挥了作用。事实上，我也论证过失业救济金计划延期轻微推高了失业率，直到该计划于 2014 年结束。

同时，我们也不要夸大供给侧因素在经济周期中的重要性。我们没有充分的理由证明 2008—2009 年的就业率下降是因为工作激励减少。但是我们有充足的理由说名义 GDP 下降造成了就业率下降。注意，名义 GDP 急剧下降导致了 1921 年的深度衰退，当时美国可没有什么福利政策。但是，1921 年衰退后的复苏要比 2007—2009 年大衰退后的经济复苏快得多，这可能是因为现代福利国家降低了劳动力市场的灵活性。

然而，尽管没能废除《平价医疗法案》，但失业率确实大幅下降了。2013 年（当时失业率仍为 7.4%），我发表了一篇博客，认为未来数年将是对莫里根假设（mulligan's hypothesis）的检验。如果美国失业率大幅下降，则表明主要问题是需求不足。如果美国失业率居高不下，像欧洲国家衰退后的情形，则表明各类福利计划大幅降低了人们的工作意愿。事实上，失业率确实大幅下降了，这说明需求侧（即货币）因素才是大衰退发生的主要原因，尽管降低就业的税收和补贴也起了一部分作用。

还有一个可能的真正实体冲击来自信贷市场的管制，其中包括《巴塞尔第三版协议》（Basel Ⅲ Rules），该协议提高了资本充足率的标准［还有加强美国银行业监管的《陶德弗朗克华尔街改革》（*Dodd-Frank Wall Street Reform*）和《消费者保护法案》（*Consumer Protection Act*）］。经济学家斯蒂夫·汉克（Steve Hanke）认为，这些法规减缓了美国大衰退后的经济复苏速度。这种真正的冲击也可能降低包括银行信贷在内的更广泛的货币总量增长。

当信贷监管收紧时，总需求和总供给都受到了影响。减少银行信贷就可能会减少商业投资。即使总需求保持增长，用于商业投资的资源也不能立即重新分配给其他部分。这是一种负面的供应冲击。如果美联储没有增加基础货币供应，则无法抵消银行信贷的减少，收紧信贷监管可能降低总需求。换句话说，在没有货币抵消的情况下，减少银行贷款的监管最终会减少总需求。

注意，尽管金融危机后加强银行监管是有必要的，但这些做法显然无助于建立顺应周期的监管机制——繁荣期放松监管，衰退期收紧监管。21 世纪 10 年代末，经济再次进入繁荣期，而监管再一次放松了。

对自由市场经济学家来说，银行监管实在是个难题。在一个完美的世界里，银行就不要被管制。但是，考虑到现实世界有类似储蓄险（deposit insurance）（联邦储蓄保险公司）、政府资助的企业（房丽美和房地美）、“大而不能倒”这类隐性政策的干扰，银行系统会面临道德风险——过度冒险。由于联邦储蓄保险公司的存在，不承担过度社会风险的银行不符合其股东利益。人们因此提出银行监管是“次优”政策的观点。最好的银行政策当然是放任不管。但是，如果政府坚持保护银行债权人的权益，让他们少做不明智的事，那么人们自然会提出要制定法规限制银行过度冒险。作为类比，降低洪水风险的最佳政策就是没有联邦洪水险（即人们依赖保险反而放松了警惕，导致洪水受灾）。但是，如果政策制定者坚持此类保险补贴计划，那就得限制在洪水多发区建造房屋。

新费雪邪说

大衰退后，经济慢慢复苏，多年低利率让通胀低位徘徊。斯蒂芬·威廉姆斯（Stephen Williamson）和约翰·柯蓝（John Cochrane）等知名经济学家开始实验新理论新模型，颠覆了凯恩斯经济学理论。这些新费雪模型表明低利率可能是货币紧缩政策。毕竟，许多著名宏观经济学模型中都有费雪效应。这些模型中，长期的低名义利率常常和低通胀同时发生。因此，争论的焦点是，也许提高通胀的办法是提高利率，而不是降低利率。

有关新费雪理论的假设，大家众说纷纭。例如，作为专业人士，经济学家竟然无法确定低利率到底算宽松货币还是货币紧缩，这实在让全经济学界都面上无光。想象一下，这就好比，物理学家竟然无法确定重力到底是吸引物体还是排斥物体。此外，主流经济学家们说“老天爷是因为伞才下雨的”的隐喻，借此嘲笑新费雪理论。是的，高通胀常和高利率有关，但高利率肯定不会导致高通胀。

我对此也颇感郁闷，但是慢慢地，我发展出了一种更精妙的观点。我认为新费雪理论主要根据价格变化推理，这个方法和凯恩斯经济学和奥地利经济学派的推理方法恰好相反。凯恩斯派经济学家常常误将低利率等同于货币宽松，而新费雪派则误将低利率等同于货币紧缩。两个可能都对，到底是紧还是宽，这取决于讨论的时机，取决于当时是流动效应更强还是费舍效应更强。但我可能更同情新费雪主义，因为他们旁见侧出，在圈里千夫所指，仅仅因为他们的观点比起新凯恩斯主义和奥地利学派这些主流经济学，错得没那么厉害罢了。

在第十六章中，我们发现，货币政策公告会引发资产市场的系列反映，有时候低利率代表了货币宽松，通胀可能随之上涨；有时候低利率代表了货币紧缩，通胀反而降低。为捍卫新费雪理论，在相当长时间里，最常见的情况是低利率代表了货币紧缩，通胀降低。大多数人觉得这实在令人困惑，因为任何一天，央行突然降息一般都代表了货币更宽松。尽管如此，大多数降息的时候，货币实际上是越收越紧。

打个比方，大部分情况下，名义工资增长放缓的时候，名义工资过高也是事实，反之亦然。这是因为工资具有黏性，而工资增长放缓，表明工资正在下调到一个新的较低的均衡值，时间有些滞后。

在这里，我们回到伯南克当年的评论，名义 GDP 增长与通胀比利率能更好地衡量货币政策立场。当货币紧缩时，通胀和名义 GDP 增长都趋于下降，这就给利率带来了下行的压力，这就是我们在 2007—2008 年看到的情况。所以新费雪主义确实有道理。但他们犯错的地方在于他们假设利率是一项政策，而不是各种潜在政策的结果。想一想两次货币政策的冲击：一次性增加货币供应和货币供应增长率的永久性变化。图 20–3 展示了价格水平在两种情况下的反映。

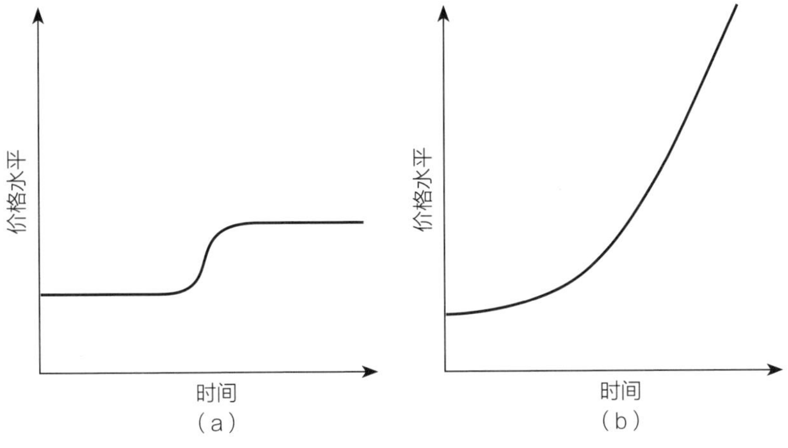

图 20–3　两次货币政策冲击的趋势对比图

一次性增加货币供应的情况下［图 20–3（a）］，价格水平向上调整，通胀率没有永久增加。这种扩张性货币政策很可能在短期内导致较低的利率。事实上，这可能是美联储削减联邦基金目标所致。货币供应增长率永久性增加的情况下［图 20–3（b）］，通胀会永久性上涨。这样的政策就有可能推高利率，这也就是新费雪主义认为的政策变化。不幸的是，这种冲击不像一次性变化那样普遍。因此，新费雪假说并不能提供一个路线图，但可以让大家真正理解美联储政策的日常变化。

千里之行始于足下，货币供应（M）永久性调高之前，往往从 M 的一次性上调开始。然而一次性变化极少导致永久性增长率变化，即便真的发生了，我们也只有回想起来时才觉得这个变化很明显。因此，央行决定调低目标利率常常导致大宗商品价格上涨——对于新费雪经济学家眼里的紧缩货币政策而言，这是一个奇怪的结果。

要理解新费雪理论，最好的办法是想一想符合其理论的货币冲击。一个例子发生在 2015 年 1 月的瑞士。整整 3 年，瑞士政府一直按照 1.2 的汇率让瑞士法郎挂钩欧元，压低瑞士法郎的汇率。投机客间或买入瑞士法郎，预计瑞士法郎最终会升值。2015 年 1 月 15 日那天，瑞士央行突然大幅降息（至–0.75%）。回想一下，根据利率平价条件（interest parity condition），降息应该会导致人们预期瑞士法郎升值，这是通缩。同时，人们一般认为降息代表了货币扩张。瑞士国家银行是如何确保这次特别降息是紧缩性的，而不是扩张性的呢？答案很简单：它同时大幅提高了瑞士法郎的新估值。这次价值重估足够制造紧缩性效果，也就阻止了降息推高通胀的发生。

讽刺的是，著名的新凯恩斯经济学家拉尔斯·斯文松在一篇讲述“万无一失”摆脱流动性陷阱的论文中，提前预知了这种新费雪政策组合（相反方向）。当斯文松 2001 年写这篇论文时，他的重点在日本，当时日本是唯一一个陷入流动性陷阱的国家。斯文松的提议分为两个部分：保持对美元汇率的稳定；固定汇率不变之前，一次性贬值日元。

让我们想一想如何将这两部分结合到一起。当一个国家长期通缩时，由于购买力平价，其货币通常会在很长一段时期内升值。通过固定日元兑美元汇率，日本通胀率可以从零或负值逐步上升到接近 2% 的水平（美国通胀率）。迄今为止，一切顺利。

不妙的是，购买力平价只在很长一段时间内有效。将日元与美元挂钩也有副作用，即日本的名义利率会从接近零的水平上升到美国的水平（2001 年远高于零）。日本要如何做避免利率上涨不会伤害日本经济？斯文松计划的第二部分就有了用武之地。首先日元贬值到足以抵消高利率的收缩效应，双管齐下打组合拳，这样短期通胀还是长期通胀就都升起来了。

2015 年的瑞士实验，本质上就是斯文松对日本建议的镜像版，即紧缩货币，降低利率，而不是扩张货币，提高利率。这就是新费雪理论模型隐含的政策组合。

斯文松注意到，在他的提议下，宽松货币常常和高名义利率关联，但是当他写论文时，新费雪假设还没有面世。你们可能想知道，到底是什么让这个案例如此特殊？标准案例中不都是加息即货币紧缩吗？这个案例和标准案例差别为何如此大？关键就在于，作为一种货币政策工具，汇率可以让政策制定者们控制未来的政策路径，这个方法比以前的（凯恩斯经济学）联邦基金利率让人感觉可信得多。

例如，凯恩斯经济学家有时候推崇“前瞻性指引”政策，根据该政策，央行会承诺将多年维持低水平利率。偶尔用用，这个方法还是管用的。但这个政策和导致名义 GDP 缓慢增长和近零利率的货币紧缩政策没有太大区别。换句话说，美联储承诺将多年维持利率在近零水平，此时公众并不清楚美国是在承诺维持多年的货币宽松，还是承诺美国未来会和日本一样（通缩）。

我希望现在你们已经认识到利率只是一种货币政策立场的指标，这个指标传递的信息模模糊糊、模棱两可——这是本书最重要的主题之一。

相比之下，当货币政策导致汇率贬值时，其影响毫无疑问是扩张性的。对于货币政策而言，价格路径可比利率路径清楚多了。向大家承诺未来汇率的变化路径就是换一个方式告诉大家，我们处于前文图 20–3 的 b 组，而不是 a 组。这个方法不仅改变了路线，还改变了斜率。

尽管汇率政策工具比联邦基金利率更好用，但它仍不是最优的。实际汇率波动的原因可能很多（别根据汇率变化做推理）。我们最好使用与货币政策目标更直接相关的指标，即衡量名义 GDP 预期通胀的指标。

有趣的是，符合新费雪假说的案例在美国相对少见，但货币政策往往在用新费雪模型描述时最奏效。回想一下，2007 年 12 月美国突然公布货币紧缩政策（第十六章中讨论过），3 个月至 30 年期的国债收益率下降。之所以发生这样的事情，是因为一项高效的货币政策可能会实质性改变名义 GDP 的预期未来路径，而对名义利率影响最大的是名义 GDP 增长预期的重大变化。货币政策转向宽松，可能会导致名义利率暂时下降，但真正大幅度的货币宽松政策转变，可能会导致更高的利率。拉丁美洲人对这点并不陌生，他们经历了一轮又一轮的快速货币增发、极端贬值，还有恶性通胀。

和凯恩斯主义、（传统）货币主义、奥地利派经济学的观点一样，新费雪主义批判多少有些问题，但是也有真知灼见。这一点提醒我们对任何宣扬低利率就是货币宽松的“传统智慧”，一定要保持警惕。下一章中，我们将理解为何市场货币主义理论为货币政策体系提供了最佳路线图。

第六部分

此中有深意

PATR 6

第二十一章
市场货币主义的政策意义

有人认为货币政策就是一些“花架子”，这些花架子补充了财政政策的不足，抵抗了私营部门的冲击。这一观点，我在前文中已作了反驳。我认为，制定货币政策的人就好比驾驶一艘不断遭遇风浪的大船船长。这个船长（即联邦公开市场委员会）既要负责制定行船路线，还要负责处理外界干扰因素。

要是这么看问题，朝令夕改的货币政策显然才是造成需求侧冲击的根本原因。例如，1929—1933 年的大通缩，其根本原因就是央行未能阻止名义 GDP 的大幅下降。当然，你们总是可以找到更深层的根本原因，例如政府没能任命合适的官员，或者两次世界大战期间经济学界未能正确分析出问题症结。但根本原因还是要从政策的作用上去找——如果我们能够弄清楚怎样制定正确的政策，那我们就能应对名义 GDP 不稳定造成的经济问题。

如果市场货币主义的分析是正确的，那市场货币主义理论对政策有什么意义呢？熟悉我们理论的人立刻就会想到名义 GDP 目标。确实，2008—2009 年美联储任由名义 GDP 大幅下跌，这种政策失败才是大衰退爆发的直接原因。美联储当年也未能实现其 2% 个人消费支出（PCE）通胀和就业的双重使命。因此，仅仅指出他们缺乏名义 GDP 目标其实是不够的——政策失败的背后还有更深层次的原因。

人们一想到市场货币主义经济学家，常常会想到量化宽松和准备金利率这些非常规政策工具。但是，这种关联常常让人们忽略了全局。大桥塌了，知道如何清理烂摊子固然很好，但我们的首要目标还是要防止塌桥。政策工具在经济严重衰退的时候固然有用，但真正的目标还是防止大衰退这样的事件不要发生。我们都希望有一个不需要用上这些工具的政策制度。如果市场货币主义能够派上用场，那就是希望新制度下量化宽松和准备金负利率这样的特殊政策工具能尽可能少用。我们的目标就是保持名义 GDP 的强劲增长，这样银行就不需要囤积大量基础货币（现金和准备金）。

还需要做什么？

想到货币，我特别赞同“辉格史观”，即我们会吸取前人的教训，政策总会随着时间越变越好。大萧条后，美联储逐渐被赋予更多的政策灵活性，以防止名义支出急剧下降。不幸的是，美联储花了多年时间，才适应纯法定货币环境下几乎无限的自由裁量权。允许黄金价格在 1968 年 3 月后自由浮动，这个决定好比给一个 16 岁的男孩他父亲的玛莎拉蒂车钥匙。学习是一条曲线，学习总有个过程。

到了 20 世纪 80 年代，央行行长们都深刻领悟了“泰勒规则”（taylor principle）：央行需要比通胀更快地提升利率目标。这就保证了市场货币紧缩时，实际利率也会上升，以令通胀承受下行压力。一旦央行把这点弄明白了，高通胀就不再是问题了。美国的阿兰·格林斯潘是这方面的专家。一旦央行下定决心要镇压高通胀，那他们就应该是手到擒来。

各国央行都在努力解决通胀过低的问题。目前尚不清楚央行行长们从大衰退中学到了什么经验教训。可以肯定的是，他们确实学到了一些东西。我对未来非常乐观，起码对新冠疫情结束后的行情，我还是很乐观的。

什么是最优货币政策，一个方法是想想大衰退中出过什么问题，再想想下一次可以迭代出什么新政策以改善美联储的表现。我从 2008 年至 2009 年的政策失败中学到了 3 个教训：

- 政策需要以市场预期为目标。2008 年，美联储官员过度依赖经济模型，反而忽视了市场预期。最优货币政策就是让市场的共识是达成预期。要是美联储的目标是名义 GDP 增长率为 4%，那市场就会预测名义 GDP 增长率为 4%。

- 我们需要某种水平目标机制。最好是名义 GDP 目标，即使是价格水平目标也远远优于当前“既往不咎”的通胀目标机制。水平目标不仅仅是纠正过去的错误，还可以为名义 GDP 的路径提供长期可预测性，尽管这个目标也很有价值。更重要的是，水平目标机制可以在经济受到冲击时，通过减少名义支出的波动来帮助稳住经济。
- 政策制定者对货币政策要采取“不惜一切代价”的态度。主要工具是公开市场买卖政府债券。要是没有足够的债券，那就用一些非常规手段，比如购买替代资产或采取准备金负利率（或两个都用），而不是两手一摊，问财政部帮忙。国会议员们可不懂要采用什么财政政策才算有效的逆周期财政制度。

尽管外界一直认为，市场货币主义的灵魂与核心就是名义 GDP 的目标，我认为这里列出的三个原则才是市场货币主义的最重要原则。毕竟，今天许多凯恩斯经济学家都开始转向支持名义 GDP 目标了。现在的首要目标应该是“不惜一切代价”，以预期为目标，并结合水平目标。

如果可以采用这三大原则制定货币政策，我们能够极大地熨平经济周期，还能继续降低所谓通货膨胀的福利成本。这实际上是名义 GDP 增长过高又不稳定带来的福利成本。当然了，细节是魔鬼，我们还需要好好思考两个具体问题：什么是合适的政策目标？我们如何最大程度上确保货币政策调控能够达成市场对总需求增长的预期要求？

名义 GDP 目标最优吗？

整本书，我都或明或暗地假设，不稳定的名义 GDP 增长才会造成经济问题横生，特别是对劳动力和金融市场而言。但这并不是说，名义 GDP 就是我们需要的目标。事实上，我非常怀疑最优货币政策目标等于名义 GDP。

要理解为何名义 GDP 目标不是最优目标，请考虑像科威特这样的国家，其石油生产占 GDP 很大比例。显然，像科威特这样的小国家，对全球油价的影响基本不大。但是，如果全球油价突然从每桶 50 美元涨到每桶 100 美元，如果科威特的石油产量相当稳定，那科威特石油的名义支出将大约翻一番。要是科威特央行采用名义 GDP 目标，那石油以外商品的名义支出就不得不急剧下降，这甚至可能引发经济萧条。

这个思想小实验充分表明，名义 GDP 目标并不是解决所有宏观经济问题的灵丹妙药。比较普遍的看法是，不稳定的名义 GDP 给劳动力市场带来了问题，因为名义 GDP 变化和美国这样国家的劳动报酬总额（total labor compensation）密切相关。因为小时计的名义工资短期内具有黏性，劳动报酬总额的任何变化都可能导致总劳动时间的变化。然而，在科威特这样的国家，名义 GDP 和劳动报酬总额的关联没有那么紧密。石油工业不是劳动力密集型产业，该产业更依赖自然资源和实物资本（physical capital）。当油价暴涨时，科威特国有石油公司的利润也会随之暴涨。

我的观点是，以人均劳动报酬总额为目标的货币政策可能略优于名义 GDP 目标。然而，美国的名义 GDP 预期增长率和名义劳动报酬总额的预期增长率之间的差异不大。在美国，名义 GDP 目标可能更接近最优货币政策目标的标准。因此，对于澳大利亚这样的大宗商品生产国来说，与美国这样高度多元化的经济体相比，名义 GDP 作为衡量货币稳定性的指标就没有那么可靠。

如果我们将名义 GDP 当作最优政策目标的合理近似选择，那么接下来的任务就是选择合适的增长率。我们是否应该偶尔调整增长率以抵消对生产力的冲击，从而保持通胀的长期稳定？在此我必须反复强调，以名义 GDP 目标，通胀不稳定仅仅是这个目标体系下的一个特点，而不是要纠正的错误。大多数经济学家认为，通货膨胀和实际 GDP 是关键变量，而名义 GDP 增长（这些变量的综合）只是一种杂交体。对于市场货币经济学家来说，名义 GDP 才是“真实的东西”，而通胀是政府官僚们制造出来的毫无意义的数据点，这些官员的工作还没有连贯的经济学模型背书。

考虑到经济学家们如此热衷讨论通胀，央行针对通胀花费如此大的气力，你们可能以为经济学家们一定很清楚 CPI 这个名词的测量目标。可惜，事实并非如此。以入门级豪华轿车为例，1986 年至 2016 年，豪华轿车的价格涨得有多快？事实上，他们没法回答这个问题，或者更准确地说，我们有很多办法来回答这个问题。问题是人们无法确定哪种方法是对的。想一想下面两种方法：

- 如阿库拉传奇这样的入门级豪华轿车，1986 年售价为 22 500 美元。到了 2016 年，传奇系列已经停产，但标价大致相同的本田雅阁比 1986 年的阿库拉传奇各方面的性能都要好很多：更大、更安全、马力更强、更豪华、更耐用、更多功能等。所以，从这个意义上来说，入门级豪华轿车的价格其实自 1986 年以来一直在下降——花同样的钱，得到更好的产品。
- 现在，我们换个思路，入门级豪华轿车不只是一堆机械部件，而是一种时尚宣言。1986 年，一个人只要花 22 500 美元，就可以在私家车道上停一辆阿库拉传奇，让他的邻居印象深刻。2016 年，这个人可能得花上至少 33 750 美元，才能买到一辆“入门级豪车”，让他的邻居印象深刻。这么来看，入门级豪车的价格涨了。

哪种说法才对呢？哪种说法才是经济学家们心目中正确的通胀测量方法呢？事实上，在这个问题上，经济学家们也是众说纷纭、各执一端。我真心怀疑有多少经济学家真的搞明白了这个问题。对普通美国人而言，1986 年到 2016 年入门级豪车的通胀率应该是 50%。因为画质提升了很多，经济学家就声称电视机价格下降了 90% 以上，普通人则无动于衷。对大多数美国人来说，生活成本这个概念的意思就是“我们当下生活所需付出的成本”。随着质量的提高，人们期望拥有更好的电视机、汽车、手机等。人们只想知道，要维持同等排场，他们要再多付多少钱就够了。

大多数经济学家们还是会屈尊降贵地附和一下大众对于通胀的看法的，

会坚称只要调整一下价格，就可以得到质量更好的商品。某些情况下，这么说倒也有道理。如果汽车轮胎的使用里程为 3 万英里而不是 1 万英里，那只看轮胎的价格就会夸大轮胎服务的通胀率。但经济学家的观点也并非毫无漏洞。毕竟，经济学中商品价值的最终衡量标准还是商品的有用性。人类是社会动物，我们很可能用第二种方法而不是第一种描述有用性这样的心理学概念。也许你需要在 2016 年买售价 33 750 美元的车，才能获得 1986 年售价为 22 500 美元的车的价值（奢侈品的心理价值）。也许有用性是由声望决定的——毕竟我们身处一个等级社会，所以车的物理属性决定不了其有用性。

但是，如果有用性才是最重要的，正如经济学理论暗示的那样，那么我们怎么解释这个现象呢——20 世纪 50 年代以来，美国人的平均幸福水平就没有怎么提高了。这似乎意味着人们的实际收入自那以后就没有怎么增加。说得更准确一些，即，我们所有的名义收益都来自通胀。我不能肯定这么说就是对的，但是这些思想实验确实给了我们一个提示——没有客观的通胀测量标准，因为变量从来就没有正确定义过。所以，即使掌握了这个世界的所有信息，我们也无法提出客观的通胀测量标准。我们不知道我们要测量什么。

有趣的是，约翰·梅纳德·凯恩斯也曾经有过类似的直觉，正如他的《就业、利息和货币通论》（*General Theory of Employment, Interest and Money*）一书中所说：

> 要给诸如净实际产出和一般价格水平之类的概念一个合适的定位，我们可能需要从历史和统计学的描述中寻找。想要绝对精确——类似因果关系分析那般，无论我们对相关量的确切值了解是否完整或准确既不常见也无必要。今天的净产出比十年前或一年前更高，但价格水平低于十年前或一年前，这种提法与我们说维多利亚女王比伊丽莎白女王更能干、更不快乐一样。这种说法既没意义，也没好处，这些东西用微积分来分析就是不合适。如果我们试着用这种有点模糊还无法量化的概念作为定量分析的基础，那我们精益求精就不过是装装样子罢了。

凯恩斯提出了一些替代变量。《就业、利息和货币通论》书中提到了一个关键变量，即总需求，我们可以用名义 GDP 代替它。凯恩斯还给了另外两个重要变量：

因此，在处理就业理论时，我建议使用两种基本定量单位：货币价值量和就业量。

我们称衡量就业量的单位为劳动单位（labour-unit），单位劳动的货币工资为工资单位（wage-unit）。

"工资单位"就是我说的名义小时工资。回想一下，名义 GDP、总劳动时间、名义小时工资，都是我说过的经济周期好比"音乐停抢椅子"游戏模型中的关键变量。凯恩斯认识到，资本主义的不稳定性来源于黏性工资和不稳定的名义 GDP，二者共同导致了就业的不稳定。如果愿意，你们可以扔掉价格和产出，反正它们也不会给我们的模型添加任何实质内容。

如果名义 GDP 目标在政治上行不通，那慢慢调整名义 GDP 的趋势增长率以匹配实际 GDP 的趋势增长率，就可以创建名义 GDP 和通胀目标的混合目标。这样做可以带来至少 90% 的名义 GDP 目标的收益，并在经济周期内将通胀率保持在接近 2% 的水平。但这么做是对模型完全不必要的修改，仅仅是为了安抚那些不理解名义 GDP 目标底层逻辑的人。

大家反对名义 GDP 目标的一个理由就是，公众能明白通胀目标的逻辑，但是对名义 GDP 一无所知。我认为，事实恰恰相反。早在 2010 年，通胀率跌至 1% 以下，伯南克开始讨论把通胀率提高到 2% 的必要性。当时的广播访谈中，人们骂声一片，很多美国人想知道，为什么在公众已经遭受房地产崩盘和高失业率折磨的时候，美联储还要提高生活成本。事实上，一百个美国人里面没有一个能明白通胀目标制的逻辑。大部分人认为通胀率越低越好。

问题就是，美国人不懂供给侧通胀和需求侧通胀的区别。当我们描述通胀影响的时候，人们往往以为自己的名义收入不变。因此，通胀看起来就代表了会降低他们实际收入的魔头。实际上，他们以为的是供给侧通胀，供给侧通胀确实会降低美国人的实际收入。可是 2010 年，伯南克提议的是更高的需求侧通胀，经济低迷的情况下，总需求增加会提振价格和实际生产。这意味着当需求侧通胀时，美国人的实际收入会增加，起码短期内会增加。然而，很少有美国人理解这个区别。

相比之下，假设伯南克在 2010 年发表如下声明："美联储确定，美国人民收入年均增长约 5% 时美国经济会更健康。近年来收入增长过慢，我们将采取扩张性货币政策以提升美国人民的平均收入。"这样的声明会不会像他说提升美国人生活成本那样引发混乱？几乎肯定不会。但大多数经济学家忽视了这个信息表达问题，继续假设公众理解通胀目标的内涵，尽管大量的证据说明事实正好相反。经济学家们太沉迷于他们的抽象模型，往往对普通人怎么理解宏观经济学术语毫无概念。

因此，假设美联储决定用名义 GDP 目标，甚至可能采取水平目标。那么政策制定人应该将名义 GDP 趋势增长率定在多少合适呢？和经济学的大部分问题一样，名义 GDP 增长率高或低都有成本与收益两面。名义 GDP 快速增长的主要成本来源于美国税收制度的扭曲。名义 GDP 较快增长会提升名义资本回报率，这会导致对资本收益征收更高的税。在许多公共财政模型中，最佳的资本收益税率为零。因此，名义 GDP 增长率越高，资本收益税率也会越高，但储蓄率和投资水平会越低。

名义 GDP 增长过低会出现两个问题，都与零利率约束问题有关。随着名义 GDP 趋势增长率放缓，只有降低名义工资才能让工人就业率上涨。削减名义工资存在这心理障碍（由于货币幻觉），名义 GDP 增长过慢会降低劳动力市场的效率。由于工资会黏性下降（downward sticky wages），失业率会超过最优水平。我们怎么知道有货币幻觉呢？如果货币幻觉不存在，那工资收益的分配将大致呈钟形曲线分布（正态分布）。然而，如图 21–1 所示，在 0% 附近有一个陡降。

通常，非理性个体遭受经济损失的惩罚时，市场会变得效率更高。这就是金融市场有效的原因。但劳动力市场和金融市场不一样。黏性工资带来的大部分社会成本是外部成本，有货币幻觉的个体工人并未承担相应成本。

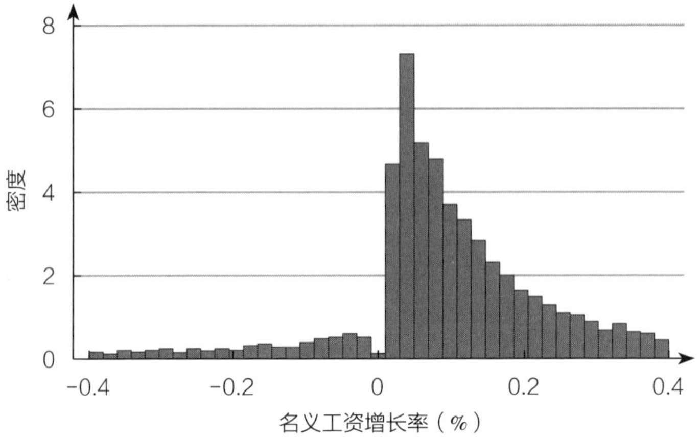

图 21-1　名义工资收益分布图

来源：Barattieri,Basu, and Gottschalk（2010）。

利率存在零利率约束问题。与凯恩斯经济学家们的观点相反，零利率约束问题并不会让货币政策失效，但会让央行大幅扩张资产负债表，迫使日本和瑞士等国家的央行购买大量资产。这就是第十九章讨论的“要选择通胀吗”的困境。假设公众并不希望央行持有大量私营部门资产，那我们就需要将名义 GDP 趋势增长率设得高一些，好让经济保持在利率的零界限之上。

我不确定哪种名义 GDP 增长率最优，但考虑到名义 GDP 增长过高或过低的成本，人均增长率为 3% 到 4% 是个合适的折中方案。从长远看来，这种增长率应该让零利率约束问题保持在可控水平，同时还要避免发生类似 20 世纪 70 年代高通胀时期出现的极高资本税率事件。

最重要的目标是保持名义 GDP 的稳定增长——选择的确切增长率则远没有那么重要。事实上，名义 GDP 的最优增长率将取决于资产所得税征收的程度——任何不考虑此类问题的“通胀福利成本”模型都要被大幅打折。

名义 GDP 期货目标

假设美联储设定名义 GDP 的增长率为 4%，并承诺会竭尽所能实现预定目标（或者至少达到市场预期它可以达到的目标），那他们该如何决定在哪个水平设置该政策工具呢？他们应该用什么政策工具呢？

我们先从第二个问题开始。相对容易的是确定美联储不应该使用什么政策工具——利率。利率是最糟糕的政策工具之一，因为利率略低于零时，工具就会失效。使用利率工具好比买一辆有转向系统的汽车，90% 时间转向系统都正常工作，开曲折山路的时候却会锁死。当利率低于零时，利率工具就会和汽车转向系统一样锁死，可处于深度经济危机中时，你最需要的就是能派上用场的货币政策。

几乎任何替代方案都优于利率，包括基础货币、汇率，甚至黄金价格。对新加坡这样的小经济体来说，汇率似乎足够实用，但对于美国，利率就很不实用。如果美联储像达成政策目标的方式来调整汇率，其他国家估计就要咆哮了，因为他们国家货币兑美元的汇率出现了不受欢迎的变化。当然，任何货币政策都会影响汇率，但直接以汇率为目标的政治考量太过麻烦，仅此就让美国不太可能选择汇率为工具。

尽管我反对将利率作为政策工具，但大多数央行偏偏热衷使用它。因此，任何货币政策规则都要够灵活，以允许使用短期利率作为政策工具。

那么让我们继续回答第一个问题：央行如何决定在哪里设置政策工具？对很多人来说，这就是货币政策的全部内容：决定利率水平。事实上，比起确定政策目标（例如名义 GDP 层面的目标），这个决定反而没有那么重要，但它仍然是一个重要的问题，值得仔细考虑。

设定政策工具最著名的模型就是泰勒规则（taylor rule），泰勒规则使用一个公式来根据近期产出和通胀水平来确定联邦基金目标。几十年来，泰勒规则为美联储设定利率提供了一个合理的近似值计算方法。但是 21 世纪前十年，这个规则变得越来越不可靠。关键问题是泰勒规则假设自然实际利率是稳定的，可实际上自然利率随着时间的推移一直在下降。因此，坚持泰勒规则不变，就会出现 2002 年之后过度紧缩的货币政策。事实上，2007 年后货币政策就过紧了，尽管 2008 年的货币政策比泰勒规则所建议的更扩张。

有趣的是，泰勒规则本应解决米尔顿·弗里德曼等货币学家提出的货币供应规则引发的问题。弗里德曼推崇的是 M1 或 M2 货币供应以每年 3% 的速度稳步增长。20世纪80年代以后货币流通速度开始变得不稳定，这些规则就渐渐失宠。2002年后，泰勒规则的问题与和前面货币学家提议的问题非常相似——实行新的货币制度后，继续假设某种模型的关键参数保持稳定。这是非常危险的。

尽管以前的政策规则问题丛生，我依旧认为有些定律或规则是必要的。但是规则需要更多地关注政策目标，不是死守某种工具。我们需要一条规则，要求央行将政策工具设定在有望实现其公开宣布的政策目标的位置，而不是要求央行根据某种僵化的公式设定工具。因此，如果目标是4%的名义GDP增长，央行就应将政策工具设定在预期实现4%的名义GDP增长的位置。

1989年，我提议使用期货市场来制定名义GDP目标。多年来，人们都误解了这个提议，甚至本·伯南克和麦克·伍德福德那样的著名经济学家也误解了。因此，我有必要解释一下当初提议使用期货市场来制定名义GDP目标背后的原因。

让我们先从12名成员组成的联邦公开市场委员会（FOMC）说起。假设该委员会希望每年的名义GDP增长达到4%。我们该如何激励他们，才能让他们将政策工具（基础货币或联邦基金利率）设定在正确的位置呢？一种想法是用奖金表彰那些做对了的委员会成员，通过减薪惩罚那些做出错误决定的成员。如果这一提议在2008—2009年生效，那鹰派就很有可能因为实施过于紧缩的政策没能达到目标而受罚。如果这一提议在20世纪70年代生效，鸽派就有可能因为货币政策过于扩张而普降薪水。

这个体系是这么运作的。每个成员会就一项政策工具设置投票，票数为中位数的政策胜出。鸽派成员预测名义GDP增长率会低于4%，而鹰派成员预测名义GDP增长率会高于4%。一年后公布实际数据，那些预测对的成员可获得1000美元奖金，而预测错的成员则须支付1000美元罚金。

这只是第一步。我们是否应该将联邦公开市场委员会规模扩大到12个成员以上？显然，大多数人会选择不参加这个游戏，因为要他们冒上损失1000美元的风险，只为了一件他们全然不了解的事情，他们没兴趣。但是肯定有人愿意就货币政策的适当工具设置来投票。

下一步就是从“一人一票”转向“一美元一票”的选举机制，这就是“高效”资产市场的运作方式。现在美联储愿意以给定价格，例如 4 000 美元，买卖不限量的名义 GDP 期货。政策工具设定在空头和多头大致平衡的位置。一年后公布实际的名义 GDP 时，投机者根据实际名义 GDP 增长率和美联储政策目标之间的差异（假设为 4% 的名义 GDP 增长率）获得回报。因此，如果实际增长率为 4.2%，合约交割时价值为 4 200 美元，持有多头头寸的人每份合约获利 200 美元，而持有空头头寸的人则亏损 200 美元。如果名义 GDP 增长率为 3.7%，卖空者赚 300 美元，而多头则亏损 300 美元。

稍后我将描述该提案的修改版本，该版本解决了针对该计划的四个常见批评。不过在这么做之前，我要强调的是，我相信即使是精简版的名义 GDP 目标，也可以运作良好。针对它的四个问题均没有分量。让我们依次说明。

第一个是循环问题。1997 年，本 · 伯南克和麦克 · 伍德福德发表了一篇论文，认为名义 GDP 期货目标存在“循环问题”。如果央行利用期货市场来指导政策制定，如果市场相信央行将采取任何必要措施抵消经济冲击的影响，那么期货价格就永远不会给出央行政策调整所需要的信号。名义 GDP 期货价格将一直保持在 4 000 美元左右，无法给美联储提供需要放松或收紧政策的信息。“循环问题”一词指的是央行行长们向市场寻求指导，而市场又会向央行行长寻求指导，结果陷入循环。

但这种批评不适用于我 1989 年提出的名义 GDP 目标。在这种情况下，重要的是市场没有预测名义 GDP 的未来水平（尽管他们确实是在这样做）；相反，他们预测的是会让名义 GDP 达到增长目标的工具设置。名义 GDP 期货的实际价格在目标期间一直是 4 000 美元，因为央行承诺会以目标价格无限量购买这些期货合约。如果该计划受到循环问题的影响而不起效，那采用经典的金本位（1879 年到 1933 年，财政部将黄金价格锚定在 20.67 美元兑换 1 盎司黄金）或布雷顿森林体系的固定汇率制度也会有循环问题。我在 1989 年提出的机制将有效引导出市场对于政策工具设置的预测，这不涉及任何循环问题。

第二个是循环问题，它削弱了交易活跃的名义 GDP 期货合约数据的效力，还有批评指出，现在尚无反名义GDP期货目标的期货市场。我们接下来讨论这个观点。如果无人交易名义GDP期货合约，那自然就没有作为反馈信息的市场价格，该怎么办？我的答案是如果无人交易名义GDP期货，那正说明一切顺利，前景一片大好。2008年年底，实际名义GDP显然会暴跌，我肯定会疯狂卖空名义GDP。如果我是唯一一个与美联储交易的人，我可能会变成亿万富翁。

这是我最喜欢名义GDP目标的一个地方。这个思想实验让我着迷的地方在于，它表明如果名义GDP期货目标没达到的话，一夜暴富也很容易。我怀疑这个一夜暴富的概率也不大，所以我预计名义GDP目标不会失败。

第三个问题是批评市场无效。不是每个人都接受我的观点，即有效市场大致正确，且资产市场非常有效。如果名义GDP期货价格存在投机泡沫怎么办？这种情况下，名义GDP期货价格可能会偏离未来名义GDP最优预测，从而导致名义GDP期货价格出现风险溢价（risk premium）。一切皆有可能，但我还是认为名义GDP期货是最不可能出现投机泡沫的地方。事实上，对交易名义GDP期货合约有兴趣的人实在太少，以至于这种市场甚至还不存在。事实是，名义GDP目前都还没有成为目标，因此对冲名义GDP风险的需求也不大。名义GDP期货价格出现风险溢价的可能性非常小，远低于100个基点。从金融市场的角度看，名义GDP风险溢价可能挺重要，从宏观经济稳定性的角度看，名义GDP风险溢价则无足轻重。此外，只有随时间变化的风险溢价才会导致宏观经济不稳定。

还有，已有研究表明，只有市场上相似观点的交易者集中的时候，而不是大量且观点多样的交易者集中时，泡沫会更可能发生。在交易人群多样且数量庞大的市场，小型联邦市场公开委员会反而容易出现泡沫。

第四个问题是有人认为名义GDP期货市场可能会被操纵。假设一个富翁买了很多名义GDP期货合约，这会引发紧缩性货币政策反映（因为做多名义GDP就意味着预测名义GDP增长将超过预定目标）。人们担心的是，投机者会反向押注那些可能被货币政策影响的市场，例如做空股票。紧缩货币政策可能会压低股价，即使投机者在名义GDP期货中亏损，他们依然可以在股票市场的反向押注中获利。

这种计划可没有看起来那么好实施。毕竟，交易这些合约的很可能是大型机构。哪些机构会让操纵市场的人获利，自己做赔本生意？如果一个投机商各种操作，成功地让货币政策紧缩从而令政策目标落空，那其他的投机商也可能通过做空名义 GDP 期货，从这个投机商的投资中获利，这样做的结果就是会将货币政策推向了相反的方向。

如果市场操纵行得通，那么为什么固定汇率制度下没有这种操纵？这样乔治·索罗斯就能够卖出大量某种货币，迫使货币政策收紧，继而引发国内股市下跌。然而，我记不得有人用这种市场操纵假设作为反对固定汇率制度的论据，包括金本位制。那些担心市场操纵的人认为，他们发现了名义 GDP 期货目标的一个特殊漏洞，不过这个论证不是问题，同样的反对意见也适用于许多其他系统，而这些系统几十年里都运行良好。

尽管我认为前面针对名义 GDP 目标的批评意见没有任何价值，但事实证明，有一种替代方案可以提供名义 GDP 期货目标的几乎所有好处，但完全没有批评者指出的各种问题。

货币政策设护栏

事实证明，货币政策中使用名义 GDP 期货合约，比我上一节中提出的机制更简单且争议更少。让我们先假设央行担忧突发事件，因而不愿意放弃所有自由裁量权，同时假设央行官员们肯定不会排斥让他们工作变简单轻松的规章制度。类比如下：你可能希望有随意开车的自由，但也感激围栏提供的安全保障，尽管围栏限制了你开车的范围。

想象一下和央行行长的对话：

市场货币学家：干吗不设定 4% 的名义 GDP 增长率目标？

央行行长：有时 4% 的增长率可能不合适。

市场货币学家：好，但是名义 GDP 增长率总有个范围吧？要是没达到，岂不是不符合你们一直说的双重使命？

央行行长：是的，我认为名义 GDP 增长低于 2% 或高于 6%，都会制造不稳定。

市场货币学家：那为什么不卖出无限名义 GDP 期货合约，价格定在名义 GDP 增长率为 6%，同时买入无限名义 GDP 期货合约，价格定在名义 GDP 增长率为 2%？

央行行长：我不确定我们能不能用期货市场来制定货币政策。市场偶尔容易出现非理性行为，比如泡沫。

市场货币学家：也不是说您非得用名义 GDP 期货市场来制定政策，随便你们怎么制定货币政策，只要您承诺可以在极端条件下买卖名义 GDP 期货合约就行。

央行行长：要是大多数投资者持了多头或空头头寸可怎么办？那我们可就损失惨重了。

市场货币学家：您刚刚说央行比市场聪明，市场有时候非理性。如果那样的话，你们总归是赚钱的。但是如果您心里觉得自己比市场聪明，那就不要在几乎所有人都觉得名义 GDP 增长率太高或太低的位置设定政策目标。

我觉得这是央行试水的一个好法子，适应市场在指导政策方面发挥作用。实际上，市场已经发挥了作用，但效率低得很。美联储已经开始关注通胀保值利差，这个数据其实就是对通胀的粗略预测。美联储也已经关注了联邦基金期货市场，该市场预测美联储未来的政策设置走向。美联储甚至会对股市做出反映。名义 GDP 期货将市场预期纳入货币政策的决策流程中，所以会更加有效，因为名义 GDP 期货反映了市场对政策制定者实际关心的变量的预期——总需求预期。

将护栏范围设在 2% 和 6% 之间，美联储仍将有相当多的自由裁量权（不包括极少数情况下，名义 GDP 不稳定可能反而是最佳的，比如新冠疫情封锁期）。当名义 GDP 增长率猛然从 5.5% 下跌到了 2.5%，衰退仍然会发生。但是一旦这个框架生效，慢慢缩小护栏范围就很容易了。也许到了第二年，范围可以设为 2.1% 到 5.9%，两年后，缩小到 2.2% 到 5.8%，十年后，护栏可能是 3% 到 5%，这时候范围已经缩小到足以熨平经济周期。回想一下，2008 年年中，名义 GDP 的增长率从通常的 5% 放缓至负 3%，如果有 3% 到 5% 的护栏制度，这种急剧放缓几乎不可能发生。

这些类别的名义 GDP 期货护栏，有点像你倒车离物体太近时汽车发出来的警报声。你可以忽视这些报警继续倒车，但是你可能会有发生事故的风险。假设 99% 的投机者都在抛售 2% 的名义 GDP 增长合约，即市场预计名义 GDP 增长率甚至会低于 2%，央行可以不理会这个事实，但央行会收到警告。到时候政策制定者可得想好借口，万一发生了深度衰退，国会会质询他们怎么如此疏忽大意忽视市场预警。

这是另一种思考政策的方式。如果 2008 年就设定了 3% 到 5% 的护栏制度，那么可能发生以下两种情况之一：美联储会注意到许多投机者开始看跌市场，就会采取宽松政策来支持名义 GDP 增长；美联储忽略期货市场信号，而我会因为做空名义 GDP 期货发一笔横财。不过我也不打算发这个横财，我还是希望名义 GDP 期货目标可以成功稳住名义 GDP 预期。

一招制胜

经济学界长期存在着围绕货币政策与自由裁量权问题的争论。央行应该能够自由决定他们认为最好的政策，还是应该受到明确规定的政策规则限制？

比起找自己观点的问题，两边都更擅长发现对方的漏洞和不足。以前支持政策规则的人经常会找出某个机械公式，美联储可以用来设定政策工具。因此，基础货币可能以固定速度增长，或者美联储必须按照某种可预测的方式来应对货币流通速度的变化。或者，利率目标可以基于类似泰勒规则这样的公式来设定。

有人批评指出，公式也许在某个时间点管用，但换个时间则未必。他们认为，制定政策的人应该有自由裁量权来应对不可预知的环境变化。但是自由裁量权自身也有问题，可能会带来更多的不确定性，这又会危及经济的稳定。我们需要政策规则，但它们必须是正确的规则——足够稳健以应对不断变化的环境。

只有一种规则真正稳健——拉尔斯·斯文松的“目标预测”。政策应该始终设置在人们预期可以成功达到的位置。任何其他政策规则都很脆弱，一旦条件不利，就可能会被弃之不用。

基于市场预期的规则来指导货币政策，还真有可能特别稳健。人们可以认为，名义 GDP 期货目标包括了所有以前的政策规则理念。如果货币学家是正确的，名义 GDP 增长是货币供应增长驱动的，那投机者就会在买入名义 GDP 期货合约时也考虑货币供应数据。要是约翰·泰勒是对的，即设定利率目标以稳定通胀和就业，那这个观点必然会影响名义 GDP 增长预期。随着我们增进对政策工具与宏观经济之间关系的了解，政策规则将自动调整以纳入这些新见解。

在货币政策领域，基于市场的方法可以看作某种“历史的终结”。很难想象，还有优于名义 GDP 期货目标的政策，要真有这样的政策，也可以用在名义 GDP 期货交易中发家致富。我预计名义 GDP 期货目标不会出错，原因和我不会成为亿万富翁一样——市场可怕地高效。

幸运的是，美联储已经在逐步转向市场货币主义方向了。2019 年年初，美联储突然撤销了两次加息预期，转而降息三次。这个变化应不是出自宏观经济学模型的推导结果，类似菲利普斯曲线的宏观经济学模型多依赖于某些模棱两可的概念。没有新的宏观经济数据来证明这种政策的改弦更张是合理的。只能说，美联储是在回应明确的市场信号，即两次加息的话，经济可能陷入衰退。美联储已经从凯恩斯的菲利普斯曲线政策慢慢转向了市场货币主义。

尽管美联储尚未将名义 GDP 目标设为官方政策目标，但越来越多的美联储官员们开始讨论保持名义 GDP 稳定增长的重要性。过去十年中，市场货币主义取得了巨大的进步，我期望未来的政策将继续朝着这个方向发展。

第二十二章
为何你应该相信市场货币主义?

和经济学界内外人士的主流看法相比，这本书对大衰退的看法真是大相径庭。在最后一章中，我将回顾市场货币主义的关键原则，再向大家说明为何你们应该重视这一理论，尽管它有些违反直觉。

市场货币主义有两个组成部分：市场部分（见本章第二节）和货币主义理论部分。货币主义理论研究的是货币供需变化影响下最重要的宏观经济学现象——各类名义总量，例如通胀、名义 GDP 增长、实际 GDP 和失业率中的经济周期。在 20 世纪末的货币主义理论基础上，市场货币主义理论的市场部分增加了有效市场理论（efficient markets）和理性预期理论（rational expectations theory）。基于群体的智慧，资产市场反映了市场对宏观经济的预测，因此，资产市场也是体现货币政策松紧度的最佳方式。

有些人会指出名义 GDP 目标是市场货币主义的第三个关键组成部分。但是，名义 GDP 目标并不是市场货币主义特有的，主流宏观经济学也兼容名义 GDP 目标。

接下来的两个部分我将一一解释货币主义背后的直觉，与市场货币主义的市场部分理论。我会试着向大家说明，这两个部分给宏观经济学分析提供了最坚实的基础。

各类名义总量都是货币现象：孤岛假说

货币经济学家认为，其他理论学派将各种偶然出现的附带经济现象解释的过于具体了。也就是说，其他理论学派混淆了经济的核心机制和副作用。因此，非货币派常常会从利率、银行信贷或菲利普斯曲线变化的视角来看通胀问题。他们认为利率代表了“货币政策”，而劳动力市场紧张（劳动力供应短缺）是通胀出现的原因。

对货币主义经济学家来说，这些都是黏性工资和黏性物价中货币供需变化产生的副作用，但这些副作用都不是核心机制。货币供应增加或货币需求减少都是通胀，即使利率不会因此变化，即使产品市场或劳动力市场也不会因此紧缺。我们回忆一下孤岛假说背后的直觉理解。按照孤岛假说，孤岛是一个小岛经济，没有金融，价格灵活，人民充分就业。

想象这个小岛上住着 10 万人，都是个体经营者。他们制造视频、服装、房屋等 43 种商品，再互相交换。岛上没有金融，失业率显然为零——毕竟，个体户怎么可能失业呢？为了避免以物易物的琐碎与不便，他们采用某种形式的货币。他们也能用贝壳或者鱼充当货币，但我们假设他们的货币来自一个海难后冲上岸边的大箱子，里面装了价值 10 亿美元的假币。

我们如何模拟价格水平？我们肯定没法用利率或菲利普斯曲线。这个岛既没有利率，也没有失业。从名义 GDP 开始再推回价格，可能会容易些。假设上岛的居民愿意以货币余额的形式持有年产出或收入的 12.5%，这 12.5% 代表了速度的倒数（即 $1/V$）。在这个小岛经济中，V 为 8，名义 GDP 就是货币供应量的 8 倍。因此，如果货币供应量为 10 亿美元，那名义 GDP 就是 80 亿美元，或人均 8 万美元。现在我们可以模拟通胀率的计算了：

通胀 = 名义 GDP 增长–实际 GDP 增长

名义 GDP 增长等于货币供应增长加上货币流通速度的增长。实际 GDP 增长由非货币因素决定。这是基本的简单岛屿经济通胀模型。

现实世界当然复杂得多，这使得速度建模极为困难。工人不是个体经营者——他们为公司打工，有固定工资。劳动力市场时时变化，并不那么清晰。现实的世界还有金融市场，名义利率对货币流通速度影响很大（特别在零利率约束时）。但无论这些额外因素看起来多重要，它们依旧不是主角——货币经济学的核心就是货币供需关系的变化。菲利普斯曲线或利率变化带来的流动性效应，都不会影响名义 GDP 和均衡价格水平（equilibrium price level）。

按我的简单模型，这种供需传统机制叫作热土豆机制（hot-potato-effect mechanism）。现代经济体中，它依旧是核心传导机制。它不会因为你增加了黏性工资和利率而消失，只是更难看到。

例如，假设小岛有大约 10 万人口和 10 亿美元假币，273 年中经济运行良好，偶尔爆发小冲击，货币流通速度随之上下波动，这意味着名义 GDP 在 80 亿美元的数值上下波动。然后，又有一箱假币冲上海滩，小岛的货币供应量翻了一番，变成了 20 亿美元。居民们知道这笔天降横财意味着什么。他们知道价格很快就会翻一番，不然如何恢复均衡价格呢。因此他们会立刻开始涨价，每件商品都按原来两倍的价格出售。

这种“理性预期”假设真会发生吗？这种情况下，我认为会。当墨西哥政府开始 100 比 1 的货币改革，瓦哈卡州（Oaxaca）一个卖游客草莓的妇女立刻降价 99%，即使墨西哥政府没有制定任何法律要求商户按特定价格卖草莓。

假设我关于理性预期和灵活价格的假设不对，那会发生什么？假设小岛居民有点“迟钝”，完全不知道海滩上冲上来的 10 亿美元假币很快会让价格翻倍，又会如何呢？如果这样的话，小岛经济会过热，热土豆效应会造成需求过剩。价格水平不会立刻翻倍，但是民众会很急着花掉天外横财，拼命买商品，买服务，数周或数月后，价格才能翻倍。

注意，要是说过度需求引发了通胀，这可太奇怪。事实上，如果没有过度需求，情况会立刻变成货币改革的案例中的情形，价格立刻翻倍。黏性价格导致了过度需求，实际上放缓了价格的上行调整。在理性预期和价格黏性情况下，通胀显然是因为货币供应翻倍所致：热土豆效应。由于价格黏性，通货膨胀需要更长的时间才能发生，至于商品的过度需求不过是一个副作用。所以声称过度需求导致通胀，这种说法并不对。过度需求只是价格黏性的症状，实际上它减缓了价格上涨。

我们再给小岛经济加上具有黏性工资的小时工。第二箱钱冲上海滩后，商品需求增加，公司们也摩拳擦掌要扩大生产，因为他们的产品需求增加了，但工资却暂时不涨。工作时间变长了。但是，如果说劳动力市场紧缺导致通胀，这也不对。如果工资没有黏性，且劳动力市场出清，即劳动力市场供需平衡，通胀还是一样会发生，价格甚至涨得更快。事实上，如果工资和价格都是灵活的，而且人们也有理性预期，通胀会立刻发生。黏性工资减缓了通胀进程，引发了劳动力短缺，劳动力短缺仅仅是黏性工资的一种征兆。

让我们再加上金融市场和利率这两个因素。第二箱钱被冲上海滩后，最先发现的岛民现在手上有很多钱，多到比他们想持有的都多。他们用这些钱换成其他资产，从而会压低利率。当然，最终价格会翻倍，岛民也很开心能有这笔足足是原来两倍的现金。利率会恢复正常。但调整过渡期间，过剩的现金余额会导致利率下降，从而抑制货币流通速度。货币流通率下降会减缓通胀。因此，短期来看，货币一点也不中性。我们不应就此认为低利率导致了通胀。事实上，如果利率不下降，货币流通速度也保持不变，价格会上涨得更快。

价格黏性导致了利率和货币流通速度下降，这实际上减缓了价格的向上调整。这只是价格黏性的一个症状，但不是通胀的根本原因。通货膨胀是货币供应翻倍产生的热土豆效应引起的，低利率只是价格黏性的征兆。

我是市场货币经济学家，不是新古典经济学家。显然，我认为黏性工资和名义债务合约很重要。但它们之所以重要，并不是因为他们能够解释货币如何导致通胀——弹性价格经典模型（flexible price classical model）已经做得很好了——这两个概念之所以重要，是因为它们帮助我们理解货币不稳定会造成的所有令人讨厌的副作用。现实世界中这类副作用极其重要，其重要性甚至超过通胀本身。（希勒勒上台期间，恰逢1929—1933年德国的紧缩货币政策，而不是1920—1923的大通胀。）可是，这些副作用并不是造成通胀（或名义GDP增长）的幕后黑手，它们仅仅是症状。这使得关注过度需求、菲利普斯曲线或利率的通胀理论错上加错。这些因素不仅不会导致通胀，就它们的重要性而言，实际上它们减缓了货币冲击（对货币供应或需求的冲击）引起的通胀进程。

为何传统经济学家们会混淆症状和原因呢？第一，这些症状通常是通胀的货币冲击引起的（混淆了相关关系和因果关系）。第二，经济学家们将需求变化和“过度需求”混为一谈。想一想微观经济学的类比：佛罗里达州飓风过后，瓶装水短缺，价格会逐渐上涨，一直涨到平衡点为止。但是，水价上涨不是因为缺水，如果没有过度需求，价格会涨得更高。水的需求增加驱动了水价上涨，出现短缺是因为价格涨得还不够快。同样，货币供应增加或货币需求减少，都会引发通胀。除此之外，其他都是症状——表象而已。

现代宏观经济学理论家们哪里出了问题？也许，当宏观经济学家把流动效应和菲利普斯曲线这些表象嵌入了传导机制模型的核心时，问题就出现了。我们既不需要菲利普斯曲线或利率来解释为什么桃子供应增加或者桃子需求减少会降低桃子的相对价值。同理，我们也不需要菲利普斯曲线或利率来解释为何货币供应增加或货币需求减少会降低货币的相对价值。我们只需要回到问题的本原：计价单位的供需关系。

日本多年来维持超低利率，但是它的通胀率却很低，2019 的失业率只有 2.2%。所以，利率和菲利普斯曲线都不是可靠的通胀模型。

当然了，宏观经济学家不会无缘无故地开发这些模型。短期来看，宽松货币政策常常（不是永远）导致短期利率下降；但是长期来看，宽松货币常常导致名义利率上涨。关键在于，宽松货币政策才是重点，不是利率。宽松货币政策会导致更高的通胀，但利率可能上升也可能下降。1965—1981 年的宽松货币政策导致美国利率上涨、通胀上升。瑞士 2015 年 1 月实行了紧缩货币政策，通胀和利率都下降——即使短期内也是如此。（是的，新费雪派有时也是正确的。）

菲利普斯曲线也是如此。多年来菲利普斯曲线都很有用，尤其在金本位制度下。正如第十章我们看到的，菲利普斯曲线在香港这样的地方仍然“有效”。低失业率确实往往与高通胀相关。但菲利普斯曲线在 20 世纪 70 年代的美国就不起作用，失业率和通胀率同时上升，或者 2019 年的美国，尽管失业率降到了 3.5%，通胀率仍然很低。这是因为菲利普斯曲线并非通胀核心传导机制。通胀的任何风吹草动，都可能和利率有关，也可能和利率无关，都可能和失业率有关，也可能和失业率无关，可是，它们永远和货币的供需关系有关。

凭借市场货币主义理论，我们重新诠释了宏观经济史。这次我们专注核心机制，再不会让货币冲击的各种副作用分散注意力。这些令人分心的副作用有哪些呢？利率变化（因为黏性价格）、金融体系冲击（因为黏性名义债务）、劳动力市场冲击（因为黏性名义小时工资）。这些副作用很重要，但市场货币主义的核心不是它们，它们只是副作用，不是驱动要素。这也是为何人们常常发现传统模型总有无法解释的通胀例子。1933—1934 年是个很好的例子，当时价格（批发价）在货币冲击后上涨 20%，可是利率和货币供应没有任何变化。相反，美元大幅贬值（通过增加未来预期的货币供应）极大地减少了当时的货币需求，失业率飙升到 25%，大部分银行倒闭，通胀仍然快速上涨。

名义 GDP 期货如何复兴宏观经济学理论？

上一节我们解释了市场货币主义的货币主义理论部分。那市场货币主义理论的市场部分该如何说呢？我认为现代宏观经济学的最大缺陷就是，有效市场假设并未深度嵌入所有的经济模型。因此，一有类似量化宽松的政策提议，主流经济学家们就会采取“观望”的态度。他们说，观察个一年两年，看看宏观经济数据后，我们更能看出政策有没有效果。

市场货币经济学家则说，5 分钟内我们就知道到底这个政策有没有效果。通胀、实际 GDP 和名义 GDP 期货价格会立即变动，马上反映出市场对这个政策的最佳预测。如果这些市场不存在，还有其他替代指标，比如 TIPS 利差、汇率、大宗商品价格和股票价格，它们都可以告诉我们这个政策有无效果。经济的未来表现会受到政策冲击的影响，但也会受到无数其他无关因素的影响。等待和观察事件的未来实际走向，不会告诉我们尚未看出的信息。我们需要研究冲击是如何影响经济的预期路径而不是实际路径。

打个比方。如果一名四分卫明星球员在超级碗（the super bowl）大赛前三天折了胳膊，拉斯维加斯的点差变化就会告诉我们所有有关伤病对比赛结果的影响信息。比赛的实际结果取决于很多随机因素——四分卫明星球员受伤只算其中一个。

市场货币经济学家将“以预测为目标”的市场驱动机制看作某种“（宏观经济学）历史的终结”。漫漫长路上，我们为了最优政策规则而上下求索，如今终于到了终章。还能有什么政策比市场预期的政策更好，更能达到政策目标呢？还能有什么宏观经济学模型的预测能比市场预测更准确？当然了，有的模型可能会偶尔超越市场，可问题是，可靠吗，能一直指望吗？

市场货币经济学家还认为，市场对目标变量的预测是衡量货币政策立场的最有用方式。其他经济学家们关注各种各样的表象，特别是利率。但利率的反映取决于各类突发因素，不能用作货币松紧的可靠指标。恶性通胀时期利率达到顶峰，可当时的货币政策极度扩张。归根结底，货币政策宽松还是紧缩的唯一有用定义就是：相对于实现政策目标的预期立场，货币宽松或紧缩描述了货币政策的实际立场——货币太松还是太紧？货币宽松是预期名义 GDP 过度增长的政策，而货币紧缩是预期名义 GDP 增长不足的政策。同样，市场预期会提供最佳预测。

为何我们要相信市场货币主义？

通过这二十二章的讲解，我描述了如何通过宏观经济学的市场货币主义理论解释宏观经济现象，还讲了如何用市场货币主义理论解读大衰退事件。但是为什么大家应该相信我的观点呢？毕竟，我对近期事件还有更广泛的货币政策的解释，绝对算非主流。那我的观点有何不同？

当我才 10 多岁的时候，常常被一些非主流思想家迷得神魂颠倒，“是啊，没有外星文明的帮助，人类如何能造出金字塔？”等我长大成人了，我又开始欣赏智力市场（intellectual market）的效率。如果大多数主流物理学家都说冷核聚（cold fusion）变不可能，我会随大流。许多我读过的非主流理论看来不太可能经得住要时间的考验。那为何我还要大家接受我书中的观点？为何你们不应该将我看作另外一个异想天开的经济学怪人？

我也不肯定我针对批评意见的回答是否经受住了时间的考验。不过我可以指出一点，不少评论我博客的读者觉得我的观点经受住了时间的考验。他们认为美联储最近的政策创新，以某种方式验证了我自2008年以来提出的观点。但是，这种程度的认可还远远不够，我还没有征服整个经济学圈。

还有一点是，我的理论根本不像冷核聚变那么难懂。正如我在第十三章中说过的，我的理论建立在一些枯燥的但是主流的宏观经济学理论基础上。

克鲁格曼曾说过类似的话。1996年一篇题为《大卫李嘉图的深奥思想》（*Ricardo's Difficult Idea*）的文章中，克鲁格曼提出了成为公共知识分子的几点建议，其中一条引起了我的注意：哪怕知识分子圈里，坚持正统的经济学家都是一个极其小众的群体。一个人可以做一个勇敢的独行侠，背诵标准经济学教材的内容，大胆挑战当下的权威。这对我管用。这也是我过年10年来一直在干的事情。

请记住，市场效率很高仅仅是因为每个交易者都乐意用一种全新的、独立的眼光来观察形势，并尽最大努力做出准确预测。同样，思想市场也会不断变革、更新，因为知识分子总乐意给现有的理论挑刺，而且总要寻找更好的替代理论。我只是群体智慧的一小部分。

2017年，一个名叫斯科特·亚历山大（Scott Alexander）的博主给一本新书写了一篇书评，这本书是埃利泽·尤德考斯基（EliezerYudkowsky）写的。该书探讨了一个问题，即我们应该何时欣然拒绝所谓的专家共识。亚历山大给书中一个例子做的总结，让我很感兴趣：

> 埃利泽好几年都在批评日本央行的宏观经济政策，他觉得这些政策不明智，日本人经济增长停滞，折算下来损失得有数万亿美元。每个人都告诉埃利泽他是错的，一个门外汉不应该挑战专业人士。但几年后，日本央行竟然采用了埃利泽的建议，日本经济立刻有了起色。如今的共识是，原来的货币政策有严重缺陷，正如埃利泽认为的那样。这岂不意味着日本人当年执行的经济政策就是将数万亿美元的支票扔在地上？

当然，那些我认为是货币怪人的其他人，例如现代货币理论的倡导者，也发现事情证实了他们的观点。但是亚历山大接下来说的话给这个观点提供了一点证据，超越了“欢喜冤家”的局限：

为什么埃利泽的预测能胜过日本央行？因为制定政策的人是日本央行行长，这些行长没有兴趣把事情做对，也没有兴趣去听聪明人的建议纠正错误。埃利泽不是唯一做此预测的人——他说日本股票的定价方式就是在暗示大多数投资者，央行政策糟透了。大部分真金白银投入市场的聪明人都得出了和埃利泽一样的结论。

如果我有货币怪人那么平静的自信，那也是因为我的自信建立在经济学的基本原则之上——发财不容易。发财难的原因就是市场效率极高。如果市场一直对经济消息系统的反映失灵，那人们很容易就可以利用市场漏洞来套利。但是超额收益一直只是神话。本质上，市场货币主义的核心观点就是，对这个世界运作方式的最佳估计大致就是市场认为它运作的方式。换一句话说，始终把资产市场共识放在智力市场共识上面。

市场货币主义理论的具体内容一直在完善中。市场参与者将不断发现有关经济的新观点，还会将这些新观点纳入他们大脑里的经济学模型。我希望未来的市场货币经济学家们能够在批评我的部分观点基础上，持续改进这个理论。也许他们会发现，市场认为财政刺激还是有效的。

尽管如此，市场货币主义关于经济的基本理论框架会继续存在：

- 货币供需冲击引发各类名义经济总量的变化。
- 各类名义经济总量的意外波动，会导致实际产出和就业波动，它们也制造了金融不稳定。
- 关键宏观经济变量的市场预测提供了了解经济状况、预测未来走势、评估货币政策立场和制定政策工具的最佳方式。

我很幸运，正好2008年经济危机需要一个解释，我的一系列研究恰逢其时。不过资产市场是另外一回事。如果资产市场和我曾经在某些关键问题上意见相左，那么一定要相信资产市场，而不是我。

如何忽视框架效应

我曾经看了约翰逊·洛佩兹（Jonathan Lopez）写的一本书，讨论的是20世纪20年代荷兰画家汉·万·米格林（Han van Meegeren）创作的维米尔（Vermeer）画作的赝品。洛佩兹描述了米格林如何用赝品愚弄一群油画界的专家。米格林的赝品看来如此平庸，与维米尔的作品差别如此之大，他居然能得手。这真是让我太惊讶了：

首先，他发现一幅仿作成功与否，不取决于这幅仿作有多么还原早远画家的画作，而取决于当时能够左右人们想法的力量。尽管最好的仿作会模仿已故画家的风格，但仿作本身依然会反映其所处时代的品味和态度。大多数人根本发现不了：他们本能地对一件艺术品中熟悉和可以理解的部分作出反应，即使人们以为那幅作品有几百年的历史。正是如此，赝品才会如此诱人。

米格林很早就将这一原则付诸实践，他的画作中留下了明显的时代风格。尽管，当时他自己可能都没有意识到他犯下了时代的错误。米格林笔下那些20世纪20年代可爱的维米尔式少女们，其仿作与真品相似。同时，这位造假者竟然以自己的真名创作着当时极为流行的肖像画。按当时的眼光看，在潜意识层面上，还有什么比维米尔的精致美学装饰艺术更吸引人？事实上，米格林的作品《蕾丝织工》（*Lace Maker*）中的那位主角看起来好像完全不干活了，只要有人邀请，她可以整晚跳狐步舞。

《时代》杂志曾经如此描述1991年的经济衰退，比较一下，感觉异常熟悉：

当下经济不景气，美国人为何如此悲观、忧虑，甚至惊恐？

自大萧条以来，这次经济衰退即便不说是最严重的一次，但衰退的时间也太长了，创了历史纪录。经济衰退期间，因为裁员，120 万个工作岗位灰飞烟灭。如此多的人失业，人们吓坏了，美国消费者郁闷之极。“自我成年以来，这是我听到人们表达忧虑最多的时候。”霍华德·阿兰（Howard Allen）这样说道［他是已退休的南加州爱迪生公司（Southern California Edison）前任董事长］，“很多很多商界领袖都缺乏信心，他们都认为我们现在真的陷入大麻烦了。”密歇根大学的经济学家保罗·麦克拉肯（Paul McCracken）则说：“这不是传统意义上的衰退，经济坏到如此地步，以至于人们开始敬畏上帝了。”

……尽管资本主义和民主联手把苏联送进了历史的垃圾堆，美国的消费者还是似乎突然开始迷惘了，明天更美好的美国梦是真的吗？“我担心我的孩子们过不上体面的生活，也买不起房子。”托尼·伦蒂尼（Tony Lentini）说，（他是休斯顿米歇尔能源公司公共事务部的副总），“我有时候想，这代人是不是有史以来的第一代美国人，他们得接受他们可能过得不如父辈的事实。人们真切地感到，这个国家正在偏离正轨，不管民主党还是共和党，都对此束手无策。美国人找不到出路”。

……几十年才发生一次的变化，其中散发出浓浓的末日恐慌味道。美国正在经历一个历史性大转折。20 世纪 80 年代，人们借了钱就花，大手大脚花钱，如今人们开始强调储蓄和投资。

今天看，人们觉得米格林模仿维米尔的赝品看上去荒谬可笑，再读《时代》杂志对 1991 年经济衰退的描述，大家是不是也觉得荒谬可笑。1991 年的“衰退”就是可以想象的普通的经济周期。货币紧缩放缓了名义 GDP 增长，引发了一场典型的经济衰退。20 世纪 90 年代之后，经济复苏，一切正常。

这两个看似无关的例子中，我看出了一点点共通的主题。人们在分析事物的时候，总会看出当下许多细节，却看不到整个事件中超越时间的要素。

回想一下，大萧条后过了几十年，米尔顿·弗里德曼和安娜·施瓦茨才能够回顾1929年的股市崩盘、接踵而至的金融恐慌、1931—1933年的国际货币危机，发现原来大萧条的真正罪魁祸首在于过度紧缩的货币政策导致的名义GDP严重下降。我曾经也在想，为何整个经济学界要花如此长的时间，才能看出问题所在。现在我知道为什么了。我亲历过大衰退。我还记得2008年年底新闻头条也是如此耸人听闻。当金融系统崩溃时，人们需要下定决心，忽视这些唬人的标题，克服框架效应的认知偏差，理解这一切都是因为货币紧缩让名义GDP增长急剧下降了。大衰退看起来就是一个类似房市泡沫破裂和银行危机的故事。

我希望我的读者们在看完这本书后，能够拥有足够的认知技能，克服框架效应——直击当下宏观经济现象背后的问题核心。倘若我的读者们希望理解当下正在发生的经济事件，我的建议如下：要像激光一样只专注几个关键原则，别让唬人的新闻头条分散你的注意力。

第一个原则是货币政策驱动名义GDP，名义GDP的不稳定性驱动了大型且高度多元化经济体的大部分经济周期。那么，我们如何确定某次经济衰退是美联储的手笔？如果实际GDP下跌，但名义GDP增长而并没有大幅下降，那基本可以断定这次经济衰退不是美联储的错。当然不会如此简单。难道我们不需要好好想想为什么名义GDP下降了？实际上，真不用。如果名义GDP增长在持续大幅下降，那就是美联储的错。（是的，唯一的例外就是新冠疫情影响的经济下滑。美联储真没做错什么，但美联储的货币政策可能会延长衰退。）

这就是人们对这个问题感到困扰的原因。美联储犯错并不是凭空的，美联储往往都会在注意力从关注点上分散的时候犯错，例如石油危机或金融危机。这些干扰让美联储分散了对名义GDP增长的注意力（石油危机和金融危机在2008年都发生了），这时候才会爆发经济衰退。但即使在这样的情况下，经济衰退也可能是因为名义GDP增长下降造成的，而不是石油危机或金融危机。实际冲击（real shocks）本身偶尔会导致美国这样的大型多元经济体出现轻微衰退，但这种情况很罕见。

打个比方。一个人被人下了慢性毒药，剂量可能也致命也可能不致命。

然后这个人又遭暗杀，被人一枪命中心脏。枪伤当然是这个人死亡的原因，无论那个毒药存在与否。在这个类比中，毒药好比实际冲击，而枪伤则好比货币危机。因为工资具有黏性，名义 GDP 增长的急剧下降意味着失业率上涨——总是如此。

有的人则坚持一些怪异的观点，他们认为在经济健康时期实施紧缩货币政策会导致经济衰退，但金融风暴时期的紧缩货币政策反而不能导致经济衰退。金融风暴的时候，他们觉得金融风暴才是经济衰退的“元凶”。这就好比有人宣称，枪击心脏可以杀死一个健康人，但绝不会杀死一个中毒的人。

无论经济中发生了什么事情，名义 GDP 增长的急剧下降总是收缩的。如果名义 GDP 急剧下降，说明美联储已经冲着经济开过枪了。那个时候，身体可能，也可能没有中毒（金融危机）——但如果名义 GDP 增长骤降，美联储手里的枪正冒着烟，答案就很简单了。

第二个原则是供给侧要素决定了长期的实际 GDP 增长，且在经济周期中起到的作用非常温和。当通胀是逆周期的时候，实际冲击最有可能导致衰退。

长期来看，供给侧因素开始占据主导地位。优秀的宏观经济学家必须能够同时从两个层面思考问题。我们需要了解名义 GDP 和实际 GDP 的区别，以及为什么这些变量通常高度相关，但仍然差异巨大。我们需要了解名义汇率和实际汇率之间的区别，以及为什么这些变量通常高度相关，但仍然差异巨大。我们需要了解影响实际 GDP 的短期和长期因素。每天，经济都会受到近期需求冲击以及更早的供给冲击影响。

有些经济学家以供给方而闻名，其他则是需求方经济学家。我认为供给和需求都很重要。当名义 GDP 和实际 GDP 几乎同时急剧下降时，首先寻找需求侧原因是有道理的。相反，如果“长期停滞”持续了很长时间，仍然关注需求侧原因就是缘木求鱼。

消除噪声的最好办法就是使用自然率版本的 AS-AD 模型，让数据自己说话。不要对必然发生的事情先入为主就下判断，然后寻找数据来证明自己的观点。这么做的人往往做出了极其离谱的预测。我们要让数据带路。

记住，现实经济总是会不断遭受供给冲击和需求冲击的轮番暴打。2020

年年初，美国总需求增长缓慢导致失业率相对较高，但失业保险计划延期（负供给冲击）也在其中发挥了些许作用。经济真是又挨枪子，又被下毒。

下面我想讨论一下为什么第二条原则不适用于2020年的大萧条。

衰退的原因可能很多。合理地说，名义和实际因素可能在2020年经济萧条中都起了作用。更重要的是，这次实际冲击确实很不同寻常，甚至可以说在美国历史上是独一无二的。典型的不利供给冲击中，石油等关键大宗商品的生产受到干扰。但这一次，石油消费能力被抑制，而石油公司的生产基本不受干扰。这并不意味着，恰当的扩张性货币政策无法阻止随之而来的通货紧缩，以及削弱衰退造成的影响，只是经济需要比普通情况下更积极的刺激措施。

我想要就市场货币主义的未来发展做一些点评。实际上，我对市场货币主义的未来发展非常乐观，但并不是因为我有什么幻觉，认为市场货币主义在经济学界影响力很大。长远来看，我相信我们会赢。

金融市场不断扩张，其体系也日益复杂，无可避免地，名义GDP期货市场终有一天会应时而生。大数据等技术变革最终将导致名义GDP以月甚至天为单位的实时预测变为现实。所有货币都是电子的，计算机的力量会让我们更准确地估计美国每日商品和服务的总购买量，这仅仅是时间问题。

欢迎来到美丽新世界，尽管缺点不少，包括失去隐私。然而，从积极一面看，名义GDP市场预期最后一定会变得越来越容易测量。名义GDP市场预期指标会成为展示经济状况的越来越重要的指标。一旦达到这个位置，名义GDP期货价格最终会取代利率，成为货币政策立场的首选指标，毕竟它们更可靠。

我一直认为名义GDP期货价格是宏观经济学所需要的。一旦本书《货币幻觉》（*The Money Illusion*）的观点获得了关注，我就可以筹集到足够的资金来注资名义GDP预测市场。有了这个市场，我们就可以实时估计名义GDP增长预期。这是宏观经济学最重要的单一变量，至少是经济周期理论最重要的单一变量。

总有一天，我们将拥有一个流动性更强的市场，货币政策可以专注于稳定名义 GDP 预期。我们最终的目标是经济如古典经济学所描述的那样运行，好像供给创造了自己的需求（有时称为“萨伊定律”）；政策制定者不必担心总支出是否充足，而仅需担心机会成本大小。在这样的经济体中，一个部门支出增加意味着另一个部门支出减少。换句话说，我们的目标是政策制定者不再将财政刺激或救助破产公司视为“保住工作”的无奈之举，而将它们看作某种官僚资本主义不同时期青睐不同的部门而已。我们尚未达到这个境界，但历史终将指引我们走向正确的方向。

我引用理查德·道金斯书中的维特根斯坦语录为本书开章。让我们用同类逸闻作为本书收尾。再次想象我要描述的市场货币主义：

“告诉我，”维特根斯坦，20 世纪最伟大的哲学家曾问他的朋友，“为什么人们总是说大衰退是房市崩盘和随后的金融危机引爆的。这是很自然的假设吗？”他的朋友回答说：“嗯，显然因为看起来大衰退就是房市崩盘和随后的金融危机引爆的。”维特根斯坦回答说：“好吧，如果货币紧缩政策看起来好像严重抑制了名义 GDP 增长，导致名义利率下降、失业率上升和名义债务违约潮，那会是什么样子？”

致谢

我要感谢芝加哥大学出版社的查尔斯·梅尔（Charles Meyer）和查德·齐摩曼（Chad Zimmerman），他们让我有机会发表自己的观点。芝加哥大学出版社的两位同行审稿人对初稿的内容和风格提出了宝贵的建议和建设性的批评。

我还要感谢许多为出版此书直接参与、付出努力的人，尤其是我在乔治梅森大学摩卡特斯（Mercatus）中心的同事。帕特里克·霍兰（Patrick Horan）和克雷格·弗德里可（Craig Fratrik）提供了宝贵的研究支持，并指出了哪些地方需要改进。马克·杜马克（Marc Dupont）协助绘制了图表，他和杰科比·菲仕贝克（Jacob Fishbeck）就本书的草稿提出了建议。科里·施瓦布（Corrie Schwab）给出了非常详细的编辑意见，极大地提升了文稿的质量。盖瑞特·布朗（Garrett Brown）指导我一步步完成了符合出版社要求的所有步骤，使得本书稿得以被顺利接受。

过去十年中，我广泛阅读各类支持市场货币主义理论的博客，包括大卫·贝克华兹、尼克·罗伊、大卫·格兰斯勒、马尔克斯·努内斯、凯文·厄德曼、乔希·亨德里克森（Josh Hendrickson）和拉尔斯·克里斯滕森等人的。我从他们那里学到了很多东西。我也受益于阅读市场货币主义社区之外博主的博客，包括保罗·克鲁格曼、泰勒·柯文（Tyler Cowen）、布拉德·狄龙（Brad DeLong）、提姆·杜伊（Tim Duy）、约翰·考科蓝（John Cochrane）、格雷戈·曼昆（Greg Mankiw）、约翰·泰勒（John Taylor）等人的。我苦心钻研他们的真知灼见，在个别问题上意见相左之时，深入琢磨亦让我受益匪浅。过去十年中，互联网令人们之间的互动丰富且卓有成效。时至今日，我已很难确认他们的卓越见识起于何处，而我的陋见终于何处。尽管我尽力不遗漏任何应得之赞誉，但毫无疑问，还有许多研究者的辛劳付出未得到与之匹配的认可。

最后，我要感谢我的妻子碧（Bi）和女儿伊莎贝拉（Isabella），多年来忍受了我对本书的狂热投入。